ANNA WIENECKE | LORENZO WIENECKE | JURI GALKIN

DEIN CRASHKURS FÜRS LEBEN

Bibliografische Information der Deutschen Nationalbibliothek
Die Deutsche Nationalbibliothek verzeichnet diese Publikation in der Deutschen Nationalbibliografie. Detaillierte bibliografische Daten sind im Internet über https://dnb.de abrufbar.

Für Fragen und Anregungen
info@m-vg.de

Wichtiger Hinweis
Ausschließlich zum Zweck der besseren Lesbarkeit wurde auf eine genderspezifische Schreibweise sowie eine Mehrfachbezeichnung verzichtet. Alle personenbezogenen Bezeichnungen sind somit geschlechtsneutral zu verstehen.

Originalausgabe
2. Auflage 2024

Türkenstraße 89
80799 München
Tel.: 089 651285-0

Projektleitung: Susanne Beinvogl
Redaktion: Anne Büntig
Umschlaggestaltung: Pamela Machleidt
Umschlagabbildung: © David Renz
Grafiken: Adobe Stock/AP Stock: 232; Adobe Stock/davooda: 13, 80, 273; Adobe Stock/DuoWalker: 62; Adobe Stock/FourLeafLover: 197; Adobe Stock/Irene: 122; Adobe Stock/nadiinko: 35; Adobe Stock/Panuwat: 266; Adobe Stock/stockgood: 146; Adobe Stock/valeriyakozoriz: 179; Adobe Stock/YuliaShlyahova: 182; alle anderen Grafiken © Tobias Prießner
Layout: Katja Muggli
Satz: feschart print- und webdesign, Michaela Röhler, Leopoldshöhe
Druck: Florjancic Tisk d.o.o., Slowenien
Printed in the EU

ISBN Print 978-3-95972-761-7
ISBN E-Book (PDF) 978-3-98609-481-2
ISBN E-Book (EPUB, Mobi) 978-3-98609-482-9

ANNA WIENECKE | LORENZO WIENECKE | JURI GALKIN

Mit einem Vorwort von Saidi von Finanztip

DEIN CRASHKURS FÜRS LEBEN

Alles, was du über Finanzen, Versicherungen, Steuern und Miete wissen solltest

INHALT

VORWORT VON SAIDI

Immer wieder sehe ich auf unserem YouTube-Kanal von Finanztip viele Thumbs-up für Kommentare, die sich ungefähr so anhören: »Wenn ich das mal alles gewusst hätte, als ich jung war«, »Wieso lernt man das nicht in der Schule?« oder »Wo wäre ich heute finanziell, wenn ich schon vor 20 Jahren mit dem Investieren begonnen hätte?«.

Das eigene Leben finanziell zu meistern – das ist ein blinder Fleck in unserer Gesellschaft. Denn wir gehen in der Regel stillschweigend davon aus, dass junge Erwachsene das schon irgendwie von selbst lernen und entscheiden können, wie sie mit ihrem Geld am besten umgehen. Das hat aber für den einzelnen langfristig oft große Nachteile, für die Gesellschaft als Ganzes sogar massive Probleme zur Folge: Zu viele Menschen verlassen sich zu sehr auf die gesetzliche Rente und dass es der Staat schon richten wird, sparen ihr Geld auf schlecht bis gar nicht verzinsten Konten an, wo es der Inflation ausgeliefert ist, oder geraten in die Fänge von beredten Finanzberatern, die letztlich auf die Provisionen aus dem Verkauf von teuren Finanzprodukten angewiesen sind.

Anna und Lorenzo Wienecke sowie Juri Galkin leisten mit diesem Buch einen wichtigen Beitrag, dass wir den blinden Fleck endlich loswerden. In Deutschland redet man nicht sehr gerne über Geld. Und das verstärkt die Probleme nur noch. *Dein Crashkurs fürs Leben* schmeißt junge Erwachsene erstmal dort rein, wo es ungemütlich wird: In die Untiefen einer Bürokratie und einer Finanzsprache, auf die sie die Schule nicht vorbereitet hat. Und in vielen Fällen leider auch nicht die eigenen Eltern. Denn die sprechen manchmal auch nicht gern übers eigene Geld, sind mitunter selbst Opfer von Beratern geworden, die nicht im besten Interesse ihrer Kunden gehandelt haben, oder gestehen sich sogar nicht ein, wie unsicher sie sich selbst schon ihr ganzes Leben fühlen, wenn es um das liebe Geld geht. Finanzielle Bildung ist etwas, das wir schon seit Generationen kaum in unserer Erziehungskultur vorfinden, weder in der Familie noch im Bildungssystem. Das ist keine Anklage an Eltern und Großeltern, sondern schlicht die Anerkennung, dass viele von ihnen – wenn auch bei weitem nicht alle – es selbst nicht besser wussten. Für viele jenseits der 40 hat die große finanzielle Lösung darin bestanden, sich die eigenen vier Wände zuzulegen. Für die junge Generation wäre das grundsätzlich immer noch kein schlechter Plan – nur leider sind diese Wände vielerorts unerschwinglich geworden. Deshalb braucht es andere Pläne, andere Optionen.

Dieses Buch ist deshalb dabei so hilfreich, weil es einen Fehler nicht macht: Es will kein Schulbuch sein. Es strotzt nicht vor abschreckender Theorie, sondern ist ganz praktisch nah dran, wie es sich anfühlt, wenn man rund um die 20 in die harte Schule des Lebens geworfen wird: Wie ist das mit der Krankenversicherung, wenn ich länger ins Ausland will? Gibt es einen simplen Weg, schon einmal etwas für meine Rente zu tun? Wie läuft das mit diesem Rundfunkbeitrag? Bis hin zu: Irgendwelche Hacks beim Transporter für meinen Umzug?

Ich habe lange genug in der Finanzbranche gearbeitet, um zu wissen: Wirkliche Ehrlichkeit ist dort oft nicht gefragt. Aber genau diese Ehrlichkeit ist das, was die Arbeit von Anna, Lorenzo und Juri mit unserer bei Finanztip verbindet. Dass Menschen im Finanzdschungel einen ehrlichen Wegbegleiter brauchen, der sie nicht auf den falschen Pfad führt, sondern ihnen klarmacht: Es ist gar nicht schwer, den richtigen zu finden – mit ein paar Fingerzeigen sogar ganz allein.

Saidi Sulilatu
Chefredakteur Finanztip

ICH BIN FAST 18 UND HABE KEINE AHNUNG VON STEUERN, MIETE ODER VERSICHERUNGEN...

...aber ich kann eine Gedichtanalyse schreiben. In vier Sprachen.
Fühlst du dich angesprochen?

Als dieser Tweet der Schülerin Naina 2015 viral ging, waren wir drei – Lorenzo, Juri und Anna – uns noch nicht begegnet. Lorenzo verbrachte gerade sein Auslandsjahr in den USA, Anna machte ihr Abitur und Juri schlug sich mit dem Schulalltag eines Elftklässlers herum. Wir waren zwar in etwas verschiedenen Lebenssituationen an völlig unterschiedlichen Orten, aber: Wir alle konnten uns schon damals mit dem angesprochenen Problem identifizieren.

Die Schule ist super wichtig und prägend, aber es gibt einige Bereiche, in denen sie uns nicht auf das Leben vorbereitet, das uns nach dem Schulabschluss erwartet. Wir haben uns jedenfalls ganz schön ins kalte Wasser geworfen gefühlt, als wir unsere erste bezahlbare Wohnung finden, eine Kreditkarte beantragen oder die erste eigene Versicherung abschließen mussten. Wenn du den Start in ein eigenständiges Leben nach der Schule bereits hinter dir hast, weißt du wahrscheinlich, wovon wir reden. Und wenn dir diese Lebensphase kurz bevorsteht, hast du vielleicht eine Vorahnung, dass es dir bald ähnlich ergehen wird.

2018 lernten wir (Juri und Lorenzo) uns auf einer ziemlich schlechten Party kennen. Wir saßen in unterschiedlichen Ecken des Raumes und nervten die Gäste um uns herum durch Zufall mit dem gleichen Thema: wie wenig man in der Schule darüber lernt, was man für das spätere Leben braucht. Wohl auch um sich das Gerede nicht mehr anhören zu müssen, wurden wir von den Leuten um uns herum einander vorgestellt – und wir verstanden uns auf Anhieb. Juri war schon seit vielen Jahren vom Thema Finanzen besessen. Angefangen hatte das damit, dass seine Mutter zufällig einen Finanzberater kennengelernt hatte, dem es wirklich um die Sache ging (und weniger ums Geld, was leider eher die Regel ist).

Dieser empfahl ihr damals einen Sparplan, in dem sie Geld für Juris Führerschein anlegte. Insgesamt zahlte sie trotz ihres knappen Budgets als Alleinerziehende über die Jahre 5.000 Euro ein. Als Juri schließlich seinen Führerschein machte, konnte er sich 6.300 Euro auszahlen lassen. Gerade für jemanden, der im Leben noch nie etwas geschenkt bekommen hatte, waren diese zusätzlichen 1.300 Euro viel Geld. Damals setzte Juri sich zum Ziel, dieses Wissen möglichst vielen Menschen zugänglich zu machen.

Also begannen wir uns darüber auszutauschen, was man gegen das fehlende Finanzwissen in unserer, aber ehrlicherweise auch in allen anderen Generationen tun könnte. Was uns einte, war die Einstellung »Machen statt Meckern«. Damals kam der Begriff des Wutbürgers auf, der Menschen bezeichnet, die sich über alles aufregen, was schiefläuft, ohne selbst etwas dagegen zu tun. Und ja, es läuft vieles schief – zum Beispiel, dass immer noch vier von fünf Schülern die Schule verlassen, ohne etwas über Geld, Konten oder Aktien gelernt zu haben. Aber Schimpfen wird daran nichts ändern. Wir wollten selbst einen Beitrag zur Lösung dieses Problems leisten, anstatt nur zu meckern.

Während vieler mehrstündiger Treffen im Starbucks in Kassel – denn hier gab es kostenloses Internet und Kaffee – haben wir zusammengetragen, welches Wissen wir beim Start ins Erwachsenenleben gebraucht hätten. Herausgekommen sind Themen wie:

- Wie finde ich eine bezahlbare Wohnung?
- Wann muss ich eine Steuererklärung machen?
- Wie kann ich meine Finanzen selbst in die Hand nehmen?
- Was hat es mit Aktien auf sich?
- Was muss ich bei der Krankenversicherung beachten?

Bei der Recherche haben wir gemerkt, wie wichtig es ist, dass sich jeder (junge) Mensch mit diesen Themen auseinandersetzt. Denn es erspart einem nicht nur viel Stress, wenn man einen Überblick über seine Angelegenheiten hat – informiert und bewusst mit den eigenen Finanzen umzugehen, führt langfristig auch zu finanzieller Unabhängigkeit und befreit von Existenzängsten. Gleichzeitig ist uns bewusst geworden, dass es gar nicht so viel Wissen braucht, um hier wirklich einen Unterschied zu machen.

Das Ergebnis war die Idee vom »Zukunftstag« – dem Crashkurs fürs Leben. Es folgten viele Tage und Nächte Arbeit und irgendwann stand das Konzept: ein Schultag, vier Workshops mit Experten aus der Wirtschaft und einem ganzen Jahrgang, der gut vorbereitet ins Erwachsenenleben starten kann.

Als wir mit dem Konzept und den Inhalten fertig waren, dachten wir, die Welt würde nur auf dieses Angebot warten. Also haben wir uns einen Tag von der Uni freigenommen und haben 17 Schulen in Kassel abgeklappert. Danach kannten wir sie alle von innen, trotzdem hatten wir keine einzige Zusage. Manche Schulleiter hatten keine Zeit für uns, andere jagten uns mit den Worten »Ihr wollt den Schülern doch eh nur Aktien verkaufen« aus der Schule. Am Abend nahmen wir uns zwei Dinge vor: Erstens, dass ein NEIN von nun an lediglich bedeutete: Noch Eine Information Nötig. Wenn wir also abgelehnt wurden, hatten wir das Projekt noch nicht gut genug erklärt. Zweitens haben wir uns geschworen, nicht aufzuhören, bevor wir nicht mindestens einen Projekttag umgesetzt haben.

Insgesamt hat es fast ein Jahr gedauert, bis die erste Schule gefunden war und am 17. Januar 2019 der erste Zukunftstag stattfand. Was dann passierte, können wir immer noch nicht glauben. Alle Schüler, Lehrer und Referenten waren begeistert und das Projekt hat so einen Nerv getroffen, dass in großen Medien darüber berichtet wurde. Es folgten Anfragen aus ganz Deutschland und wir verpflichteten unsere Freunde dazu, uns zu unterstützen, um der Nachfrage gerecht werden zu können.

Der Zukunftstag nahm gerade so richtig an Fahrt auf, als Corona kam und die Welt auf dem Kopf stand. Alle Schulen wurden geschlossen und

alle geplanten Zukunftstage abgesagt. Wir hatten gerade eine kleine Finanzierung bekommen, das erste Büro bezogen und ein paar Mitarbeiter eingestellt. Und plötzlich stand alles still. Ohne Perspektive. Als wir schon einige Monate keinen Zukunftstag mehr gemacht hatten, stieß Anna zum Zukunftstag-Team dazu.

Sie sprach aus, wovor wir seit Monaten die Augen verschlossen hatten: Ohne Zukunftstage kein Impact. Und sie hatte recht. Unser Ziel war es, Jugendliche auf das Leben vorzubereiten. Wir führten während der Lockdowns zwar weiterhin Gespräche mit Politikern und potenziellen Förderern, um Unterstützung für das Projekt zu erhalten, aber wir erreichten keinen einzigen jungen Menschen mit unseren Inhalten. Also entwickelten wir gemeinsam den digitalen Zukunftstag. Die Schulen waren unfassbar dankbar für diese Möglichkeit, die etwas Abwechslung in das einsame Home Schooling brachte, und so fand der Zukunftstag während des zweiten Lockdowns an mehr als hundert Schulen statt. Das hat uns geholfen, unsere Bekanntheit zu steigern und nach der Pandemie richtig durchzustarten.

Warum wir dir diese Geschichte erzählen? Weil sie uns etwas gelehrt hat: Es lohnt sich, an deine Visionen zu glauben und durchzuhalten. Wir haben in den letzten Jahren viel öfter ein »Nein« als ein »Ja« zu hören bekommen. Uns wurde erklärt, warum Finanzbildung keinen Platz an der Schule hat, warum wir nicht einfach das Bildungssystem ändern können und vor allem, dass wir gar keine Kapazitäten dafür hätten, unsere Pläne zu realisieren. Wir haben allen das Gegenteil bewiesen.

Heute finden jeden Tag mehrere Zukunftstage gleichzeitig statt. Das Zukunftstag-Team besteht aus 17 hauptamtlichen und mehr als 60 ehrenamtlichen Mitarbeitern. Allein im Jahr 2023 wurde der Projekttag an 400 Schulen in Deutschland, Österreich und der Schweiz durchgeführt. Bundesfinanzminister Christian Lindner war im Sommer 2023 selbst einer der Referenten bei einem unserer Zukunftstage und wir konnten unser Hobby zum schönsten Beruf der Welt machen.

Im Laufe der Jahre hatten wir das Privileg, mit unglaublich vielen spannenden Menschen zu sprechen und uns ein umfangreiches Wissen über Steuern, Finanzen und Co. anzueignen. Unter anderem haben wir gelernt, dass diese Themen gar nicht so komplex sind, wie sie auf den ersten Blick erscheinen, und dass es wichtig ist, kleine Schritte zu gehen, um selbstbestimmte Entscheidungen treffen zu können. Dieses Wissen wollen wir nun mit dir teilen, in der Hoffnung, einen Beitrag zu einer selbstbewussten Generation zu leisten, die ihre Finanzen selbst in die Hand nimmt und ein finanziell sorgenfreies Leben führt.

1

WARUM SICH MIT GELD

In diesem Buch geht es um Geld. Wir drei sind mittlerweile Mitte 20 und haben daher den Übergang von der Jugend in das Erwachsenenleben hinter uns. Wenn wir auf die letzten Jahre zurückblicken und uns fragen, was die größte Veränderung war, wird uns schnell deutlich, dass es die Bedeutung des Geldes ist. Als Kind und auch als Jugendlicher hat man zwar meistens wenig Geld, dafür verbindet man es aber eigentlich nur mit positiven Sachen: Man bekommt Taschengeld und Geldgeschenke zum Geburtstag und zu Weihnachten und kann sich davon etwas Cooles kaufen.

Gerade in dieser Hinsicht verändert sich die Bedeutung des Geldes im Erwachsenenleben deutlich. Es geht nun häufig nicht mehr darum, was dir Geld Tolles ermöglichen kann, sondern vielmehr darum, wofür du Geld ausgeben musst. Das führt dazu, dass viele Menschen genervt vom Geld sind und so etwas sagen wie: »Geld bedeutet mir nichts.« Wir glauben jedoch, dass das fast nie stimmt. Für die allermeisten Menschen, vielleicht sogar für alle, ist Geld essenziell. Es ist ein bisschen wie das Blut, das durch deinen Körper fließt. Man kann darüber streiten, ob die Organe oder das Gehirn nicht viel wichtiger für den Menschen sind als das Blut, aber ohne geht es trotzdem nicht.

Genauso ist es mit dem Geld. Ein sorgenfreies Leben, Gesundheit, Erlebnisse oder ein schönes Zuhause – all das ist natürlich wichtiger als Geld. Aber ohne Geld ist das alles eben nicht möglich. Wenn man sich nicht mit Geld beschäftigt und Schulden macht, ist das sorgenfreie Leben schnell passé. Wenn kein Geld da ist, um ins Gesundheitssystem einzuzahlen, ist die Gesundheit bald in Gefahr. Und auch die Weltreise oder die schöne Wohnung lassen sich ohne Geld nicht realisieren.

Wir glauben, dass es zwei Gründe haben kann, wenn Menschen sagen, dass ihnen Geld nichts bedeute: Entweder sind sie sehr reich (was auf uns und wahrscheinlich auch auf dich nicht zutrifft) oder sie möchten sich einfach nicht damit auseinandersetzen. Das wird sie jedoch später im Leben einholen.

Lorenzos Erfahrung: You can't cheat the dentist

Ich habe während meiner Schulzeit ein Jahr als Austauschschüler in Amerika verbracht. Während meines Aufenthalts bekam ich Zahnschmerzen, wollte mich aber damit nicht auseinandersetzen, weil ich Angst vor Zahnarztbesuchen hatte. Meine Gastmutter meinte zu mir: »You can't cheat the dentist«, also dass ich den Zahnarzt nicht austricksen könne. Und sie hatte recht: Meine Schmerzen wurden mit der Zeit so stark, dass ich keine andere Wahl mehr hatte, als mich einer schmerzhaften Wurzelbehandlung zu unterziehen. Wahrscheinlich wäre die Behandlung wesentlich erträglicher gewesen, wenn ich früher zum Arzt gegangen wäre.

Mit dem Thema Geld ist es ähnlich. Wenn du dich frühzeitig damit auseinandersetzt, tut es nicht weh – und kann sogar eine Menge Spaß machen. Sich mit seinen Finanzen zu beschäftigen, sorgt dafür, dass sie dir langfristig keine Schmerzen verursachen und dir dabei helfen, deine Träume zu verwirklichen. Wenn du nur eine Sache aus diesem Kapitel oder vielleicht sogar dem ganzen Buch mitnimmst, dann sollte es die sein, dass du deine finanziellen Angelegenheiten frühzeitig selbst in die Hand nimmst, damit sie am Ende nicht dich in der Hand haben.

RENTE – VOM ENDE HER DENKEN

Wir starten direkt mit dem vermeintlich langweiligsten Thema: der Rente. Warum? Weil sich damit besonders gut verdeutlichen lässt, wie wichtig es ist, vorausschauend zu handeln. Es gibt kaum etwas, bei dem die Notwendigkeit der Handlung und das erstrebenswerte Ergebnis zeitlich so weit auseinanderliegen wie bei der Rente und trotzdem so eng verknüpft sind.

Für die allermeisten Menschen, die dieses Buch lesen, ist der Ruhestand wahrscheinlich unvorstellbar weit weg. Ergibt es denn überhaupt einen Sinn, sich heute mit etwas zu beschäftigen, was 40, 50 oder noch mehr Jahre in der Zukunft liegt? Die kurze Antwort ist: eindeutig ja. Deine finanziellen Möglichkeiten in mehreren Jahrzehnten werden nämlich maßgeblich durch Entscheidungen bestimmt, die du heute triffst.

Lorenzos Erfahrung: Wie möchtest du im Alter leben?

Mein Bild vom Ruhestand ist maßgeblich von dem geprägt, wie meine Großeltern in den letzten 20 Jahren gelebt haben. Sie waren nie reich, haben aber ihr Leben lang hart gearbeitet und gut gewirtschaftet, sodass sie zu Beginn ihres Ruhestandes nicht allein auf die staatliche Rente angewiesen waren, sondern auf ein angespartes Vermögen zurückgreifen konnten. Die Rentenzeit war für sie noch mal eine richtig schöne Lebensphase mit tollen Reisen und wenig Sorgen. Ich hoffe, dass mein Ruhestand einmal ähnlich aussehen wird. Als ich mich aber mit unserem Rentensystem auseinandergesetzt habe, wurde mir schnell klar, dass diese Vorstellung nicht der Realität entspricht. Mit großer Wahrscheinlichkeit wird für die meisten Menschen unserer Generation der Ruhestand alles andere als sorgenfrei sein. Zumindest wenn sie sich nicht rechtzeitig darum kümmern, für diese Lebensphase vorzusorgen.

Um die Herausforderungen rund um das Thema Finanzen im Ruhestand zu verstehen, ist es wichtig, sich bewusst zu machen, wie unser Rentensystem funktioniert. Hier begegnet uns schon der erste Fehler, den viele machen: Unser Rentensystem besteht nämlich eigentlich aus drei einzelnen Rentensystemen, die auch als die drei Säulen des Rentensystems bezeichnet werden.

Die gesetzliche Rentenversicherung

Die erste Säule, die gesetzliche Rentenversicherung, ist das, woran die meisten bei dem Thema denken. Sie beruht auf dem sogenannten Umlageverfahren. Das heißt, dass die Menschen, die heute arbeiten, einen gewissen Teil ihres Gehaltes in die Rentenversicherung einzahlen müssen (mehr dazu in den Kapiteln 7 und 9). Dieses Geld wird dann nicht, wie man vielleicht denken könnte, angespart, sondern direkt an die aktuellen Rentner ausgezahlt. Die Beschäftigten von heute finanzieren also die Rentner von heute. Wenn du in Zukunft deinen ersten festen Job beginnst, zahlst du die Rente deiner Großeltern. Das Ganze ist deswegen fair, weil deine Großeltern, als sie selbst noch gearbeitet haben, durch ihre Rentenbeiträge die Rente ihrer Großeltern bezahlt haben und so die verschiedenen Generationen füreinander einstehen. Deswegen spricht man hier auch vom Generationenvertrag.

Als Nächstes stellt sich die Frage, wonach sich die Höhe der Rente bemisst, die jemand bekommt. Du hast vielleicht schon mal etwas von Rentenpunkten gehört. Diese sind hierfür entscheidend. Im Laufe deines Berufslebens sammelst du diese Punkte als eine Art digitales Guthaben, indem du in die Rentenversicherung einzahlst. Dadurch erwirbst du einen Anspruch auf eine bestimmte Rentenhöhe.

Jedes Jahr wird dein Verdienst als Arbeitnehmer mit dem Durchschnittsverdienst aller Arbeitnehmer verglichen. Hierbei wird unterschieden, ob du in den alten oder neuen Bundesländern lebst. Wenn du

Die drei Säulen der Rente

exakt das verdienst, was der Durchschnitt aller Arbeitnehmer verdient, erhältst du einen Rentenpunkt. Im Jahr 2023 waren das zum Beispiel 43.142 Euro. Arbeitnehmern, die in diesem Jahr in die Rentenkasse eingezahlt und genau 43.142 Euro verdient haben, wurde also ein Rentenpunkt gutgeschrieben. Wer die Hälfte des Durchschnitts verdient, erhält einen halben Rentenpunkt und so weiter. Nach oben hin verhält sich das Ganze grundsätzlich ähnlich. Hier gibt es nur eine Besonderheit: die sogenannte Beitragsbemessungsgrenze. Diese liegt 2024 in den alten Bundesländern bei einem Jahresgehalt von 90.600 Euro. Wenn man mehr verdient, muss man kein zusätzliches Geld in die Rentenkasse einzahlen, erhält entsprechend aber auch keine zusätzlichen Rentenpunkte. So kann sich niemand mehr als etwas über zwei Rentenpunkte pro Jahr verdienen. (Dieses Prinzip gilt für alle Formen der Sozialversicherung. Mehr dazu im Kapitel 7.)

So sammelt man über das gesamte Berufsleben Rentenpunkte an. Die Anzahl der Rentenpunkte ist demnach maßgeblich davon abhängig, wie viele Jahre jemand gearbeitet hat. Die Höhe der Rente, also die Geldsumme, die man als Rentner jeden Monat aus der Rentenkasse erhält, berechnet sich dann aus einer Formel, in der die Anzahl der Rentenpunkte ein ausschlaggebender Faktor ist:

Monatliche Rentenhöhe = Entgeltpunkte * Zugangsfaktor * aktueller Rentenwert * Rentenartfaktor

Der Zugangsfaktor beschreibt Zulagen und Abzüge, wenn man zum Beispiel früher oder später als vorgesehen in Rente geht. Hierfür ist es wichtig, dass man weiß, dass es in Deutschland ein vorgesehenes Renteneintrittsalter gibt. Dieses liegt aktuell bei 67 Jahren und wird immer wieder diskutiert. Geht man also früher als mit 67 in Rente, bekommt man dafür gewisse Abzüge von der Rente. Geht man später als mit 67 in Rente, erhält man dafür gewisse Zuschläge. Aktuell beträgt der Abzug für jeden Monat,

den man früher als vorgesehen in Rente geht, 0,3 Prozent. Wer also ein ganzes Jahr früher in Rente geht, bekommt 3,6 Prozent weniger monatliche Rente, als wenn er regulär mit 67 in Rente gehen würde. Dann läge der Zugangsfaktor bei -0,036.

Der Rentenwert ist der aktuelle Wert eines Rentenpunktes. Er bestimmt also, wie viel ein gesammelter Rentenpunkt im Monat wert ist. Dieser Wert wird immer wieder angepasst und richtet sich nach der aktuellen wirtschaftlichen Situation. Aktuell beträgt er 37,60 Euro.

Der letzte Faktor in der Gleichung ist der Rentenartfaktor. Dieser richtet sich danach, welche Art der Rente man bekommt. Bei der »ganz normalen« Altersrente liegt der Wert bei 1,0 und wirkt sich damit nicht auf das Ergebnis der Rechnung aus. Bekommt man beispielsweise zusätzlich eine Witwenrente, ist der Faktor 0,55 oder 0,6. Man bekommt also 55 beziehungsweise 60 Prozent der Rente, die der verstorbene Ehepartner bekommen hätte.

Rechenbeispiel

Wie viel monatliche Rente bekommt eine Person in Westdeutschland, die 40 Jahre gearbeitet hat, dabei immer genau das Durchschnittsgehalt verdient hat, mit 67 Jahren in Rente geht und ausschließlich eine Altersrente bekommt, wenn der aktuelle Rentenwert bei 37,60 Euro liegt?

40 * 1 * 37,60 Euro * 1 = 1.504,00 Euro

Das Umlageverfahren – was ist eigentlich das Problem?

Bevor wir uns mit den beiden anderen Säulen der Rente beschäftigen, ist es wichtig zu verstehen, wo das Problem der ersten Säule, der gesetzlichen Rente liegt.

Wie bereits beschrieben, basiert das Rentensystem darauf, dass heutige Arbeitnehmer die heutigen Rentner finanzieren. Das Geld, das sie einzahlen, wird also direkt wieder ausgegeben und nicht angespart. Die Reserven der Rentenversicherung lagen im Jahr 2022 gerade einmal bei 1,7 Monaten. Das heißt, wenn plötzlich niemand mehr in die Rentenkasse einzahlen würde, ginge das Geld für die Rentner nach weniger als zwei Monaten aus. Die Rente funktioniert also nur, solange das Verhältnis der Ein- und Auszahlungen ungefähr gleich bleibt. Bei gleichbleibenden Bedingungen müsste also auch das Verhältnis von Einzahlern und Empfängern in etwa gleich bleiben.

Konrad Adenauer, der erste deutsche Bundeskanzler, hat damals zur Einführung dieses Rentensystems gesagt: »Kinder bekommen die Leute immer«, und wollte damit unterstreichen, dass dieses Rentensystem besonders sicher sei. Tatsächlich behielt er nicht recht. Seit seiner Aussage ist die Geburtenrate deutlich zurückgegangen. Während 1965 jede Frau im Schnitt 2,5 Kinder bekam, lag diese Zahl im Jahr 2022 bei unter 1,5 Kindern. Gleichzeitig ist die Lebenserwartung gestiegen, die Menschen werden also im Schnitt deutlich älter als früher. So lag die Lebenserwartung bei Männern im Jahr 1949 bei 64,6 Jahren und 2022 bei 78,1 Jahren. Damit lebt ein Mann heute fast 14 Jahre länger als zu der Zeit, in der das Rentensystem eingeführt wurde.

Wenn es immer weniger Geburten gibt und die Menschen gleichzeitig immer älter werden, führt das dazu, dass die Bevölkerung insgesamt immer älter wird. Das wird besonders deutlich, wenn man sich einmal die Bevölkerungspyramiden anschaut, die diese Bezeichnung aufgrund ihrer veränderten Form schon längst nicht mehr verdienen.

In der Abbildung auf der nächsten Seite sieht man die gesamte Bevölkerung Deutschlands in einzelne Altersgruppen unterteilt, auf der linken Seite sind die Männer und auf der rechten Seite die Frauen. Mithilfe der unterschiedlichen Farben haben wir die unterschiedlichen Altersgruppen dargestellt. Der ganz dunkle Teil stellt die unter 20-Jährigen dar. Zu ihnen haben wir einen Großteil unseres bisherigen Lebens gehört oder gehö-

ren noch dazu. Wir haben bei unseren Eltern gelebt, wurden maßgeblich von ihnen finanziert, hatten dabei noch keinen sozialversicherungspflichtigen Job und deshalb auch nicht in die Rentenkasse eingezahlt. Die Gruppe ganz oben sind die über 67-Jährigen. Das sind in der Regel die Rentner. Sie zahlen also auch nicht in die gesetzliche Rente ein, sondern beziehen die Rente, die ihnen zusteht, weil sie ihr berufliches Leben bereits hinter sich haben, währenddessen sie ihre Rentenbeiträge gezahlt haben. In der Mitte ist die Gruppe, die hauptsächlich aus Arbeitnehmern besteht. Diese müssen zum einen die untere Gruppe finanzieren, indem sie den Lebensunterhalt für ihre Kinder erwirtschaften, und zum anderen die Renten für die obere Gruppe finanzieren.

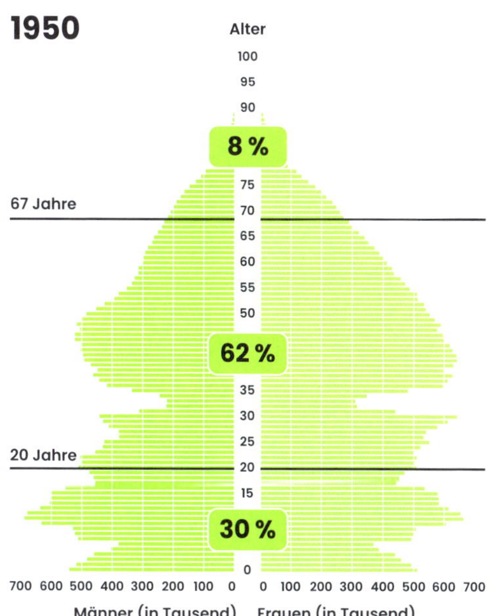

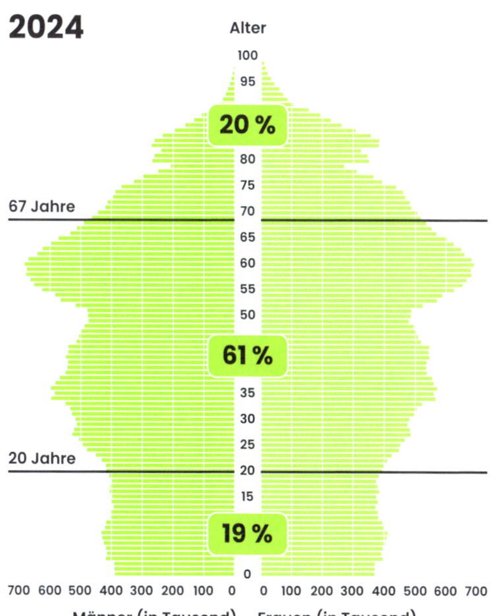

Deutsche Bevölkerungspyramiden im Laufe der Zeit (Quelle: Statistisches Bundesamt)

Schaut man sich jetzt an, wie sich die Größen der Gruppen entwickelt haben, fällt auf, dass sich aufgrund der gestiegenen Lebenserwartung der Anteil der oberen Gruppe deutlich erhöht hat, während aufgrund der niedrigen Geburtenraten immer weniger Junge nachkommen. Und diese Entwicklung wird sich in den kommenden Jahren voraussichtlich in drastischer Weise fortsetzen. Der Grund: Die »Pyramide« ist in etwa bei den aktuell 55- bis 65-Jährigen am breitesten. Hierbei handelt es sich um die Generation der sogenannten »Babyboomer«. Das sind die Menschen, die zwischen Mitte der 1950er- und Ende der 1960er-Jahre, während der Wirtschaftswunderzeit, geboren wurden. Nach dem Zweiten Weltkrieg ging es den Menschen viel besser, weswegen sie zu dieser Zeit viele Kinder bekommen haben.

Die »Babyboomer« stehen jetzt kurz vor dem Eintritt in das Rentenalter. Dann werden aus diesen vielen Millionen Beitragszahlern plötzlich Beitragsempfänger, was zu einer extremen Belastung des Rentensystems führen wird.

Zusammenfassend lässt sich sagen, dass sich das Verhältnis von Menschen, die in das Rentensystem einzahlen, und von Menschen, die Geld aus dem Rentensystem bekommen, krass verändert hat und sogar noch deutlicher verändern wird (siehe Abbildung).

Verhältnis von Beitragszahlern und Beitragsempfängern im Laufe der Jahre[1]

Was bedeutet das? Zunächst erst mal, dass Geld im System fehlt. Genaugenommen sehr viel Geld. Grundsätzlich gibt es für die Politik nur wenige Möglichkeiten, um diese Lücke zu füllen. Sie könnte zum einen die Höhe der Renten senken, also konkret das Geld, das jeder Rentner für einen Rentenpunkt bekommt. Das ist politisch aber natürlich sehr unvorteilhaft, weil man so vielen Rentnern und damit auch Wählern direkt ans Portemonnaie geht. Tatsächlich wurden die Renten in den letzten Jahren ausschließlich erhöht. Die zweite Möglichkeit wäre, den Rentenbeitrag zu erhöhen, also den Prozentsatz, den jeder Arbeitnehmer von seinem Gehalt in die Rentenkasse einbezahlt. Auch das ist nicht sonderlich populär. Schließlich gibt es noch die Möglichkeit, das Renteneintrittsalter zu erhöhen. Dies ist besonders effektiv, weil man so mit nur einer Maßnahme die Zahl der Einzahler erhöht und die Zahl der Auszahler reduziert.

Hier gab es in den letzten Jahrzehnten eine wichtige Änderung, nämlich die Einführung der Rente mit 67. Das hat zwar das System etwas entspannt, aber natürlich nicht ansatzweise die gestiegene Lebenserwartung ausgeglichen. Zudem ist auch die Anpassung des Renteneintrittsalters politisch hoch umstritten, weil man hiermit den Menschen potenziell ein paar Jahre ihrer Rente nimmt beziehungsweise indirekt die Renten kürzt (siehe oben erwähnter Zugangsfaktor, wenn jemand früher in Rente geht). Weil demzufolge auch das eine soziale Sprengkraft hat, insbesondere für körperlich anstrengende Berufe, die man unter Umständen gar nicht bis 67 ausüben kann, ist auch dieses Instrument kein Allheilmittel.

Deshalb greift die Politik vorrangig auf die letzte verbleibende Option zurück: Steuerzuschüsse in Milliardenhöhe. Die Lücke im Rentensystem wird also dadurch geschlossen, dass Steuergelder verwendet werden, um alle Renten bezahlen zu können. Diese Zuschüsse haben in den vergangenen Jahren einen unvorstellbaren Wert von 100 Milliarden Euro im Jahr angenommen. Dieses Vorgehen mag die Lücke vorübergehend schließen, aber letztlich schiebt es das eigentliche Problem nur auf. Währenddessen verpuffen Hunderte Milliarden Euro im Rentensystem, die dringend für Investitionen in die Bildung, den Klimaschutz und die Infrastruktur benötigt werden.

Was bedeutet das konkret für dich, und warum widmen wir dieser Problematik so viele Seiten in diesem Buch? Es soll dir bewusst machen, dass es entscheidend ist, dass du dich selbst mit deiner Rente auseinandersetzt und dich nicht auf den Staat verlässt. Schon jetzt beträgt das Rentenniveau nur 48 Prozent – das gilt für diejenigen, die einen Durchschnittslohn verdient und 45 Beitragsjahre haben. Wenn man heute in Rente geht, hat man als Rentner also auf einen Schlag weniger als die Hälfte des Geldes zur Verfügung, das man als Arbeitnehmer verdient hat – zumindest, wenn die staatliche Rente das einzige Einkommen ist. Was diese Tatsache etwas entspannt: Im besten Fall hat man in diesem Alter auch weniger Ausgaben, weil zum Beispiel das Haus abbezahlt ist und die Kinder finanziell auf eigenen Beinen stehen.

Leider bleibt es aber die Realität vieler alter Menschen in unserem Land, dass ihre Rente kaum oder gar nicht reicht, um die lebensnotwendigen Ausgaben zu decken, geschweige denn ein Leben wie Lorenzos Großeltern zu führen, das er am Anfang dieses Kapitels beschrieben hat. Angesichts der oben beschriebenen Entwicklungen werden sich diese Umstände in den kommenden Jahrzehnten höchstwahrscheinlich sogar noch verschlechtern. Oder es kommt zu einer dringend notwendigen, aber drastischen Reform des Rentensystems, deren Ausgestaltung jedoch vollkommen ungewiss ist. Um dieser Unsicherheit nicht ausgesetzt zu sein, ist es wichtig, sich mit der privaten Altersvorsorge zu beschäftigen, statt sich auf ein kaputtes staatliches Rentensystem zu verlassen.

Betriebliche und private Altersvorsorge

Das führt uns zu den beiden anderen Säulen der Altersvorsorge. Diese wurden nämlich geschaffen, weil dem Staat bewusst wurde, dass das Um-

lageverfahren allein den meisten Menschen keinen sorgenfreien Ruhestand sichern können wird. Die beiden weiteren Säulen sollten also die Rente stabilisieren und stärken.

Dabei handelt es sich um die private und die betriebliche Altersvorsorge (kurz BAV). Hinter der BAV verbergen sich alle Altersvorsorgeleistungen, die ein Unternehmen seinen Mitarbeitern zur Verfügung stellen kann beziehungsweise muss. Sie sollen die staatliche Rente ergänzen. Mehr dazu findest du im Kapitel 4.

Bei der privaten Altersvorsorge geht es darum, was du selbst tun kannst, um deine Rente später aufzubessern oder zu stabilisieren. Damit kannst du schon heute anfangen. Auch hierzu findest du ausführliche Erklärungen und praktische Tipps in diesem Buch, zum Beispiel im Kapitel 4.

Eine gute Rentenplanung ist unserer Ansicht nach schon frühzeitig notwendig. Das bedeutet, sich spätestens mit Mitte 20 mit allen drei Säulen der Altersvorsorge auseinanderzusetzen. Denn der wichtigste Faktor für den Erfolg von privater Vorsorge ist die Zeit. Deshalb solltest du sie nicht verschwenden.

INFLATION – WENN DAS GELD LANGSAM WEGSCHMILZT

Der zweite Grund, warum es wichtig ist, sich mit dem Thema Geld frühzeitig zu beschäftigen, ist die Inflation. Viele Jahre lang war das Thema Inflation nicht sonderlich präsent und auch nicht von übermäßiger Bedeutung, doch Corona-Pandemie und Ukraine-Krieg haben es uns allen wieder schmerzlich ins Bewusstsein gerufen. Eine Studie, die die Sorgen junger Menschen in Deutschland untersucht hat, ergab, dass die Inflation und die damit verbundene Verteuerung des Lebens Sorge Nummer eins unserer Generation ist, noch vor dem Klimawandel und dem Krieg.[2]

Alle reden von Inflation – aber was ist das?

Das Wort Inflation beschreibt einen allgemeinen Preisanstieg beziehungsweise eine Geldentwertung. Bei steigender Inflation kannst du dir von deinem Geld also immer weniger leisten.

Sorgen und Ängste werden verstärkt durch Unwissenheit und das Gefühl, nichts dagegen tun zu können. Das erleben wir selbst immer wieder. Deswegen möchten wir dir zeigen, dass die Inflation nicht beängstigend sein muss, solange man sich um seine finanziellen Angelegenheiten kümmert und sein Geld nicht nur auf dem Sparbuch liegen lässt.

Du hast dieses Phänomen wahrscheinlich selbst schon häufig beobachtet. Kannst du dich zum Beispiel noch daran erinnern, was ein Döner noch vor wenigen Jahren gekostet hat? Als wir noch zur Schule gegangen sind, konnten wir uns in der Mittagspause einen Döner für 3 Euro holen. Mittlerweile kostet der gleiche Döner im gleichen Geschäft 7,50 Euro.

Da die Inflation den allgemeinen Anstieg des Preisniveaus beschreibt, verändern sich dadurch nicht nur die Preise einzelner Produkte, wie dem Döner. Vielmehr wird für die Messung der Inflation eine ganze Reihe von Produkten, ein sogenannter Warenkorb, angeschaut. Dieser enthält etwa 750 verschiedene Produkte und versucht den Bedarf von einem Durchschnittshaushalt abzubilden. Berücksichtigt werden Kosten für Benzin, Lebensmittel und Freizeitaktivitäten. In regelmäßigen Abständen wird verglichen, wie sich die Preise dieser Güter entwickelt haben. Es kann natürlich vorkommen, dass bestimmte Güter günstiger werden und manche teurer. Am Ende wird deshalb ein Durchschnittswert gebildet, dieser ist die Inflationsrate, von der man häufig in den Medien hört. In den letzten 15 Jahren lag die Inflation meistens im Bereich zwischen 0 und 3 Prozent.

Das hat sich seit dem Beginn des Ukraine-Krieges geändert. Seitdem lagen die Inflationsraten über Phasen hinweg deutlich über 5 Prozent und teilweise sogar bei nahezu 10 Prozent.

Eine hohe Inflation kann verschiedene Ursachen haben. Schauen wir uns beispielhaft einmal die drei vielleicht wichtigsten an:

gestiegene Rohstoffpreise beziehungsweise größere Nachfrage als Angebot,
gestiegene Lohnkosten,
inflationäre Geldpolitik.

Sicher kennst du das Prinzip von Angebot und Nachfrage, welches grundsätzlich in unserem Wirtschaftssystem gilt: Ein Preis bildet sich dadurch, dass es ein bestimmtes Angebot gibt (Menschen, die etwas verkaufen wollen) und eine bestimmte Nachfrage (Menschen, die etwas kaufen wollen). Ist die Nachfrage deutlich größer als das Angebot, sind die Interessenten bereit, einen höheren Preis zu zahlen. Wenn etwas knapp ist, wird es also teurer. Dieses Prinzip machen sich einige Modemarken zunutze und verknappen ihr Angebot künstlich. Und auch Reselling basiert darauf. Wenn es ein besonderes T-Shirt oder einen besonderen Sneaker nur in sehr begrenzter Stückzahl gibt und ihn mehr Menschen haben wollen, als er angeboten wird, haben die Menschen, die dieses Modell ergattert haben, es dann aber weiterverkaufen wollen, die Möglichkeit, einen deutlich höheren Preis zu verlangen.

Genau das ist – vereinfacht gesagt – durch den Krieg in der Ukraine passiert. Russland war vor dem Krieg einer der größten Lieferanten für Öl und Gas nach Deutschland. Nach dem Beginn des Krieges wurden diese Lieferungen eingeschränkt. Es gab also immer noch viele Menschen und Unternehmen, die Öl und Gas brauchten, aber ein geringeres Angebot. Dadurch sind die Preise gestiegen. Da viele Firmen diese Rohstoffe wiederum zur Herstellung ihrer eigenen Produkte brauchten, haben sie die gestiegenen Kosten an ihre Kunden weitergegeben und die Preise erhöht.

Punkt zwei sind die gestiegenen Lohnkosten. Weil jetzt also alles teurer geworden ist, haben die Arbeitnehmer Forderungen nach Lohnerhöhungen gestellt, um die höheren Lebenshaltungskosten auszugleichen. Durch Lohnerhöhungen haben die Unternehmen aber weitere zusätzliche Kosten, die in vielen Fällen wiederum dazu führen, dass die Preise steigen. In den Medien wird dies als Lohn-Preis-Spirale bezeichnet.

Schließlich spielt die Geldpolitik noch eine Rolle. Diese war vor allem in Ländern wie den USA oder Großbritannien die Ursache für die Inflation in den letzten Monaten. Um die Folgen der Corona-Pandemie auszugleichen, haben sich viele Staaten Maßnahmen überlegt, um ihre Bürger finanziell zu unterstützen. In den USA gab es zum Beispiel einen Scheck, durch den jeder Bürger mehrere Tausend Dollar von der Regierung geschenkt bekommen hat. Um zu verstehen, was das für Folgen hat, müssen wir uns noch einmal das Prinzip von Angebot und Nachfrage anschauen, aber mit einem etwas anderen Dreh. Wenn jeder Bürger plötzlich viel Geld geschenkt bekommt, sind mehr Menschen bereit, höhere Preise für bestimmte Produkte zu zahlen. Und weil sich die Preise immer an der Zahlungsbereitschaft der Bevölkerung orientieren, steigen die Preise, wodurch der Wert des Geldes wiederum sinkt.

Die Folgen der Inflation

Die Inflation betrifft jeden relativ direkt. Grundsätzlich ist es sinnvoll, dabei zwei Perspektiven zu unterscheiden: die Auswirkungen auf deinen Lebensunterhalt und die Auswirkungen auf dein Erspartes.

Was hat das mit dir zu tun? Nehmen wir an, dir stehen im Monat 2.000 Euro zur Verfügung und du hast Ausgaben in Höhe von 1.900 Euro für Miete, Nebenkosten, Freizeit, Kleidung und Lebensmittel. Dann kannst du also jeden Monat 100 Euro zurücklegen und sparen.

Dein Sparschwein sah schon mal fetter aus

Stellen wir uns vor, deine Eltern haben etwas Geld für dich zurückgelegt oder du selbst hast neben dem Studium einen Job gehabt und konntest dir deshalb eine Rücklage von 1.000 Euro bilden. Diese liegen einfach in deinem Sparschwein oder auf deinem Girokonto. Von dem Geld möchtest du dir einen Computer kaufen, der gerade genau 1.000 Euro kostet. Jetzt kommt die Inflation von 10 Prozent, was dazu führt, dass der Computer jetzt 1.100 Euro kostet. Du kannst dir den Computer jetzt also nicht mehr leisten – dein Geld ist weniger wert geworden.

Bei dem Computer ist das ärgerlich, aber wahrscheinlich nicht sonderlich schlimm. Du entscheidest dich einfach für ein etwas schlechteres Modell oder sparst weitere 100 Euro an. Wenn du aber zum Beispiel für deine Rente sparst und die Inflation nicht nur einmalig Auswirkungen hat, sondern das Geld von Jahr zu Jahr weniger wert wird, kann das zu einem echten Problem werden. Dann sparst du sozusagen gegen die Inflation an, und obwohl du stetig mehr Geld zurücklegst, wird es im schlimmsten Fall weniger.

Nehmen wir an, du hast dir zum Ziel gesetzt, bei Renteneintritt genug Erspartes zu haben, um zehn Jahre lang zusätzlich zur staatlichen Rente jährlich 1.000 Euro aus deinem Ersparten zu beziehen. Du hast jetzt also 10.000 Euro gespart und willst in fünf Jahren in Rente gehen. Bei einer Inflation von 10 Prozent pro Jahr (die zugegebenermaßen ein Extremfall wäre und die es realistisch nicht fünf Jahre in Folge geben würde), würde das bedeuten, dass dein Erspartes zu deinem Renteneintritt zwar immer noch 10.000 Euro betragen würde, verglichen mit heute aber nur noch einen Gegenwert von etwa 5.900 Euro hätte.

(10.000 Euro * 0,9 = 9.000 Euro → 9.000 Euro * 0,9 = 8.100 Euro → 8.100 Euro * 0,9 =…)

Gibt es nun plötzlich eine Inflation von 10 Prozent, heißt das, alles wird um 10 Prozent teurer. Du musst jetzt also für die gleichen Dinge 2.090 Euro ausgeben. Dann ist aus deinem Puffer von 100 Euro eine Lücke von 90 Euro geworden. Du hast also nicht nur das Problem, dass du kein Geld mehr zurücklegen kannst, sondern, dass du bei gleichen Ausgaben 90 Euro Schulden machen müsstest.

Gerade wenn du relativ viel besitzt und einen gewissen Lebensstandard hast, ist eine Steigerung der Lebenshaltungskosten meistens nicht schlimm, weil du immer irgendwo sparen kannst. Wenn du aber eh schon von wenig Geld lebst und nur das Nötigste kaufst, so wie die meisten Studenten oder Azubis, kann es dadurch richtig eng werden. Die schlechte Nachricht an dieser Stelle ist, dass du recht wenig dagegen tun kannst. Du kannst eigentlich nur mit deinem Arbeitgeber sprechen und nach einer Lohnerhöhung fragen (am besten auch mit Bezug auf die Inflation) oder deine Eltern bitten, die Unterhaltszahlungen zu erhöhen.

Anders sieht es bei der zweiten Perspektive aus, nämlich mit dem Blick auf das Ersparte. Hier kannst du tatsächlich selbst einen gewaltigen Unterschied machen.

Die gute Nachricht ist: Du kannst etwas dagegen tun, dass dein Erspartes von der Inflation aufgefressen wird. Stichwort: Zinsen.

Zinsen als Inflationsausgleich

Der Zins ist eine Gebühr, die dir die Bank dafür zahlt, dass du dein Geld bei ihr parkst und es ihr damit vorübergehend zur Verfügung stellst. Je nachdem wie du dein Geld anlegst, fällt der Zins höher oder niedriger aus (dazu mehr im weiteren Verlauf des Kapitels). Vereinfacht gesagt, gleicht der Zins den negativen Effekt der Inflation wieder aus. Wenn du jetzt also zum Beispiel 1.000 Euro für ein Jahr bei einer Bank anlegst und diese dir dafür einen Zins von 10 Prozent gibt, hast du nach einem Jahr einen Kontostand von 1.100 Euro. Bezogen auf das Computer-Beispiel bedeutet das: Du hast 1.000 Euro gespart und der Computer kostet genau 1.000 Euro. Du kaufst ihn aber nicht direkt, sondern legst das Geld für ein weiteres Jahr

an und erhältst 10 Prozent Zinsen, wodurch dein Guthaben auf 1.100 Euro steigt. Gleichzeitig gibt es eine Inflation von 10 Prozent. Dadurch kostet der Computer jetzt 1.100 Euro. Du hast jetzt also immer noch exakt so viel Geld wie du brauchst, um den Computer zu kaufen. Dank der Zinsen konntest du die Inflation vollständig ausgleichen.

Die Rechnungen haben dir die Themen Inflation und Zinsen hoffentlich etwas verständlicher gemacht. Das Problem liegt allerdings darin, dass die 10 Prozent zum Rechnen zwar sehr angenehm sind, in der Realität aber selten vorkommen. Bei den meisten Anlagearten wirst du sehr viel weniger als 10 Prozent Zinsen erhalten. Ein besonders krasses Beispiel ist das Girokonto vieler Hausbanken. Wenn du dein Geld auf diesem Konto liegen hast, bekommst du dafür entweder gar keine oder extrem geringe Zinsen. Unter Umständen können dir sogar Negativzinsen begegnen, was bedeutet, dass die Zinsen geringer sind als die Kontoführungsgebühren und somit den Effekt der Inflation verstärken, anstatt ihm entgegenzuwirken.

Dein Geld auf dem Girokonto verhält sich also in etwa so wie im Sparschwein: Es vermehrt sich von selbst im Grunde gar nicht, wird aber aufgrund der Inflation weniger wert. Etwas besser sieht es bei sogenannten Tagesgeldkonten aus – hier kannst du zwischen 2 und 4 Prozent Zinsen erhalten. Die besten »Zinsen« im übertragenen Sinne erhältst du, wenn du dein Geld auf dem Kapitalmarkt investierst. Dann redet man nicht mehr von Zinsen, sondern von Rendite. Unter bestimmten Umständen können hier die 10 Prozent im Jahr durchaus realistisch sein. Für all diese Anlageformen gilt: Du musst dich informieren, um zu entscheiden, welche Anlageform für dich die passendste ist, und dich dann darum kümmern, die entsprechenden Konten oder Depots einzurichten. Im nächsten Kapitel erhältst du dazu praktische Tipps.

Beim Thema Inflation gilt Ähnliches wie bei der Rente: Du kannst dir Untätigkeit nicht leisten, sondern musst dein Geld in die Hand nehmen, sonst wird es nämlich ganz von selbst weniger.

LIFE BUILDING – SICH TRÄUME ERFÜLLEN

Bisher haben wir viel »Erwachsenenkram« beschrieben, mit dem man sich zwar beschäftigen sollte, der aber nicht besonders spannend ist. Ein letztes Argument haben wir aber noch, warum du dich mit dem Thema Geld heute schon auseinandersetzen solltest, und das macht hoffentlich mehr Lust darauf: Durch einen bewussten Umgang mit deinem Geld kannst du dir Träume erfüllen.

Die meisten von uns haben materielle Ziele und Träume. Das können eine neue Spielekonsole, eine besondere Reise, aber auch größere Dinge wie ein Auto, ein Motorrad oder ein Haus sein. All diese Dinge haben eins gemeinsam: Die wenigsten Menschen können sie sich einfach von ihrem regulären monatlichen Einkommen kaufen.

Um sie sich trotzdem zu ermöglichen, gibt es zwei Wege: Schulden machen oder sparen. Wir beschäftigen uns im Kapitel 3 noch sehr ausführlich mit dem Thema Schulden und Kredite. Vereinfacht können wir hier aber schon mal festhalten, dass es finanziell gesehen fast immer sinnvoller ist, sich Konsum durch Erspartes zu ermöglichen, anstatt dafür Schulden zu machen, denn die Dinge werden durch die Benutzung weniger wert. Zudem hat es in der Regel einen Preis, sich Geld zu leihen. Wenn du Geld bei einer Bank anlegst, zahlt dir die Bank dafür Zinsen, weil sie, während dein Geld dort liegt, Geschäfte damit macht und es sich sozusagen bei dir leiht. Leihst du dir Geld bei einer Bank oder einem anderen Finanzdienstleister, zahlst du wiederum Zinsen dafür – mit dem Unterschied, dass die Zinsen auf Kredite in der Regel deutlich höher sind als auf Erspartes.

Angespartes Geld kann einem das Leben deutlich erleichtern. Es ist günstiger, auf das eigene Vermögen zurückzugreifen, als sich zu verschulden. Es hilft dabei, sich Träume zu erfüllen. Und vor allem nimmt es einem Sorgen und Existenzängste. Auch das ist wieder einer der großen Unterschiede zwischen Kindern beziehungsweise Jugendlichen und Erwachsenen: Als Kind macht man sich in der Regel relativ wenig Sorgen

um Geld – zumindest sollte das so sein. Das sieht bei den allermeisten Erwachsenen ganz anders aus. Hier ist die Sorge um Geld eine der größten und am weitesten verbreiteten Sorgen überhaupt.

Es gibt kein besseres Mittel gegen Geldsorgen, als sich mithilfe von Rücklagen eine gewisse Sicherheit zu schaffen. Lebst du finanziell nur von Monat zu Monat und hast keinen Notgroschen für unvorhersehbare Sonderausgaben, kann dir eine kaputte Waschmaschine oder eine notwendige Reparatur für das Auto, auf das du angewiesen bist, um zur Arbeit zu kommen, schnell schlaflose Nächte bescheren.

Du merkst, Sparen hat eine Menge Vorteile. Viele von uns tun es trotzdem nicht, weil wir immer denken, dass wir zu wenig Geld zum Sparen haben. Wir schieben das Thema also auf, in der Hoffnung, dass wir in Zukunft mehr Geld haben, zum Beispiel im ersten Vollzeitjob. Tatsächlich ist es aber so, dass wir unsere Ausgaben und unseren Lebensstandard sehr schnell an das anpassen, was uns zur Verfügung steht. Wir haben also mit Beginn unseres ersten Jobs plötzlich ein Vielfaches an Geld zur Verfügung, am Ende des Monats bleibt aber trotzdem nicht mehr übrig, weil unsere Ausgaben ebenso schnell steigen wie das Einkommen.

Ob du in der Lage bist zu sparen, ist also weniger von deinem Einkommen abhängig als von deinem Mindset und deiner Disziplin. Sparen muss man trainieren. Es bedeutet, dass man lernt, bewusst auf etwas zu verzichten, damit man später mehr davon hat. Das fällt den meisten von uns schwer, weil wir von Natur aus eine Gegenwartspräferenz haben. Das heißt, wir bewerten den Nutzen von etwas, das wir heute haben können, höher als von etwas, das wir morgen haben – auch wenn es nicht logisch ist. Dieses Gefühl durchbrechen wir nur, wenn wir uns zunächst dazu zwingen, das Richtige zu tun. Das ist ein bisschen wie beim Sport: Man weiß, dass es einem gut tun würde, regelmäßig Sport zu machen, und trotzdem erfordert das Aufstehen und zum Laufen in die Kälte gehen am Anfang eine Menge Überwindung. Das Schöne ist aber, dass es irgendwann zur Gewohnheit wird und es dann viel leichter fällt.

Wenn du also später mal viel Geld sparen möchtest, kannst du dafür heute schon die Basis legen, indem du selbst bei 700 Euro Ausbildungsgehalt jeden Monat 50 Euro oder vielleicht auch nur 25 Euro zurücklegst. Hierbei kommt es viel weniger auf die Höhe als auf die Regelmäßigkeit an. Wenn es dir gelingt, bei einem Einkommen von 700 Euro 50 Euro zurückzulegen, wirst du auch kein Problem haben mit 7.000 Euro Einkommen 500 Euro zurückzulegen. Wenn dir das aber schwerfällt, wird ein höheres Einkommen daran erst mal nichts ändern. Der Schlüssel ist, anzufangen und alle Ausreden loszulassen. Was hält dich also davon ab, zu sparen?

2

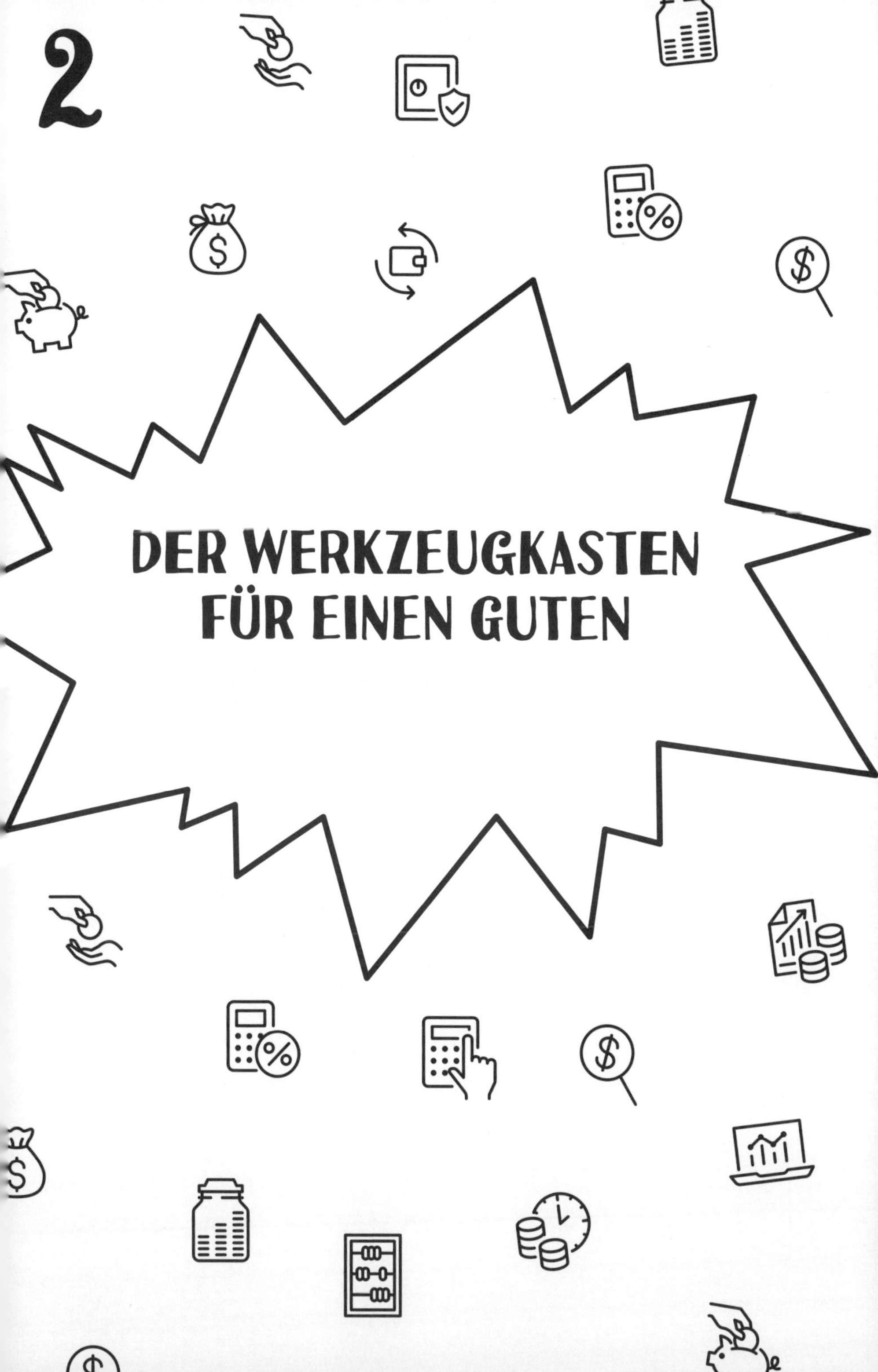

DER WERKZEUGKASTEN FÜR EINEN GUTEN

Wir haben uns im vorherigen Kapitel damit beschäftigt, warum es wichtig ist, rechtzeitig anzufangen zu sparen, und auch schon kurz angeschnitten, dass es einen großen Unterschied machen kann, wo und wie man sein Geld zurücklegt. In diesem Kapitel schauen wir uns die verschiedenen Arten, Geld zu sparen beziehungsweise anzulegen, genauer an und geben dir ganz praktische Tipps dafür, wie du die passenden Finanzangebote für dich findest und einrichtest.

Es ist wichtig, sich bewusst zu machen, dass es keine eierlegende Wollmilchsau gibt, also weder einen Weg, der für alle passt, noch ein Produkt, das für all deine Sparziele geeignet ist. Je nachdem, wofür und in welchem Zeithorizont du dein Geld zurücklegst, gibt es unterschiedliche Arten, wie du das Geld anlegen solltest. Die optimale Lösung ergibt sich in der Regel also aus einer Mischung aus verschiedenen Sparzielen und den dazu passenden Finanzprodukten. Das klingt jetzt alles erst mal sehr komplex, wir werden im Folgenden aber Schritt für Schritt die verschiedenen Optionen durchgehen, sodass du am Ende einen guten Überblick und hoffentlich auch ein Gefühl dafür hast, was zu tun ist.

DAS MAGISCHE DREIECK DER GELDANLAGE

Zunächst gilt es zu überlegen, was dir beim Sparen wichtig ist, was du also mit deiner Geldanlage erreichen willst. Hier spricht man von folgenden drei Begriffen:

- Rentabilität,
- Sicherheit und
- Liquidität.

Hinzu kommt als neues Ziel noch die Nachhaltigkeit der Anlage. Sehen wir uns diese drei Ziele an. Das Wort Rentabilität ist eng mit der Ren-

dite verbunden, welche uns ja bereits begegnet ist. Sie beschreibt also, wie viel Gewinn eine Anlage einbringt. Natürlich ist es erstrebenswert, eine möglichst hohe Rendite anzustreben. Mehr Gewinn bedeutet mehr Geld, und Wirtschaftswissenschaftler sagen immer ganz stumpf: »Mehr ist besser.«

Das nächste Ziel ist die Sicherheit. Hierbei geht es darum, dass man eine möglichst sichere Anlageform wählt und vermeidet, dass Geld verloren geht, während es angelegt ist. Es ist schließlich erstrebenswert, dass das Geld mehr, aber ganz sicher nicht weniger wird, während es angelegt ist.

Das dritte Ziel ist die Liquidität, was so viel bedeutet wie Flüssigkeit. Man fragt umgangssprachlich ja auch, ob jemand »flüssig« sei. Gemeint ist dann, wie viel Geld derjenige in diesem Moment zur Verfügung hat. Je nach Anlageform kann es vorkommen, dass du zwar eigentlich ein beträchtliches Vermögen besitzt, dir dies aber nicht sofort zur Verfügung steht. Das passiert vor allem bei Anlageformen, die zwar eine hohe Rendite ergeben und auch eher sicher sind, aber im Gegenzug das Geld langfristig binden. Das ist gut, um über viele Jahre hinweg Geld anzusparen, hilft aber nicht, um beispielsweise eine dringend notwendige Autoreparatur zu bezahlen.

Das macht auch schon die Herausforderungen bei der Wahl der Geldanlage deutlich. Am besten wäre eine Anlage, die maximale Rendite, maximale Sicherheit und maximale Liquidität verbindet. Die gibt es aber nicht. Vielmehr muss man immer einen Trade-off zwischen den verschiedenen Zielen in Kauf nehmen. Ein Produkt, das besonders viel Rendite bietet, ist dafür vielleicht nicht so sicher wie ein Produkt, das weniger Rendite bietet. Dafür bietet ein Produkt, bei dem man längere Zeit nicht auf das Geld zugreifen kann, meistens eine höhere Rendite.

Das Ganze kann man grafisch gut in Form eines magischen Dreiecks darstellen, wie es in der folgenden Abbildung auf Seite 40 zu sehen ist.

EXKURS SICHERHEIT

Der Begriff Sicherheit hat hier zwei verschiedene Dimensionen, die man sich einmal bewusst machen sollte. Das ist zum einen die Sicherheit vor dem Totalverlust und zum anderen die Sicherheit vor starken Schwankungen.

Beginnen wir mit der Dimension des **Totalverlustes**: Hiermit ist gemeint, dass man auf einen Schlag sein gesamtes angelegtes Geld verliert. Dies könnte theoretisch der Fall sein, wenn du dein Konto bei einer Bank hast und diese dein Geld gar nicht anlegt, sondern es für sich selbst behält, oder wenn die Bank bankrott geht und kein Geld mehr auszahlen kann. Die gute Nachricht ist: Das sind Extremfälle, die so fast nie vorkommen – zumindest in Deutschland. Die Banken hier sind stark reguliert und werden streng kontrolliert. Außerdem gibt es den sogenannten **Einlagensicherungsfonds**, eine Art Versicherung, bei der alle Banken innerhalb der EU Mitglied sein müssen und die dafür garantiert, dass selbst im Falle einer vollständigen Pleite der Bank, die ersten 100.000 Euro, die du dort auf deinem Konto hast, gesichert sind und nicht verloren gehen können. Abgedeckt sind dabei alle Girokonten, Sparkonten, Tagesgeldkonten und Festgeldkonten.

Wenn du dein Geld also bei einer deutschen Bank anlegst (und auch bei einer Bank aus den meisten wirtschaftlich stabilen europäischen Ländern wie den Niederlanden, Frankreich und so weiter), musst du dir deshalb erst mal keine Sorgen machen. Durch das Internet kann es aber durchaus sein, dass du auch auf Angebote von Banken stößt, die sich nicht in Deutschland befinden. Daher solltest du diesen Punkt etwas im Hinterkopf behalten.

Ein anderer Fall, bei dem ein Risiko zum Totalverlust besteht, betrifft den Kapitalmarkt, wenn du in Aktien eines einzelnen Unternehmens investierst und dieses pleitegeht. Das kann dazu führen, dass du deine gesamte Investition verlierst. Warum es grundsätzlich keine gute Idee ist, in nur ein Unternehmen zu investieren, schauen wir uns aber noch ausführlich im Kapitel 4 an.

Die zweite Dimension von Sicherheit ist die Vermeidung von großen **Kursschwankungen**. Du musst hierfür erst mal nur wissen, dass der Wert von Aktien und auch Fonds (dazu mehr im Kapitel 4) Schwankungen unterliegt. Auch wenn sie an bestimmten Tagen an Wert verlieren, können sie langfristig wertvoller werden. Diese Schwankungen können bei dir als Anleger Sorgen verursachen und dann zu einem Problem werden, wenn du dein Geld zu einem bestimmten Tag brauchst und deine Anlage an genau diesem Tag gerade viel an Wert verloren hat. Deshalb spielt es bei der Wahl einer Anlageform eine entscheidende Rolle, wie groß das Risiko für Schwankungen ist und wie groß die voraussichtlichen Schwankungen sind.

Das magische Dreieck der Geldanlage

Die unterschiedlichen Sparmöglichkeiten, die wir uns im nächsten Schritt anschauen, lassen sich jeweils unterschiedlichen Positionen des Dreiecks zuordnen. Um eine bessere Übersicht zu bekommen, betrachten wir zunächst drei Produktkategorien: tägliche Bankgeschäfte, mittelfristiges Sparen und langfristige Geldanlagen.

Tägliche Bankgeschäfte

Das wichtigste Produkt für die täglichen Bankgeschäfte kennst du mit Sicherheit, weil du es selbst bereits nutzt: das Girokonto. Es ist das Konto, das mit deiner EC-Karte verbunden ist und das du für deine alltäglichen Käufe nutzt. Hierhin wird dein Lohn überwiesen und von hier geht das Geld ab, wenn du an der Supermarktkasse mit der EC-Karte bezahlst

oder eine Überweisung tätigst. Im magischen Dreieck befindet sich das Girokonto ganz unten. Es bietet also viel Liquidität und Sicherheit, aber keine Rendite. Warum es dort einzuordnen ist, lässt sich leicht erklären: Die Liquidität des Girokontos ist maximal, weil du jederzeit auf das Geld zugreifen kannst. Du kannst zu jeder Uhrzeit an jedem Tag mit deinem Guthaben bezahlen, Überweisungen tätigen oder auch Bargeld am Automaten abheben. Das Ganze ist lediglich durch die Höhe deines Guthabens begrenzt.

Die Sicherheit ist deswegen als hoch einzuordnen, weil dein Guthaben keinerlei Schwankungen unterliegt. (Natürlich abgesehen von deinen Ausgaben und Einnahmen, diese sind hiermit nicht gemeint.) Dein Geld ist ja nicht investiert und verändert deshalb auch nicht seinen Wert. Außerdem ist das Risiko eines Totalverlustes aufgrund der Einlagensicherung (siehe Exkurs Sicherheit) zumindest bis zu einem Guthaben von 100.000 Euro praktisch ausgeschlossen.

So vorteilhaft wie das Girokonto bei der Liquidität und Sicherheit ist, so schlecht schneidet es bei der Rendite ab. Die gibt es hier nämlich so gut wie gar nicht und falls doch, ist sie so niedrig, dass man sie vernachlässigen kann. Vielmehr verlangen die Banken für Girokonten häufig sogar noch eine geringe Gebühr.

Mittelfristiges Sparen

Zu dieser Art von Produkten zählen zum Beispiel Tagesgeld- und Festgeldkonten. Diese Konten eignen sich nicht für die täglichen Bankgeschäfte, denn von hier aus können keine Überweisungen getätigt werden. Sie dienen vielmehr dazu, das Geld zu parken und einen Notgroschen anzusparen.

Jetzt fragst du dich vielleicht, was diese Konten vom Sparbuch unterscheidet. Der Kerngedanke ist der gleiche, der einzige Unterschied besteht darin, dass die Konditionen für das Sparbuch, insbesondere im Hinblick auf die Zinsen in der Regel die schlechtesten sind. Daher empfehlen wir dir, auf das Sparbuch zu verzichten und das Geld stattdessen auf ein Tagesgeld- oder Festgeldkonto zu legen.

In unserem magischen Dreieck befinden sich Tagesgeld- und Festgeldkonten auf der linken Seite, also bei Rendite und Sicherheit. Bezüglich der Sicherheit sind beide Arten genauso anzusehen wie das Girokonto. Die Anlage unterliegt keinerlei Schwankungen und die Einlagensicherung gilt hier genauso wie für das Girokonto. Hinsichtlich der Rendite sind diese Sparprodukte schon deutlich besser als das Girokonto. Hier ist es zumindest möglich, einen niedrigen einstelligen Zins zu erhalten. Aber Vorsicht: Nicht alle Anbieter bieten faire Zinssätze. Deswegen lohnt es sich, die verschiedenen Angebote zu vergleichen.

Was die Liquidität betrifft, unterscheiden sich diese Produkte zum Teil stark. Sie sind aber in jedem Fall nicht so liquide wie das Girokonto. Beim Tagesgeldkonto hat man noch eine recht hohe Liquidität. Hier kannst du dein Geld jederzeit auf dein Girokonto umbuchen, sodass es dir wieder zur Verfügung steht. Die Liquidität ist dann also nur durch den Zwischenschritt der Umbuchung eingeschränkt. Anders sieht es beim sogenannten Festgeld aus. Hier legst du dein Geld für einen bestimmten Zeitraum fest an. Das heißt, du kannst innerhalb dieses Zeitraums nicht darauf zugreifen. Dafür ist der Zins aber tendenziell noch etwas höher als beim Tagesgeldkonto.

Langfristige Geldanlagen

Die letzte Kategorie sind die langfristigen Anlagen. Hier solltest du nur Geld anlegen, auf das du bereit bist, fünf Jahre oder länger zu verzichten. Ziel ist es, dein Vermögen zu vermehren. Klassische Beispiele sind Investitionen in Aktien und Aktienfonds. Im magischen Dreieck liegen diese Anlageformen an der Spitze: Sie bieten also die besten Renditechancen, gleichzeitig aber auch die geringste Liquidität und je nach Portfolio mehr oder weniger, aber nie die gleiche Sicherheit wie ein Bankkonto.

Im Vergleich zum Beispiel zu einem Tagesgeldkonto, ist hier ein Vielfaches an Rendite pro Jahr möglich. Dies liegt allein schon daran, dass beim Tagesgeldkonto die Rendite durch den fest vereinbarten Zinssatz begrenzt ist. Bei Aktien und Fonds gibt es diese Begrenzung nicht. Sie können ihren Wert – zumindest theoretisch – unbegrenzt steigern, weil ihr Wert eben nicht auf einem festen Zinssatz beruht, sondern auf dem Prinzip von Angebot und Nachfrage (mehr dazu im Kapitel 4). Genau hier liegt aber auch der Nachteil in Bezug auf die Sicherheit. Da der Wert von Aktien und Fonds nicht festgelegt ist, unterliegen sie Schwankungen. So kann es zu sehr starken Wertveränderungen und im Extremfall sogar zu einem kompletten Wertverlust kommen (siehe »Exkurs: Sicherheit« auf Seite 38). Bei gut diversifizierten Fonds und Portfolios, also einer guten Mischung aus Wertpapieren verschiedener Unternehmen und Branchen, ist ein kompletter Wertverlust jedoch ausgeschlossen. Realistischer ist, dass sich solche Anlagen langfristig, also über viele Jahre betrachtet, insgesamt positiv entwickeln. Es kann also sein, dass der Wert immer mal wieder sinkt, langfristig betrachtet aber steigt. Und genau das ist der Grund, warum diese Anlageform nicht für kurzfristige Investitionen geeignet ist. Zwar kann man seine Aktien und Fonds theoretisch jederzeit verkaufen, aber das könnte im schlimmsten Fall bedeuten, dass man genau dann verkaufen muss, wenn der Wert besonders niedrig ist. Dies sollte auf jeden Fall vermieden werden, weshalb es nicht zu empfehlen ist, beispielsweise den Notgroschen auf diese Art anzulegen.

TOOLS FÜRS GELDMANAGEMENT – DEN EIGENEN MIX FINDEN

Kommen wir nun dazu, was das für dich konkret bedeutet und welche dieser Produktarten für dich geeignet sind. Die Antwort ist: In der Regel ist ein Mix aus allem die beste Lösung, da die unterschiedlichen Anlageformen unterschiedliche Funktionen erfüllen. So wie ein Heimwerker auch verschiedene Werkzeuge für verschiedene Zwecke braucht, benötigen wir verschiedene Produkte für einen sinnvollen Umgang mit unserem Geld.

Unsere oberste Mission ist, dir aufzuzeigen, dass es keine komplizierte Strategie braucht, um deine Finanzen selbst in die Hand zu nehmen. Genau genommen benötigst du lediglich vier Finanzprodukte, um sowohl unkompliziert Geld einnehmen und ausgeben zu können als auch für unterschiedliche Umstände etwas anzusparen. Je nachdem, wie sehr dich das Thema Finanzen packt, kannst du deinen Werkzeugkasten mit der Zeit natürlich, wie der Heimwerker, um weitere Werkzeuge ergänzen. Notwendig ist das aber nicht, denn an sich bist du auch mit der absoluten Grundausstattung ein Leben lang gut aufgestellt.

Die Grundausstattung des finanziellen Werkzeugkastens

1. **Girokonto** mit EC-Karte für tägliche Einnahmen (Gehalt, BAföG, Taschengeld …) und Ausgaben (Miete, Nebenkosten, Einkäufe …)
2. **Tagesgeldkonto** mit einem fairen Zins, auf dem du einen Notgroschen ansparst, auf den du zurückgreifen kannst, wenn kurzfristig größere Ausgaben anfallen (etwa eine kaputte Waschmaschine)
3. **Sparplan**, in den du monatlich einen bestimmten Betrag einzahlst, auf den du langfristig verzichten kannst, um ein Vermögen anzusparen
4. **Kreditkarte** für Online-Käufe und Reisen

Nachdem du nun weißt, was alles in deinen Werkzeugkasten gehört, zeigen wir dir, wie du ihn mit konkreten Produkten füllst.

EXKURS: BANKEN IN DEUTSCHLAND

Um besser zu verstehen, warum die Angebote bei Bankkonten oft so unterschiedlich sind, lohnt sich ein Blick auf die deutsche Bankenlandschaft. Vereinfacht lassen sich die für dich relevanten Banken in vier Kategorien einteilen:

- Regionalbanken, vor allem Sparkassen und Volksbanken;
- überregionale Privatbanken mit Filialen (zum Beispiel Deutsche Bank oder Commerzbank);
- Direktbanken (zum Beispiel ING oder DKB), die kein eigenes Filialnetz haben;
- Neobanken (zum Beispiel N26), die oft als Unterkategorie der Direktbanken angesehen werden.

Diese Bankentypen lassen sich wiederum grob in zwei Dimensionen unterscheiden: öffentlich-rechtliche Banken beziehungsweise genossenschaftliche Institute und Privatbanken. Entscheidend ist hier, wer Eigentümer der Bank ist. Sparkassen sind **öffentlich-rechtliche Banken**, sie gehören also einer öffentlichen Instanz. Deswegen gibt es auch die Unterscheidung zwischen Stadt- und Kreissparkassen, je nachdem, ob die Sparkasse der Stadt oder dem Landkreis gehört. Die Volksbanken sind hingegen **genossenschaftlich** organisiert. Die Grundidee einer Genossenschaft ist, dass die Bank den Menschen gehört, die dort Kunde sind. Die Kunden haben also die Möglichkeit, einen Anteil an der Bank zu erwerben und erhalten damit auch ein Stimmrecht in der Genossenschaftsversammlung. So können sie Einfluss auf die Entscheidungen der Bank nehmen.

Auf der anderen Seite stehen die **Privatbanken**. Diese Banken sind im Kern »Privatunternehmen« und auch als solche organisiert. Sie gehören also einzelnen Personen oder sind Aktiengesellschaften mit Aktionären, die selbst aber nicht Kunden der Bank sein müssen.

Diese Unterscheidung ist interessant, aber für die Wahl des Kontos nicht so entscheidend. Grundsätzlich gilt, dass öffentlich-rechtliche Banken und Genossenschaftsbanken den Ruf haben, etwas krisensicherer zu sein als Privatbanken, weil sie sich durch ihre lokale Verankerung und Eigentümerstruktur auf das Geschäft vor Ort konzentrieren und etwas vorsichtiger agieren. Das ist aber eine sehr pauschale Aussage. Auch Privatbanken können vorsichtig und sicher agieren.

Entscheidender für die Wahl einer Bank ist die zweite Unterscheidung, die zwischen Filialbanken und Direktbanken. Beispiele für **Filialbanken** sind die Sparkassen, die Volksbanken, die Deutsche Bank und die Commerzbank. Sie haben ein Filialnetz, sodass man die Möglichkeit hat, seine Bankgeschäfte mit einem Ansprechpartner vor Ort zu besprechen. Der Umfang dieses Filialnetzes variiert je nach Bank. Sparkassen und Volksbanken sind immer auf einzelne Regionen begrenzt, haben dafür in ihren jeweiligen Geschäftsgebieten aber ein sehr dichtes Netz an Filialen. Wenn du Kunde der Stadtsparkasse München bist, kannst du viele deiner Bankgeschäfte auch nur in Münchener Filialen abwickeln. Die Deutsche Bank hat dagegen Filialen über ganz Deutschland (und darüber hinaus) verteilt, aber dafür in kleineren Städten nicht in jedem Ortsteil einen Standort, sondern vielleicht nur einen für die ganze Stadt. Diesen vermeintlichen Nachteil versuchen die Volksbanken und Sparkassen durch Kooperationen auszugleichen. So kann man mit EC-Karten der Sparkasse an den Geldautomaten aller anderen Sparkassen in Deutschland kostenlos Geld abheben. Geld einzahlen und Konten einrichten, kann man aber nur bei seiner Heimatsparkasse.

Direktbanken bieten dagegen gar keinen Kontakt in Filialen vor Ort. Der Service ist also weniger umfangreich und wird ausschließlich telefonisch oder digital angeboten. Eine Unterkategorie bilden die sogenannten Neobanken, deren Angebot sich maßgeblich durch die dazugehörige App auszeichnet.

Das Girokonto

Ein Girokonto ist finanziell gesehen unverzichtbar, und wahrscheinlich besitzt du auch bereits eins. Girokonten werden von fast allen Banken angeboten. Deshalb gibt es hierbei eine große Auswahl. Sogar eine einzelne Bank hat in der Regel mehrere verschiedene Angebote.

Die Konten unterscheiden sich hauptsächlich in Service und Gebühren. Hinter beidem verbirgt sich eigentlich noch ein drittes Thema, nämlich die Bargeldabhebung.

Bei der Wahl des Girokontos solltest du dir zunächst zwei Fragen stellen:

1. **Wie wichtig ist dir Service?** Möchtest du die Möglichkeit haben, mit einem Bankberater vor Ort zu sprechen? Dann wähle eine Filialbank. Reichen dir hingegen eine Telefonhotline oder gegebenenfalls sogar nur ein Chat aus? Dann kannst du dich für eine Direktbank entscheiden. Vereinfacht gesagt gilt hier wie bei allen anderen Dienstleistungen auch: Je mehr Service du haben möchtest, desto teurer wird es.

2. **Wie wichtig sind dir Bargeldabhebungen?** Die Banken in Deutschland sind in verschiedenen Geldautomatenverbünden zusammengeschlossen. Das heißt, sie betreiben gemeinsam ein Netz von Geldautomaten, an denen du als deren Kunde kostenlos Bargeld abheben kannst. Das mit Abstand größte Netz haben die Sparkassen. Als Sparkassenkunde kannst du an fast 22.000 Automaten kostenlos Bargeld abheben. Es folgt das sogenannte BankCard-Netz, in dem vor allem die Volksbanken vertreten sind. Dieses Netz umfasst 15.500 Geldautomaten. An dritter Stelle kommt die Cash Group, bei der du als Kunde von Commerzbank, Deutscher Bank, Postbank und HypoVereinsbank sowie deren Tochterunternehmen kostenlos Geld abheben kannst und die knapp 6.000 Geldautomaten betreibt. Du merkst also, dass es hier deutliche Unterschiede gibt. Letztendlich lohnt es sich, mit offenen

Augen durch die Stadt zu gehen und darauf zu achten, welche Banken Geldautomaten in den Gebieten anbieten, in denen du dich am häufigsten aufhältst. Direkt- und Onlinebanken haben in der Regel keine oder nur wenige eigene Geldautomaten. Du erhältst von ihnen aber eine Karte, mit der du grundsätzlich an jedem Geldautomaten Geld abheben kannst, häufig aber mit umfangreichen Beschränkungen hinsichtlich der Höhe und der Häufigkeit der Abhebung.

Ein weiterer entscheidender Punkt bei der Wahl des Girokontos sind die Kosten. Lange Zeit waren Girokonten überwiegend kostenlos. Das ist jetzt insbesondere bei den Filialbanken nicht mehr der Fall. Die Kosten teilen sich in zwei Kategorien auf: Kontoführungsgebühren und Zusatzkosten für weitere Leistungen.

Die **Kontoführungsgebühr** ist eine Art monatlicher Festpreis für dein Konto, ähnlich wie bei einem Netflix-Abo. Diese Gebühr beträgt in der Regel ein paar Euro im Monat. Gerade bei Direktbanken gibt es auch jetzt noch Angebote ohne Kontoführungsgebühr. Die sind aber meist an Bedingungen geknüpft, zum Beispiel, dass es monatliche Kontobewegungen gibt. Das sollte auf dein Hauptkonto immer zutreffen, weil hier ja sowohl deine monatlichen Einnahmen ein- als auch deine täglichen Ausgaben abgehen. Als Zweitkonto bieten sich diese Angebote entsprechend nicht an, weil es ärgerlich ist, wenn du am Ende doch Gebühren zahlen musst, weil du die Bedingungen nicht erfüllst.

Neben den Kontoführungsgebühren solltest du auch auf weitere **Zusatzkosten** achten. Diese können für unterschiedliche Dienstleistungen anfallen wie die EC-Karte, eine Sofortüberweisung oder Dienstleistungen, die du in der Filiale in Anspruch nimmst, anstatt sie online abzuwickeln. Tendenziell lässt sich sagen: Je höher die Kontoführungsgebühren, desto weniger Zusatzkosten fallen an. Ob das Konto bei einer Direktbank unterm Strich wirklich günstiger ist als bei der Filialbank, hängt also davon ab, welche Dienstleistungen du benötigst.

Wenn du dann eine Bank gewählt hast, musst du dich häufig auch noch für ein konkretes Angebot entscheiden, weil viele von ihnen verschiedene Girokonten anbieten. Diese unterscheiden sich in der Regel durch unterschiedliche Leistungen und entsprechend variierende Kontoführungsgebühren. So können bei den günstigen Angeboten Online-Dienstleistungen und telefonische Beratungen enthalten, persönliche Beratungen in der Filiale aber ausgenommen sein. Da unsere Generation sowieso alles online macht, reicht es in der Regel, das günstigste Angebot zu wählen.

Alle angebotenen Konten zu vergleichen, würde hier den Rahmen sprengen. Deshalb empfehlen wir, wie an so vielen Stellen in diesem Buch, dich online zu informieren. Eine Hilfestellung können dir die Checklisten und Links im Anhang geben (ab Seite 276).

Besondere Angebote für junge Menschen

Viele Banken, gerade die Regionalbanken, bieten besondere Konditionen für junge Menschen an. Hier zahlst du, beispielsweise bis zu deinem 25. Geburtstag oder solange du studierst beziehungsweise dich in der Ausbildung befindest, keine Gebühren. Wenn du schon ein Konto hast, wird das sicherlich ein solches Konto sein. Ansonsten ist es sinnvoll, einfach mal bei deiner Bank vor Ort nach solchen Angeboten zu fragen.

Ein Girokonto eröffnen

Nun hast du dich also für ein Girokonto entschieden und möchtest es eröffnen. Dieser Prozess lässt sich in drei Schritten zusammenfassen:

1. Konto beantragen,
2. Legitimation,
3. Zugang erhalten.

Die meisten von uns werden es bevorzugen, das Konto online einzurichten, und das ist inzwischen auch bei so gut wie jeder Bank möglich. Du gehst also zunächst auf die Website der Bank, für die du dich entschieden hast, und suchst dort die Produktseite des jeweiligen Angebots. Dann musst du einen Fragebogen ausfüllen, in dem die Bank einige Informationen zu dir erfragt. Neben klassischen Angaben wie Name und Alter sind die Banken verpflichtet, bestimmte Informationen abzufragen, wie beispielsweise deinen Beruf oder wie hoch dein monatliches Einkommen in etwa ist.

Aufgrund deiner Angaben wird dein Antrag geprüft und du musst dich im nächsten Schritt legitimieren. Das heißt, die Bank muss prüfen, ob du wirklich derjenige bist, der das Konto eröffnen will. Auch das geht digital über ein Ident-Verfahren, zum Beispiel in Form eines kurzen Videotelefonats, bei dem du deinen Personalausweis in die Kamera hältst. Wichtig ist also, dass du einen gültigen Personalausweis zur Hand hast. Nach der Legitimation wird dein Konto eröffnet und du erhältst deine Zugangsdaten für das Online-Banking. Die dazugehörige Karte bekommst du etwas später per Post zugeschickt. Das Online-Banking ist immer durch ein Schutzverfahren gesichert, beispielsweise durch eine TAN-App, die du auf deinem Smartphone einrichtest. Sie generiert dir für jede Überweisung einen Code, den du im Online-Banking eingeben musst, bevor eine Überweisung durchgeführt wird, sodass sichergestellt werden kann, dass nur du über das Geld auf deinem Konto verfügst.

Kontoeröffnung unter 18 Jahren

Möchtest du bereits vor deinem 18. Lebensjahr ein Girokonto eröffnen, ist das natürlich möglich. Du brauchst dann aber die Zustimmung und Unterstützung deiner Eltern. Diese müssen den Fragebogen mit dir zusammen ausfüllen und sich ebenfalls in dem Ident-Verfahren verifizieren.

Möchtest du dein Girokonto in der Filiale eröffnen, funktioniert das vom Prinzip her genauso. In der Regel brauchst du dafür keinen Termin, sondern kannst einfach während der Öffnungszeiten in der Filiale deiner Wunschbank vorbeischauen. Auch hier füllst du einen Fragebogen aus. Die Legitimation erfolgt dann direkt durch Vorlage deines Personalausweises bei dem Bankmitarbeiter.

Das Tagesgeldkonto

Kommen wir zum nächsten Produkt in unserem finanziellen Werkzeugkasten, dem Tagesgeldkonto. Das Tagesgeldkonto hat zwei wichtige Funktionen: Zum einen ist es unser Geldparkplatz für Geld, das wir für einen bestimmten Zweck angespart haben, aber erst in der Zukunft ausgeben wollen. Zum anderen sollten wir hier unseren Notgroschen ansparen.

Du hast sicher auch schon die Erfahrung gemacht, dass das Geld, das du auf dem Girokonto hast und das dir somit jederzeit zur freien Verfügung steht, in der Regel am Monatsende aufgebraucht ist. Deshalb ist es allein schon aus psychologischen Gründen sinnvoll, neben dem Girokonto einen weiteren Ort zu haben, an dem du dein Geld aufbewahrst. Das Tagesgeldkonto ist so etwas wie das digitale Sparschwein. So wie man aus dem Portemonnaie immer wieder Geld nimmt und es in das Sparschwein steckt, sollte man das auch mit dem Tagesgeldkonto machen.

Auf diese Weise sparst du dir auch deinen Notgroschen an, der im besten Fall aber deutlich mehr als ein Groschen ist. Als Richtwert: Er sollte mittelfristig drei bis sechs Monatsgehältern entsprechen. Wenn du also 2.000 Euro netto im Monat verdienst, solltest du das Ziel haben, mindestens 6.000 Euro auf dem Tagesgeldkonto anzusparen. Das nimmt dir viele Sorgen beispielsweise darüber, dass etwas kaputtgeht und du es nicht ersetzen oder reparieren lassen kannst, wie die Waschmaschine oder dein Auto (falls du eins hast). Außerdem sichert der Notgroschen dich ab, falls du mal ein paar Monate lang kein Einkommen haben solltest. Du baust ihn auf, indem du jeden Monat einen festen Betrag vom Girokonto auf das Tagesgeldkonto überweist. Dazu richtest du am besten einen Dauerauftrag ein, also eine Überweisung von deinem Girokonto, die regelmäßig zu einem bestimmten Zeitpunkt automatisch ausgeführt wird. Wir empfehlen dir, monatlich etwa 10 Prozent deines Einkommens auf dein Tagesgeldkonto zu überweisen. Dann hast du die Zielgröße von drei Monatsgehältern nach 30 Monaten, also zweieinhalb Jahren, erreicht.

Der Notgroschen während Ausbildung und Studium

Wenn du es schaffst, diesen Notgroschen schon während deiner Ausbildung und deines Studiums anzusparen: Respekt! Für viele von uns reicht das Geld, das wir in dieser Lebensphase zur Verfügung haben, gerade so bis zum Monatsende. Deswegen stress dich nicht, falls es dir nicht gelingt, 10 Prozent deines Budgets zur Seite zu legen. Um mögliche Reparaturen bezahlen zu können, reicht es auch, wenn du einen kleineren Betrag, zum Beispiel 25 Euro, monatlich beiseitelegst. Das Risiko eines Verdienstausfalls ist bei dir ja deutlich geringer, weil du wahrscheinlich Unterhaltszahlungen oder BAföG erhältst, solange du darauf angewiesen bist.

Bei der Wahl des Tagesgeldkontos solltest du folgende zwei Kriterien berücksichtigen: die Sicherheit und die Zinsen. Für die Sicherheit gilt das Gleiche wie für das Girokonto. Schließe es bei einer deutschen Bank oder einer Bank innerhalb der EU ab. Wie beim Girokonto ist dein Geld dann bis zu einem Guthaben von 100.000 Euro durch die Einlagensicherung geschützt. Du musst dein Tagesgeldkonto übrigens nicht bei der gleichen Bank haben wie dein Girokonto. Du kannst also beide Kontoarten separat vergleichen und den besten Mix für dich zusammenstellen.

Der wichtigste Faktor, in dem sich die verschiedenen Angebote unterscheiden, sind die Zinsen. Hier solltest du versuchen, möglichst viel herauszuholen, ohne die eben angesprochene Sicherheit zu vernachlässigen. Entscheidend ist dabei, die verschiedenen Angebote zu vergleichen, denn die Unterschiede können enorm sein. Während zum Beispiel einige Direktbanken bis zu 4 Prozent auf das Tagesgeld anbieten, gibt es immer noch Filialbanken, die dir weniger als die Hälfte oder noch weniger Zinsen zahlen. Wenn du dein Tagesgeld also jetzt zu deutlich niedrigeren Zinsen anlegst, lässt du bares Geld liegen, ohne einen Vorteil davon zu haben.

Rechenbeispiel: Zinsunterschiede

Angenommen du verdienst 3.000 Euro im Monat und legst vier Monatsgehälter auf deinem Tagesgeldkonto an:

- Konto A: Du hast die Angebote nicht verglichen, sondern deinen Notgroschen einfach auf ein Tagesgeldkoto bei der Hausbank gelegt und erhältst dort 1 Prozent Zinsen. Nach 12 Monaten hast du:
  12.000 Euro * 1,01 = 12.120 Euro
- Konto B: Du hast die Angebote verglichen und deinen Notgroschen nun auf einem Tagesgeldkonto liegen, auf das du 4 Prozent Zinsen erhältst. Nach 12 Monaten hast du:
  12.000 Euro * 1,04 = 12.480 Euro

Das ergibt nach 12 Monaten einen Unterschied von 360 Euro. Nehmen wir nun an, dass du auf diesem Konto weder weitere Einzahlungen tätigst noch Auszahlungen vornimmst, und somit vom Zinseszinseffekt profitierst (dazu später mehr.)

Dann hast du nach fünf Jahren ein Guthaben von:

- 12.615 Euro bei Bank A und
- 14.652 Euro bei Bank B.

Das ergibt also einen Unterschied von mehr als 2.000 Euro, allein dadurch, dass du die Angebote verglichen hast.

Beim Vergleich verschiedener Angebote ist es wichtig, die Konditionen anzusehen. Besonders gute Zinsen sind oft an bestimmte Bedingungen geknüpft. Das kann zum Beispiel sein, dass du einen bestimmten Mindestbetrag anlegen musst oder dass diese guten Zinsen nur bis zu einer bestimmten Einlagenhöhe gezahlt werden, also beispielsweise nur für die ersten 50.000 Euro, die du anlegst. Für alles darüber hinaus würdest du dann deutlich geringere Zinsen erhalten. Außerdem kommt es oft vor, dass besonders gute Angebote nur für Neukunden gelten und eine bestimmte Laufzeit haben. Dann bekommst du diese besonders guten Zinsen nur für ein paar Monate garantiert. Danach kann die Bank den Zinssatz wieder ändern. Hier musst du dir überlegen, ob es sich für dich lohnt, nach ein paar Monaten eventuell das Konto zu wechseln, oder du lieber gleich ein Konto wählst, das etwas weniger Zinsen bietet, diese aber längerfristig garantiert. Um einen guten Überblick über die unterschiedlichen Konditionen zu erhalten, empfehlen wir dir auch hier, einen Onlinevergleich zu nutzen. Die Eröffnung eines Tagesgeldkontos funktioniert genauso wie beim Girokonto (siehe Seite 47).

Der Fondsparplan

Ein weiteres Werkzeug, das in keinem Werkzeugkasten für Finanzen fehlen sollte, ist der Sparplan. Das bedeutet, dass du regelmäßig einen bestimmten Anteil deines Einkommens in einen Fonds investierst. Wir empfehlen dir, mit 25 oder 50 Euro pro Monat anzufangen. Der Sparplan dient dazu, dein Geld langfristig zu vermehren und ein Vermögen aufzubauen, zum Beispiel für deine Rente oder um später ein Haus zu kaufen.

Anders als beim Tagesgeld wird das Guthaben nicht nur sicher verwahrt, sondern in Aktien oder Fonds investiert. Diese bieten deutlich höhere Renditechancen, sind aber auch mit einem höheren Risiko verbun-

den. Da das Sparen mit Aktien und Fonds komplexer ist als die anderen Instrumente, gleichzeitig aber das mit Abstand effektivste Instrument sein kann und für den Vermögensaufbau entscheidend ist, widmen wir diesem Thema ein eigenes Kapitel. Alle wichtigen Informationen zu Aktien, Fonds und Sparplänen, findest du im Kapitel 4.

Die Kreditkarte

Zu guter Letzt brauchst du noch eine Kreditkarte. Diese dient nicht wie die anderen Kategorien zum Sparen, sondern ist ein Werkzeug, das du benötigst, um gewisse Ausgaben tätigen zu können, zum Beispiel in bestimmten Online-Shops oder auf Auslandsreisen, denn Kreditkarten sind international anerkannt. Du kannst mit ihnen also auch im Ausland Bargeld abheben. Durch diese Möglichkeiten ist eine Kreditkarte nahezu unverzichtbar, allerdings birgt sie auch einige Gefahren. Deshalb ist ein verantwortungsvoller Umgang damit wichtig.

Kreditkarten gibt es von den verschiedensten Anbietern und in den unterschiedlichsten Ausführungen. Sie lassen sich in zweierlei Hinsicht kategorisieren. Zunächst nach der Art und Weise, wie die Karte belastet wird. Hier gibt es im Wesentlichen drei Modelle:

- Prepaid,
- Debit,
- Guthaben (Charge).

Die ersten beiden Modelle sind keine Kreditkarten im eigentlichen Sinne, haben aber sehr ähnliche Funktionen. Bei der Prepaid-Karte (prepaid = vorausbezahlt) muss zunächst ein bestimmtes Guthaben auf die Karte geladen werden. Wenn das Guthaben auf der Karte aufgebraucht ist, kannst du mit der Karte so lange nicht mehr bezahlen oder Geld abheben, bis du neues Guthaben draufgeladen hast.

Debitkarten sind den EC-Karten sehr ähnlich. Hier wird das Geld nach der Ausgabe direkt vom zugehörigen Girokonto abgebucht. Im Gegensatz zur EC-Karte kann man mit der Debitkarte aber auch online bezahlen, was mit EC-Karten oft nicht möglich ist. Ähnlich wie bei der Prepaid-Karte kann man mit der Debitkarte nur das Geld ausgeben, das gerade auf dem Girokonto ist.

Die letzte Kategorie sind die klassischen Kreditkarten. Diese gewähren dir einen bestimmten Kreditrahmen innerhalb eines bestimmten Zeitraums (meist pro Monat), innerhalb dessen du eine bestimmte Summe Geld ausgeben kannst. Deine Ausgaben werden dann am Ende des Zeitraums gesammelt, also in einem Betrag, von deinem Girokonto abgebucht. Der Anbieter deiner Kreditkarte gewährt dir also für diesen Zeitraum einen zinslosen Kredit.

Vergleicht man die drei Kategorien, wird deutlich, dass die klassische Kreditkarte das höchste Risiko bietet. Nur hier ist es möglich, Geld auszugeben, das man eigentlich gar nicht hat. Dafür bietet diese Karte aber auch die umfassendsten Möglichkeiten. Sie wird fast überall akzeptiert und ermöglicht Einkäufe auch dann, wenn gerade nicht genügend Geld auf dem Konto ist. Obwohl sowohl Prepaid- als auch Debitkarten immer häufiger akzeptiert werden, gibt es immer noch bestimmte Transaktionen, wie zum Beispiel die Buchung eines Mietwagens, für die eine »echte« Kreditkarte erforderlich sein kann.

Die zweite Kategorisierung von Kreditkarten ist die zwischen Basic- und Premiumkarten. Letztere werden häufig auch als Gold- oder Platinkarten bezeichnet. Wie der Name schon sagt, erfüllen Basic-Karten in der Regel nur die Standardfunktionen, also online und offline bezahlen sowie Geld abheben. Premiumkarten bieten darüber hinaus weitere Vorteile wie inkludierte Versicherungen, Services oder Annehmlichkeiten auf Reisen. Während Basic-Karten oft sehr günstig, am besten sogar kostenlos sind, kosten Premiumkarten Gebühren, die bis zu mehrere Hundert Euro pro Jahr betragen können.

Darüber hinaus können bei diesen Premium-Karten auch für die Basic-Funktionen (höhere) Gebühren anfallen, beispielsweise für Bargeldabhebungen oder Bezahlungen im Ausland. Insgesamt lässt sich sagen, dass sich solche Angebote nur unter sehr bestimmten Umständen lohnen, vor allem dann, wenn du am Ende wirklich alle Vorteile der Karte nutzt. Dafür müsstest du aber beispielsweise viel auf Reisen sein und häufig in Hotels übernachten. Daher empfehlen wir dir für den Anfang eine kostenlose Basic-Karte. Die kann alles Wichtige und spart im Vergleich zu anderen Karten einiges an Geld.

Eine Kreditkarte beantragen

Die Beantragung einer Kreditkarte ist wiederum sehr ähnlich wie die Eröffnung eines Kontos:

1. Auswahl der Kartenkategorie,
2. Auswahl des Anbieters,
3. Ausfüllen des Antrags,
4. Identifizierung,
5. Bonitätsprüfung,
6. Zustellung der Karte.

Zuerst wählst du aus, welche Art von Karte du haben möchtest. Wir empfehlen dir eine klassische und kostenlose Kreditkarte, wenn

- du dir einen verantwortungsvollen Umgang mit Geld zutraust (!),
- du mindestens 18 Jahre alt bist,
- du eine positive Bonität hast (siehe Seite 64),
- du ein regelmäßiges Einkommen hast.

Sie bietet dir die meisten Möglichkeiten. Solltest du eines oder mehrere dieser Kriterien nicht erfüllen, sieh dich nach einer Debit- oder Prepaid-karte um. Finde im nächsten Schritt mithilfe eines Onlinevergleichs für die entsprechende Kartenart ein für dich passendes Angebot. Dabei sind vor allem zwei Punkte entscheidend:

1. Die Karte sollte dauerhaft kostenlos sein. (Manche Angebote sind im ersten Jahr gebührenfrei und verursachen ab dem zweiten Jahr monatliche oder jährliche Kosten.)

2. Sie sollte weltweit kostenlose Bargeldabhebungen beinhalten.

Anschließend füllst du wieder direkt auf der Seite des Anbieters das entsprechende Formular aus. Dieses ist etwas umfangreicher als beim Giro- oder Tagesgeldkonto, da der Anbieter deine Bonität prüfen muss, also die Wahrscheinlichkeit, dass du deine Kreditkartenrechnung auch wirklich bezahlen kannst. Du wirst neben deinen persönlichen Daten auch nach deinem Einkommen und der Höhe deiner Mietzahlungen gefragt. Nachdem du dieses Formular ausgefüllt hast, überprüft der Kreditkartenanbieter deine Identität. Das funktioniert genauso wie bei den Kontoeröffnungen.

Abschließend prüft die Bank deine Kreditwürdigkeit. Hier musst du nur abwarten. Da dir der Kreditkartenanbieter mit der Kreditkarte quasi einen kleinen monatlichen Kredit einräumt, ist es für ihn besonders wichtig, ein Gefühl dafür zu bekommen, wie sicher es ist, dass du das Geld, das du über die Kreditkarte ausgibst, auch zurückzahlen kannst. Aufgrund dieser Prüfung entscheidet die Bank, ob sie dir überhaupt eine Kreditkarte gibt und welchen Verfügungsrahmen sie dir einräumt. Der Verfügungsrahmen gibt an, wie viel Geld du pro Monat über die Kreditkarte ausgeben kannst. In der Regel kannst du diesen später erhöhen, wenn du deine Kreditkartenrechnungen stets zuverlässig beglichen hast.

Wenn die Prüfung erfolgreich war, bekommst du deine Kreditkarte per Post zugeschickt. Die dazugehörige PIN erhältst du in einem separa-

ten Schreiben, ebenso wie die Zugangsdaten zum Onlineportal oder der App. Dort kannst du einsehen, mit welchem Betrag die Karte bereits belastet ist. Bei Online-Einkäufen musst du dich normalerweise bei jedem Einkauf verifizieren. Dies geschieht per TAN, die du entweder per SMS, E-Mail oder über eine separate App erhältst.

Sorge dafür, dass dein Girokonto, von dem die Kreditkartenrechnung abgebucht wird, zum Stichtag ausreichend gedeckt ist. Andernfalls wirkt sich das negativ auf deine Bonität aus. Welche Probleme daraus entstehen können, liest du unter anderem in den Kapiteln 3 und 6.

Risiken von Kreditkarten

So praktisch Kreditkarten sind, so wichtig ist ein verantwortungsvoller Umgang mit ihnen. Andernfalls können sie dich in ganz schöne Schwierigkeiten bringen.

Kurz gesagt sind die größten Risiken:

- den Überblick über die Ausgaben zu verlieren, also mehr auszugeben, als man hat (Schuldenfalle);
- ein unausgeglichenes Konto;
- sehr hohe Zinsen;
- die Anhäufung von Schulden über einen längeren Zeitraum;
- versteckte Kosten;
- Onlinebetrug.

Wie bereits beschrieben, bekommst du durch deine Kreditkarte jeden Monat einen Minikredit gewährt. Du kannst also theoretisch Geld ausgeben, das du gar nicht hast. So kommst du in Versuchung etwas zu kaufen, was du dir eigentlich nicht leisten kannst. Unsere Empfehlung ist daher, grundsätzlich so wenig wie möglich mit der Kreditkarte zu bezahlen und sie nur dann zu nutzen, wenn sie die einzige Bezahloption darstellt. Kaufe außerdem nur das, was du dir leisten kannst, und vor allem: Behalte den Überblick! Schau dir deine Kreditkartenabrechnung regelmäßig an und berücksichtige den Betrag, wenn du deinen Kontostand ansiehst, um ein Gefühl dafür zu bekommen, wie viel Geld dir diesen Monat wirklich zur Verfügung steht.

Das bringt uns direkt zum nächsten Problem: Achte immer darauf, dass dein Konto am Tag der Kreditkartenabrechnung ausgeglichen ist. Wenn dein Kreditkartenanbieter versucht, das Geld von deinem Konto abzubuchen, und das nicht möglich ist, kann das mehrere negative Folgen haben. Zum einen können Gebühren anfallen und zum anderen kann es sich negativ auf deine Kreditwürdigkeit auswirken.

Ein weiteres Problem sind die hohen Zinsen auf Kreditkartenschulden. Wenn du mehr gekauft hast, als du bezahlen kannst, und die Abbuchung nicht durchgeht, leiht der Kreditkartenanbieter dir das Geld zwar weiterhin, lässt sich dies aber gut bezahlen. Die Zinsen können dann 20 Prozent oder mehr betragen, sodass sich deine Schulden innerhalb kürzester Zeit anhäufen, ohne dass du weitere Ausgaben tätigst. Es ist also wichtig, dass du deine Kreditkarte immer ausgleichst.

> Manche Kreditkartenanbieter buchen standardmäßig nur einen Teil des Betrags, mit dem die Kreditkarte belastet ist, zum Stichtag ab. Das führt ebenfalls dazu, dass sich deine Kreditkartenschulden anhäufen. Kontrolliere also unbedingt, ob deine monatliche Rückzahlungsrate 100 Prozent beträgt.

Ein zusätzliches Risiko sind versteckte Gebühren. Viele Kreditkartenanbieter versuchen darüber Geld zu verdienen. Das können Gebühren

für das Abheben von Bargeld oder das Bezahlen in einer Fremdwährung sein. Diese Gebühren können unter Umständen sehr hoch sein. Achte darauf, wenn du eine Kreditkarte abschließt, und auch später, wenn du sie benutzt. Wenn du dich zum Beispiel für eine Karte mit hohen Bargeldbezugsgebühren entschieden hast (wovon wir grundsätzlich abraten), solltest du es natürlich möglichst vermeiden, mit dieser Karte Bargeld abzuheben.

Zudem besteht das Risiko des Onlinebetrugs. Im Großen und Ganzen sind Kreditkarten sehr sicher geworden, auch durch das oben erwähnte Verifizierungsverfahren bei Onlinekäufen. Trotzdem kommt es noch immer zu Betrugsfällen. Mit diesen Tipps schützt du dich davor:

Fotografiere deine Karte nicht ab.
Gib keine Daten in Chats o. ä. weiter.
Kaufe nur auf seriösen Websites ein.
Kontrolliere regelmäßig deine Kreditkartenabrechnung. Wenn dir dort Beträge auffallen, die du nicht zuordnen kannst, wende dich an deinen Kreditkartenanbieter. Dieser kann illegale Buchungen in der Regel rückgängig machen.
Lass die Karte umgehend sperren, wenn du sie verloren hast.

Du siehst, eine Kreditkarte birgt Risiken. Gleichzeitig ist sie ein nützliches Werkzeug, das in jeden finanziellen Werkzeugkasten gehört. Wenn du dir der Risiken bewusst bist, die Karte verantwortungsvoll verwendest und die Tipps beachtest, brauchst du dir keine Sorgen zu machen.

3

DIE SCHULDENFALLE

Glücklicherweise kann von uns dreien keiner eine persönliche Anekdote zum Thema Schuldenfalle beisteuern. Vielen anderen in unserem Alter geht das anders. Eine Studie hat 2022 aufgezeigt, dass jeder fünfte im Alter zwischen 14 und 29 Jahren Schulden hat. Das liegt maßgeblich daran, dass es allgemein und uns jungen Menschen insbesondere immer leichter gemacht wird, sich zu verschulden. Handys für null Euro. Bei Zalando jetzt bestellen, später bezahlen. Den großen Fernseher mit Null-Prozent-Finanzierung kaufen. All diese Angebote wirken auf den ersten Blick gar nicht nach Schulden oder Krediten. Sie sind es aber! Was zunächst harmlos erscheint, kann schnell zu einem echten Problem werden. Nämlich dann, wenn sich die Kredite anhäufen und aus vielen kleinen Beträgen, von denen man denkt, sie gut stemmen zu können, plötzlich ein Schuldenhaufen wird, unter dem man zu ersticken droht. In diesem Kapitel schauen wir uns deshalb an, welche Arten von Schulden es gibt, wie du verantwortungsvoll damit umgehst, was es mit der Bonität auf sich hat und warum nicht alle Schulden schlecht sind.

DER PREIS DER SCHULDEN

Schulden zu haben, bedeutet zunächst einmal, dass man sich von jemandem Geld geliehen hat und dieses dementsprechend zurückzahlen muss. Das ist an sich noch kein Problem. Aber es kann schnell zu einem werden. Um zu verstehen, wo die Fallstricke beim Thema Schulden liegen, ist es wichtig, sich einige Zusammenhänge bewusst zu machen. Eine zentrale Erkenntnis ist, dass es fast immer Geld kostet, sich Geld zu leihen. Die Person, die Bank oder das Unternehmen wollen schließlich daran verdienen, dass sie dir einen Kredit geben. Das geschieht meistens über Zinsen oder Gebühren.

Zinsen haben wir schon beim Thema Konto und Geldanlage kennengelernt. Wenn du zum Beispiel dein Geld auf einem Tagesgeldkonto anlegst, bekommst du dafür von der Bank Zinsen. Wenn du dir Geld von der

Bank leihst, ist es genau umgekehrt. Wenn du dir also 10.000 Euro für ein Jahr leihst und die Bank dafür 10 Prozent Zinsen verlangt, dann schuldest du der Bank nach einem Jahr 11.000 Euro, also die 10.000 Euro, die du geliehen bekommen hast plus 1.000 Euro Zinsen.

Eine zweite Kostenfalle von Krediten sind Gebühren wie beispielsweise Mahngebühren. Ein einfaches Beispiel: Du bestellst online einen Pullover für 50 Euro auf Rechnung. Beim Kauf auf Rechnung wird dir ein Datum genannt, bis zu dem das Geld überwiesen werden muss. Wenn du nun vergisst, den Betrag zu überweisen oder das Geld gerade nicht hast, verlangt der Verkäufer Mahngebühren von dir. Wenn diese 5 Euro betragen, schuldest du der Firma jetzt schon 55 Euro. Kommst du der Zahlungsaufforderung weiterhin nicht nach, steigt der Betrag weiter. Viele Onlineshops lassen ihre Rechnungskäufe von Inkassounternehmen abwickeln, deren Geschäftsmodell ausschließlich das Eintreiben von ausstehenden Beträgen und Mahngebühren ist.

Sei dir also dessen bewusst: Sich Geld zu leihen, hat immer seinen Preis. Wenn du etwas mit geliehenem Geld kaufst, ist es in den meisten Fällen teurer, als wenn du es von deinem Erspartem kaufst.

BONITÄT UND SCHUFA – DEINE KREDITWÜRDIGKEIT

Der Begriff »Bonität« ist uns bisher schon einige Male begegnet, weil sie beispielsweise bei der Kontoeröffnung geprüft wird, aber auch wenn du eine Wohnung mieten oder eben einen Kredit beantragen willst. Das Wort bedeutet so viel wie Kreditwürdigkeit und beschreibt deine Fähigkeit, Schulden vollständig und pünktlich zurückzuzahlen.

Würdest du jemandem Geld leihen, würdest du auch wissen wollen, wie zuverlässig er ist und wie wahrscheinlich es ist, dass du dein Geld wie vereinbart zurückbekommst. Genau das macht eine Bank oder ein Unternehmen, das dir Geld leiht. Diese Prüfung basiert meistens auf verschiedenen Kriterien. So ist es in der Regel einfacher, bei einer Bank einen

Kredit zu bekommen, bei der du bereits Kunde bist und die von dir weiß, dass dein Konto immer gedeckt ist.

Das vielleicht wichtigste Kriterium zur Beurteilung deiner Kreditwürdigkeit ist der Schufa-Score. Die Schufa ist ein Unternehmen, das Daten über Menschen sammelt und daraus eine Bewertung erstellt, wie gut die Kreditwürdigkeit einer Person ist. Dafür arbeitet die Schufa mit vielen Unternehmen zusammen, die ihr Informationen über dich bei ihr melden. Wenn du also beispielsweise eine Mahnung bekommst, weil du eine Rechnung nicht bezahlt hast, wird das unter Umständen an die Schufa gemeldet. Obwohl die Schufa umstritten ist, ist sie nach wie vor sehr mächtig. Die Daten, die sie sammelt, sind vielfältig. So kann bereits die bloße Beantragung eines Kredits an die Schufa gemeldet werden, auch wenn du den Kredit am Ende gar nicht erhältst. Sie sammelt aber nicht nur negative Einträge. Es kann sich positiv auf deinen Schufa-Score auswirken, wenn du schon lange eine Kreditkarte hast und die Rechnungen stets zuverlässig bezahlst.

Wenn du jetzt zum Beispiel eine Kreditkarte beantragst, holt sich der Anbieter also bei der Schufa Informationen über deine Bonität ein. Er erhält dann eine Übersicht mit den Einträgen über dich und den sogenannten Schufa-Score. Der Score selbst ist ein Wert zwischen 0 und 100 Prozent. Dabei gilt: Je höher der Score, desto besser ist deine Kreditwürdigkeit. Ein Score ab 97,22 Prozent gilt als exzellent. Diesen haben tatsächlich fast 74,2 Prozent der Menschen in Deutschland. Da dieser sehr gute Score die Regel ist, wirkt sich ein schlechterer Score umso negativer aus. Du solltest also unbedingt negative Einträge vermeiden.

Das ist ganz einfach und erfordert (wieder einmal) Disziplin. Bezahle deine Rechnungen immer pünktlich, am besten sofort nach Erhalt. Bestelle so wenig wie möglich auf Rechnung und nutze stattdessen Zahlungsarten, bei denen das Geld direkt abgebucht wird. Achte darauf, dass dein Konto nicht im Minus ist und dass deine Kreditkartenabrechnung immer rechtzeitig bezahlt wird. Außerdem solltest du vermeiden, zu viele Konten und Kreditkarten gleichzeitig zu haben, damit du nicht den Überblick verlierst.

Schufa-Score checken und Einträge prüfen

Wenn dein Interesse jetzt geweckt ist und du selbst herausfinden möchtest, was die Schufa über dich weiß, kannst du das tun. Die Schufa ist gesetzlich dazu verpflichtet, Auskunft darüber zu geben, welche Daten sie über dich gespeichert hat. Diese sogenannte **Datenkopie** kannst du bei der Schufa kostenlos online beantragen. In der Auskunft findest du die Einträge, die die Schufa über dich gesammelt hat, und auch deinen Schufa-Score. Wichtig ist, dass die Datenkopie lediglich für den persönlichen Gebrauch geeignet ist. Daneben gibt es die **BonitätsAuskunft** beziehungsweise den **BonitätsCheck**. Beide Dokumente kosten circa 30 Euro und können online beantragt werden. Sie werden dir dann entweder zum Download oder per Post bereitgestellt. Wenn Dritte eine Schufa-Auskunft von dir verlangen, ist es notwendig, eine der kostenpflichtigen Varianten zu beantragen.

Wir empfehlen dir, hin und wieder eine Datenauskunft bei der Schufa zu beantragen und diese aufmerksam zu prüfen. Es kann durchaus vorkommen, dass sich hier Fehler einschleichen. Du kannst sowohl bei Fehlern als auch bei Einträgen, die nicht (mehr) berechtigt sind (weil beispielsweise eine offene Rechnung mittlerweile bezahlt ist), bei der Schufa eine Bitte um Löschung dieser Daten stellen.

GUTE SCHULDEN, SCHLECHTE SCHULDEN

Bis hierher könnte der Eindruck entstanden sein, Schulden seien grundsätzlich etwas Schlechtes. Doch so einfach ist es nicht. Vielmehr ist es sinnvoll, zwischen guten und schlechten Schulden zu unterscheiden. Das wichtigste Kriterium dafür ist, wofür das Geld verwendet wird, für das man sich verschuldet.

Schulden für kurzfristigen Konsum sind eigentlich immer schlechte Schulden. Damit ist gemeint, dass man sich für Dinge wie Kleidung, Elektronik oder den Urlaub verschuldet. Hier gilt zum einen das schon beschriebene Prinzip, dass es wegen der Zinsen meistens günstiger ist, sich solche Dinge durch Erspartes zu ermöglichen. Wenn du also einen Urlaub finanzieren möchtest, ist es klüger, jeden Monat etwas Geld zur Seite zu legen, als ihn erst zu kaufen und dann abzuzahlen. Andernfalls zahlst du die Kosten noch ab, wenn der Urlaub schon lange vorbei und die Erholung längst verflogen ist. Gerade wenn es zur Gewohnheit wird, sich Konsum durch Schulden, Kredite oder Pay-later-Optionen zu ermöglichen, können die Fixkosten, die jeden Monat in die Raten fließen, einem schnell über den Kopf wachsen. Dann wiegen die Last und die Sorgen bald schwerer als die Freude über das Gekaufte.

Ebenfalls schlechte Schulden sind Kredite für Geldanlagen, also zum Beispiel, um Aktien oder Bitcoins zu kaufen. Möglicherweise begegnen dir in den sozialen Medien immer mal wieder Persönlichkeiten, die behaupten, auf diese Art und Weise reich geworden zu sein. Dann lass dir gesagt sein: Viel, viel mehr Menschen haben so ihre gesamte Existenz verloren. Im schlimmsten Fall verliert deine Investition an Wert und du hast am Ende keinen Gegenwert mehr, musst aber trotzdem die Schulden abbezahlen. Zudem musst du bedenken, dass du für das geliehene Geld Zinsen zahlst. Auch wenn der Worst Case nicht eintritt und deine Investition Rendite abwirft, muss diese also dauerhaft die monatlichen Zinsen auf den Kredit übersteigen, damit sich das Ganze lohnt. Alles in allem ist dieses Vorgehen so risikobehaftet, dass wir dir nur einen guten Rat dazu geben können: Lass es sein!

Es gibt allerdings auch gute Schulden:

1. Große Investitionen, die sich langfristig positiv auf deine finanzielle Situation auswirken, vor allem der Kauf eines Eigenheims.
2. Anschaffungen, die für die Ausübung deines Berufs dringend notwendig sind und nicht anders finanziert werden können.

Der Kauf eines Hauses wird in der Regel über einen Kredit finanziert. Der große Unterschied zwischen einem Haus und Konsumgütern ist, dass ein Haus relativ wertstabil ist, während Konsumgüter unmittelbar nach dem Erwerb drastisch an Wert verlieren. Das kannst du beobachten, wenn du online Second-Hand-Kleidung kaufst. Auf den gängigen Plattformen werden immer wieder auch Neuwaren mit Etikett angeboten. Dennoch sind sie dann deutlich günstiger, als wenn du sie im Geschäft kaufen würdest. Bei einem Haus ist das anders. Zumindest wenn man es einigermaßen in Schuss hält, kann man es nach ein paar Jahren für einen großen Teil des Kaufpreises wieder verkaufen. In vielen Fällen gewinnt das Haus mit der Zeit sogar an Wert, und dieser Wert bleibt ein Teil deines Vermögens.

Etwas anders verhält es sich mit einem Studienkredit. Er ist eine klassische Investition. Wenn du dir dein Studium ohne Kredit einfach nicht leisten kannst, kann es durchaus sinnvoll sein, dafür einen Kredit aufzunehmen. Denn ein Studium erhöht deinen beruflichen Wert. Du wirst also später wahrscheinlich deutlich mehr verdienen als ohne das Studium und so die Kosten für den Kredit wieder reinholen. Das gilt auch, wenn du die Zinsen für den Kredit mit einrechnest. Unterm Strich hast du also trotz der Kosten für den Kredit mehr, als wenn du dich wegen des Geldes gegen ein Studium entschieden hättest. So zumindest die Theorie. Natürlich geht diese bei manchen Studienfächern mehr und bei anderen weniger auf. Das solltest du bei der Entscheidung für ein kreditfinanziertes Studium berücksichtigen.

Anschaffungen, die du für die Ausübung deines Berufs unbedingt benötigst, stellen einen Graubereich dar. Wohnst du beispielsweise auf dem Land und bist auf ein Auto angewiesen, um deinen Ausbildungsbetrieb zu erreichen, kann dies ein legitimer Grund sein, dir ein Auto über einen Kredit zu finanzieren. Mach dir dabei aber bewusst, dass ein PKW an sich ein Konsumgut ist und durch den Gebrauch stetig an Wert verliert. Sei hier also ehrlich zu dir selbst und beantworte dir die Frage, ob eine solche Investition zur Ausübung deines Jobs oder deiner Ausbildung notwendig ist und vor allem auch in welchem Umfang. Um von A nach B zu kommen, reicht schließlich ein gebrauchter Kleinwagen. Die Ausbildung sollte also kein Grund sein, um sich auf Pump einen neuen Sportwagen zu kaufen.

KREDITE VERSTEHEN

Wenn du nun in der Situation bist, dass es für dich sinnvoll ist, einen Kredit aufzunehmen (Stichwort »gute Schulden«), stellt sich natürlich die Frage, wie man einen Kredit aufnimmt und was man dabei beachten muss. Bevor wir darauf eingehen, müssen wir jedoch einige Begriffe klären:

Nettokreditbetrag: Der Nettokreditbetrag ist der Geldbetrag, den du nach Abschluss des Kredits ausgezahlt bekommst. Bei den meisten Krediten ist es üblich, dass er dir auf einmal ausbezahlt wird und du dann monatlich einen festen Betrag zurückzahlst. Es kann vorkommen, dass der Nettokreditbetrag vom Gesamtkreditbetrag abweicht, beispielsweise weil die Bank eine Bearbeitungsgebühr für deinen Kredit verlangt. Diese Gebühr wird dann zwar auf die Kreditsumme aufgeschlagen, kommt also zum Geld hinzu, das du dir von der Bank leihst, da die Bank diese Gebühr aber direkt einbehält, wird dieser Aufschlag nicht an dich ausgezahlt.

Laufzeit: Die Laufzeit gibt den Zeitraum an, in dem du den Kredit zurückzahlen möchtest. Diese wird in der Regel in Monaten angegeben. Wenn du nun eine Rückzahlung von 48 Monaten vereinbart hast, bedeutet das, dass du vier Jahre lang jeden Monat einen festgelegten Betrag an die Bank zahlst, sodass der Kredit nach dieser Zeit abbezahlt ist.

Rate: Darüber hinaus vereinbarst du mit der Bank die monatliche Rate. Das ist der Betrag, den du monatlich zurückzahlst. Sie ist natürlich stark von der Laufzeit des Kredits abhängig. Wenn du 10.000 Euro über vier Jahre zurückzahlst, ist die einzelne Monatsrate entsprechend deutlich geringer, als wenn du den Betrag in zwei Jahren zurückzahlst. Wir werden gleich sehen, dass eine höhere Rate bei kürzerer Laufzeit eigentlich immer günstiger ist als eine niedrige Rate bei längerer Laufzeit. Trotzdem ist es wichtig, dass du hier ehrlich mit dir selbst bist und nur eine Rate vereinbarst, die du dir auch wirklich langfristig leisten kannst. Du musst dir darüber im Klaren sein, dass eine Kreditrate für die Dauer der Laufzeit zu deinen monatlichen Fixkosten hinzukommt und zu einem Problem werden kann, wenn du sie dir nicht leisten kannst. Schließe daher nur Kredite ab, deren monatliche Rate du gut verkraften kannst.

Zinsen: Nun könnte man annehmen, die Rate ergebe sich einfach aus dem Nettokreditbetrag geteilt durch die Laufzeit. Tatsächlich ist dem aber nicht so. Denn die Rate hat zwei Komponenten: die Tilgung und die Zinsen. Die Tilgung ist die Rückzahlung des geliehenen Geldes, während der Zins der Preis ist, den du für das Leihen des Geldes bezahlst. Dabei unterscheidet man zwischen dem Sollzins (= Nominalzins) und dem Effektivzins. Der Sollzins ist der Grundpreis für die Überlassung des Geldes. Dazu kommen dann (effektiv) noch weitere Kosten und Gebühren, die die Bank erheben kann. Zum Beispiel Kontoführungsgebühren, die an den Zinssatz gekoppelt sind, oder Transaktionskosten. All diese Kosten fließen in den Effektivzins ein. Dieser gibt also den tatsächlichen Gesamtpreis des Kredits an. Neben dem Effektivzins steht meist »p. a.«, die Abkürzung des lateinischen Begriffs »per annum«, was auf Deutsch »pro Jahr« bedeutet und darauf hinweist, dass der angegebene Zinssatz jährlich berechnet und bezahlt wird.

Einen Kredit tilgen

Nehmen wir an, du kaufst ein Auto für 15.000 Euro, hast 5.000 Euro angespart und musst nun einen Kredit über 10.000 Euro aufnehmen. Mit deiner Bank vereinbarst du eine Laufzeit von 48 Monaten.

Der effektive Jahreszins beträgt 5 Prozent und die zusätzlichen Gebühren 300 Euro. Da sich der Betrag, den du dir leihst und an dem sich die

Zinszahlungen orientieren, mit jeder Tilgung verringert, ist es gar nicht so simpel, die tatsächlichen Kosten pro Jahr zu berechnen. Die Berechnung ersparen wir dir und uns an dieser Stelle. In der Realität würde das ja auch die Bank für dich übernehmen. Für unser Beispiel würden sich folgende Zahlen ergeben:

ERGEBNIS	
Die erforderliche regelmäßige Rate beträgt	229,79 Euro (monatlich)
Zinsen und Gebühren gesamt	1.029,93 Euro
Gesamtaufwand	11.029,93 Euro
Effektiver Jahreszinssatz	5,000 % p. a.

TILGUNGSPLAN					
Jahr	Schuldenstand Vorjahr	Ratenzahlungen	davon Zinsen/Gebühren	davon Tilgung	Schuldenstand am Jahresende
Die zusätzlichen Gebühren von 300 Euro erhöhen die Anfangsschuld und sind in die Rückzahlungsrate eingerechnet.					
1	10.300,00	2.757,48	311,95	2.445,54	7.854,46
2	7.854,46	2.757,48	227,59	2.529,89	5.324,57
3	5.324,57	2.757,48	140,33	2.617,15	2.707,42
4	2.707,42	2.757,48	50,06	2.707,42	0,00
Gesamtsummen	10.300,00	11.029,93	729,93	10.300,00	0,00

Du siehst: Die Rate wird von vornherein so berechnet, dass du über vier Jahre hinweg den gleichen Betrag an die Bank zurückzahlst. Dabei verändert sich jedoch das Verhältnis von Zinsen und Tilgung. Während du im Laufe der Zeit immer weniger Zinsen zahlst, zahlst du immer mehr von dem geliehenen Geld zurück.

DEN RICHTIGEN KREDIT FINDEN

Schauen wir uns jetzt also an, wie du einen Kredit abschließt und was du bei der Auswahl eines Kredits beachten musst. Auch hier gibt es wieder einige Schritte, die du durchlaufen musst:

1. Auswahl des Kreditgrundes,
2. Festlegung des Nettokreditbetrages,
3. Bestimmung der Rate/Laufzeit,
4. Vergleich von Angeboten,
5. Prüfung,
6. Abschluss.

Zunächst ist zu klären, wofür der Kredit verwendet werden soll. Wir haben bereits ausführlich besprochen, dass es nur wenige Fälle gibt, in denen es überhaupt sinnvoll ist, über einen Kredit nachzudenken. In der Regel musst du beim Vergleichen und Abschließen von Krediten angeben, wofür du das Geld verwenden willst. Dies kann einen großen Einfluss auf die konkreten Angebote haben, die du erhältst. Grundsätzlich gilt, dass Kredite, die für den Kauf eines Gegenwertes verwendet werden, bessere

Konditionen bieten. Das heißt, ein Kredit für ein Haus ist günstiger und leichter zu bekommen als ein Kredit für eine Urlaubsreise. Das liegt daran, dass das Haus für die Bank eine Sicherheit darstellt. Wenn du also den Kredit nicht mehr zurückzahlen kannst, kann die Bank im schlimmsten Fall dein Haus verkaufen. So verringert sie ihr Risiko, das geliehene Geld nicht zurückzubekommen.

Im nächsten Schritt musst du den Nettokreditbetrag festlegen. Das heißt, du berechnest, wie viel Geld du benötigst. Zuerst musst du alle Kosten zusammenzählen. Beim Kauf eines Autos ist das einfach, da es sich in der Regel um den Kaufpreis handelt. Beim Kauf eines Hauses ist das schon komplizierter. Denn hier kommen zum eigentlichen Kaufpreis noch die sogenannten Kaufnebenkosten hinzu. Das sind zum Beispiel die Gebühren für den Notar, den man braucht, um das Haus zu kaufen. Außerdem brauchst du ein gewisses Budget für notwendige Renovierungen. Nachdem du all diese Kosten zusammengerechnet hast, ziehst du von der Gesamtsumme dein Eigenkapital ab, also den Teil des Kaufpreises, den du aus deinen Ersparnissen decken kannst. Das Ergebnis ist der benötigte Nettokreditbetrag.

!

Als Faustregel für den Kauf einer Immobilie gilt, dass du mindestens 10 Prozent des Kaufpreises durch Eigenkapital decken können solltest.

Wir haben oben bereits gesehen, dass Laufzeit und Rate im direkten Zusammenhang stehen: Je höher die Rate, desto kürzer die Laufzeit und andersherum. Die exakten Konditionen hängen natürlich vom konkreten Angebot ab, trotzdem solltest du an dieser Stelle versuchen, ein Gefühl für die Konditionen zu bekommen. Dabei können dir Vergleichsportale helfen, indem du dort verschiedene Laufzeiten eingibst und versuchst, dich der Rate, die du dir monatlich leisten kannst, anzunähern.

Benötigst du einen verhältnismäßig kleinen Kredit, wie den für das Auto, solltest du eine möglichst hohe Rate und somit eine möglichst kurze Laufzeit zu wählen – möglichst hoch, aber auf keinen Fall zu hoch! Es ist enorm wichtig, dass du dich nicht übernimmst, denn es gibt finanziell gesehen kaum etwas Schlimmeres, als deiner Rate nicht nachkommen zu können (Stichwort Gebühren und Schufa), zumal es Sorgen und Ängste verursacht, wenn die Ratenzahlungen dazu führen, dass das Geld, das dir am Ende noch zur Verfügung steht, kaum zum Leben reicht.

Beim Eigenheimkauf gibt es die Faustregel, dass die monatliche Rate maximal 35 bis 40 Prozent des Nettoeinkommens betragen sollte. Alternativ dazu kannst du die Höhe der Nettokaltmiete wählen, die du bislang bezahlt hast, denn diese fällt nach dem Kauf des Eigenheims ja weg und kann deshalb für die Tilgung des Kredits aufgewendet werden. Sei dir dessen bewusst, dass die Abbezahlung des Eigenheims eine Aufwendung ist, die dich in der Regel mehrere Jahrzehnte begleiten wird.

Kreditangebote vergleichen

Bei Krediten gilt: Unterschiedliche Personen in unterschiedlichen Lebenssituationen erhalten unterschiedlich gute Angebote. Das liegt daran, dass die Bank den Preis des Kredits, also die Zinsen, auch davon abhängig macht, wie hoch ihr Risiko ist. Wenn die Bank sicher ist, dass du den Kredit zurückzahlen wirst, ist der Kredit günstiger, als wenn du ein hohes Ausfallrisiko mitbringst. Kriterien dafür können sein: deine Bonität, dein Einkommen oder auch wofür du das geliehene Geld ausgeben möchtest – etwas mit oder ohne stabilen Gegenwert.

Wenn du dich über Konditionen informierst, kann es daher sein, dass dir ein Kredit zunächst mit einem effektiven Jahreszins von 1,89 Prozent angeboten wird. Im Kleingedruckten aber steht, dass der tatsächliche

Zinssatz bis zu 15,92 Prozent betragen kann. 1,89 Prozent wäre also nur das absolut beste Angebot. Zu diesen Konditionen würde den Kredit aber wahrscheinlich so gut wie niemand erhalten. Die Unterschiede können extrem sein.

Daher ist es – wie bei allen Finanzprodukten – wichtig, verschiedene Angebote zu vergleichen. Es gibt unzählige Anbieter von Krediten mit zum Teil sehr unterschiedlichen Konditionen und unterschiedlicher Seriosität. Lass dir deshalb auf verschiedenen Vergleichsportale die jeweils besten Anbieter anzeigen und im nächsten Schritt ein individuelles Angebot erstellen. Dann bekommst du am ehesten ein Gefühl dafür, welches Angebot tatsächlich das passendste für dich ist.

Nachdem du dir von diesen Online-Anbietern konkrete Angebote erstellen lassen hast, ist es gerade bei größeren Summen durchaus sinnvoll, zusätzlich ein Angebot von deiner Hausbank einzuholen. Gerade mit dem Verweis auf die digitalen Angebote kann man hier ganz gute Konditionen aushandeln.

Vergleichsportale für einen Autokredit:

Check24
Smava
Verivox
Finanzcheck

Tipp: Über den »Finanztip Kreditrechner« kannst du auf einen Blick die Angebote aller vier Portale vergleichen.

Vergleichsportale für einen Immobilienkredit:

Interhyp
Baufi 24
Dr. Klein
Planethome

Sondertilgung und vorzeitige Gesamttilgung

Neben den Zinsen solltest du beim Kreditvergleich auch auf die Nebenbedingungen achten. Hier sind vor allem die Konditionen für Sondertilgungen und eine vorzeitige Gesamttilgung interessant. Dein Ziel sollte es immer sein, einen Kredit so schnell wie möglich zurückzuzahlen, denn je länger du das Geld ausleihst, desto höher sind die Kosten.

Wenn du also unerwartet zu zusätzlichem Geld kommst (Erbschaft, Bonus, Geschenk), kann es sinnvoll sein, mit diesem Geld den Kredit teilweise (Sondertilgung) oder ganz (vorzeitige Gesamttilgung) abzuzahlen. Du zahlst also entweder einen höheren Betrag als die monatliche Rate oder direkt die gesamte Restschuld auf einmal an die Bank. Viele Banken verlangen dafür eine zusätzliche Gebühr, weil ihnen dadurch Zinsen entgehen, die zuvor mit dir vereinbart waren. In den meisten Fällen lohnt sich das für dich aber trotzdem.

Die Anbieter prüfen bereits bei der Erstellung des konkreten Angebotes, ob sie dir den Kredit gewähren möchten. Wer wofür einen Kredit erhält, kann stark variieren. Gerade wenn deine Bonität schlecht oder dein Einkommen gering ist, kann es sein, dass du für größere Summen gar keine oder nur wenige schlechte Angebote erhältst. Wenn du aber schließlich das passende Angebot gefunden hast und die Prüfung erfolgt ist, kann der Abschluss gerade bei kleineren Krediten sehr schnell online erfolgen. Das Geld wird dir dann, je nach Anbieter, entweder unmittelbar oder in der Regel innerhalb von 48 Stunden ausgezahlt.

VERSTECKTE SCHULDENFALLEN

Wie zu Beginn dieses Kapitels beschrieben, können Schulden und Kredite viele Formen annehmen und sind oft nicht direkt als solche erkennbar.

Deshalb hier noch einmal ein Überblick über die Schuldenfallen, auf die junge Menschen am häufigsten reinfallen:

Buy now, pay later: Die wohl trendigste, gleichzeitig aber auch gefährlichste Schuldenfalle verbirgt sich hinter »#Klarnaschulden«. Sicher hast du auch schon davon gehört oder sogar gesehen, dass sich junge Menschen in den sozialen Medien mit der Höhe ihrer Klarnaschulden versuchen zu übertrumpfen. Mit diesem Trend wird ein dramatisches Problem, von dem insbesondere unsere Generation betroffen ist, enorm verharmlost.

Klarna und vergleichbare Anbieter ermöglichen es dir, online nahezu unbegrenzt zu shoppen und dafür erst 30 Tage später oder sogar in Raten zu bezahlen. Wenn du solche Angebote in Anspruch nimmst, musst du dir dessen bewusst sein, dass es sich dabei um kleine Kredite handelt.

Null-Prozent-Finanzierung: Null-Prozent-Finanzierungen sind Kredite, die dir sowohl im Geschäft als auch online zur Finanzierung größerer Beträge angeboten werden. Du willst dir zum Beispiel einen Fernseher für 1.000 Euro kaufen und bekommst eine Null-Prozent-Finanzierung in fünf Raten. Du zahlst dann jeden Monat 200 Euro statt 1.000 Euro auf einmal. Null-Prozent-Finanzierungen sind – wie der Name schon sagt – in der Regel zinsfrei. Trotzdem ist hier Vorsicht geboten. Zum einen vor ver-

!

Restschuldversicherung

Restschuldversicherungen werden häufig zusammen mit Krediten angeboten (selbst bei Null-Prozent-Finanzierungen etc.). Sie versprechen, die Rückzahlung eines Kredits zu übernehmen, wenn du als Kreditnehmer aus bestimmten Gründen nicht mehr dazu in der Lage bist, beispielsweise aufgrund von Krankheit oder Arbeitslosigkeit. Das Problem ist, dass diese Versicherungen oft sehr teuer sind und in vielen Fällen aufgrund von Ausschlussklauseln oder Wartezeiten nur sehr begrenzt oder gar nicht helfen. Lass dich also nicht von der Angst leiten, mit der hier gespielt wird. Ein solche Versicherung brauchst du nicht!

steckten Kosten (oft wird zum Beispiel eine unnütze Restschuldversicherung dazu verkauft) und zum anderen, weil diese Null-Prozent-Finanzierungen angeboten werden, um dich zum Kauf von Dingen zu motivieren, die du dir eigentlich nicht leisten kannst.

Handyvertrag: Smartphones für 1 Euro, die eigentlich 1.000 Euro kosten würden – das klingt verlockend. Tatsächlich handelt es sich aber auch hier um nichts anderes als eine Ratenzahlung. Aus dem Grund beinhalten diese Angebote immer einen Vertrag mit einer Mindestlaufzeit von beispielsweise zwei Jahren. Der Telefonanbieter stellt dir also das Smartphone zur Verfügung und holt sich den Preis über die monatlichen Gebühren wieder. Auch hier leihst du dir also Geld vom Telefonanbieter, und das lässt er sich in der Regel bezahlen. In den meisten Fällen ist es also unterm Strich günstiger, das Smartphone zu kaufen und den Vertrag separat abzuschließen.

Dispokredit: Der Dispo- oder auch Kontokorrentkredit ist eng mit deinem Girokonto verbunden. Häufig wird dir für dein Girokonto ein Überziehungsrahmen eingeräumt. Damit kannst du mehr Geld von deinem Girokonto abbuchen, als du auf deinem Konto hast. Wenn dir die Bank also einen Dispo-Rahmen von 500 Euro einräumt, kannst du bis zu 500 Euro mehr ausgeben, als du besitzt. Das ist super unkompliziert und kann daher sogar passieren, ohne dass du es bemerkst, wenn du deinen Kontostand nicht regelmäßig checkst. Auch der Dispo ist aber nichts anderes als ein sehr teurer Kredit. Für jeden Euro, den du mit deinem Konto im Minus bist, zahlst du der Bank Zinsen. Diese stehen in den Vertragsbedingungen und sind in der Regel noch deutlich höher als die Kosten für einen klassischen Kredit.

Kurz gesagt: Alle diese aufgeführten Bezahlmodelle sind nichts anderes als kleine Kredite, welche die gleichen Risken mit sich bringen wie herkömmliche Kredite. Nämlich:

- dass du Dinge kaufst, die du dir eigentlich gar nicht leisten kannst;
- dass du den Überblick über deine ausstehenden Schulden verlierst;
- dass du vergisst, die Rechnung zu überweisen, damit deine Bonität ruinierst und hohe Gebühren zahlen musst.

Außerdem ist es eine Dienstleistung, sich Geld zu leihen, die sich die entsprechenden Anbieter gut bezahlen lassen. Daher ist es fast immer günstiger, etwas vom eigenen Ersparten zu kaufen.

So entgehst du der Schuldenfalle:

- Kaufe nur Dinge, die du dir gerade leisten kannst! Wärst du für die Finanzierung auf Pay-later- und Null-Prozent-Angebote oder deinen Dispo angewiesen, warte mit dem Kauf, bis du den benötigten Betrag angespart hast. Das gilt für Kleidung ebenso wie für Elektronik oder Urlaube.
- Nutze ausschließlich Bezahlmethoden, die dein Konto unmittelbar nach dem Kauf belasten (zum Beispiel EC-Karten-Zahlung, Sofortüberweisung, PayPal).
- Akzeptiert ein Onlineshop nur Kreditkartenzahlung, ist dies in Ausnahmefällen okay, solange du deine Kreditkartenabrechnung im Blick behältst.

Wir können nur an dich appellieren, diese Punkte zu beherzigen, denn die Freude über das Paket mit der geshoppten Kleidung oder den auf Pump finanzierten Fernseher kann schnell verfliegen, wenn der ruinierte Schufa-Score dazu führt, dass du keine Wohnung findest und dir die Schulden über den Kopf wachsen.

4
KAPITALMARKT –

Aktien, Fonds und der Kapitalmarkt im Allgemeinen sind das wahrscheinlich mächtigste Werkzeug in unserem finanziellen Werkzeugkasten. Mit keinem anderen Baustein kann man so viel bewegen, und es gibt eigentlich niemanden, für den es sich nicht lohnt, sich damit zu beschäftigen. Ganz gleich, ob man sich effektiv für das Alter absichern oder generell Vermögen aufbauen will. An diesem Thema führt kein Weg vorbei. Und doch meiden die Deutschen den Kapitalmarkt noch immer wie der Vampir den Knoblauch.

Obwohl die Zahl der Aktienbesitzer in Deutschland in den letzten Jahren leicht gestiegen ist, beträgt der Anteil derjenigen, die in den Kapitalmarkt investiert sind, immer noch nur knapp 18 Prozent. Das bedeutet im Umkehrschluss, dass vier von fünf Deutschen keine Aktien oder Fonds besitzen. Im internationalen Vergleich schneiden wir damit schlecht ab. Die Aktionärsquoten der USA, Norwegen oder der Schweiz liegen zwischen 30 und 50 Prozent. Dies hat vor allem zwei Ursachen: Zum einen haben Aktien und Fonds ein Imageproblem. Vielleicht hast du schon einmal folgende Sätze gehört: »Aktien sind nur etwas für Reiche« oder »Wer in den Kapitalmarkt investiert, verzockt sein Geld.« In diesem Kapitel werden wir uns mit beiden Vorurteilen auseinandersetzen und zeigen, warum sie schlichtweg falsch sind.

Der andere, schwerwiegendere Grund ist jedoch, dass die Komplexität dieses Themas von vielen von uns maßlos überschätzt wird, wir uns eine Auseinandersetzung damit nicht zutrauen und deswegen einen großen Bogen darum machen. Doch auch dieser Glauben ist falsch. Tatsächlich muss man für eine Investition in den Kapitalmarkt kein »Aktiennerd« sein und auch nicht jeden Tag die Börsennachrichten verfolgen. Es braucht weder viel Wissen noch viel Geld, um beispielsweise einen Aktiensparplan einzurichten und damit den allermeisten Deutschen weit voraus zu sein.

Wer Geld in den Kapitalmarkt investiert, kauft, grob gesagt, kleine Anteile an Unternehmen. Er stellt sein Geld damit also der Wirtschaft zur Verfügung. Die Unternehmen können damit Investitionen tätigen, deren Return im besten Fall dazu führt, dass sich das von dir investierte Geld vermehrt. Geld, das in den Kapitalmarkt investiert wird, verbessert (bei Erfolg) also nicht nur die finanzielle Situation des Investors, sondern trägt zur Wohlstandssteigerung einer Volkswirtschaft bei. Wie bereits zuvor thematisiert, unterliegen Anlagen am Kapitalmarkt größeren Schwankungen, dein Geld vermehrt sich also nicht kontinuierlich. Aber über einen längeren Zeitraum sind die Renditechancen um ein Vielfaches höher, als wenn das Geld auf einem Konto liegen würde. In diesem Kapitel schauen wir uns an, was Aktien und Fonds sind, wie sie funktionieren und wie du ganz praktisch die ersten Schritte gehen kannst, um dein Geld auf dem Kapitalmarkt für dich arbeiten zu lassen.

WAS IST EINE AKTIE?

Eine Aktie ist zunächst nichts anderes als eine Urkunde darüber, dass du einen Anteil an einem Unternehmen besitzt, das an der Börse notiert ist. Wenn du also eine Aktie kaufst, gehört dir damit ein ganz kleiner Teil dieses Unternehmens.

Um zu erklären, warum Unternehmen das tun, wollen wir dir die Geschichte von Omas Würstchenbude erzählen: Stell dir vor, deine Oma besitzt eine Bratwurstbude, die richtig gut läuft. Sie merkt schnell, dass ihre Bratwurst nicht nur in ihrer Stadt gefragt ist, sondern auch an anderen Orten gut laufen würde. Oma weiß auch, dass sie mit mehreren Ständen viel mehr Geld verdienen könnte, allerdings kostet jeder neue Stand zunächst viel Geld in der Anschaffung. Um diese Investition stemmen zu können, braucht sie also Geld beziehungsweise Kapital.

Deine Oma hat nun die Möglichkeit, zur Bank zu gehen und sich dort Geld zu leihen. Dann würde man davon sprechen, dass sie Fremdkapital aufnimmt. Darauf müsste sie allerdings Zinsen zahlen. Die andere Möglichkeit ist, dass deine Oma aus ihrer Würstchenbude eine Aktiengesell-

schaft (AG) macht. Bislang gehören ihr 100 Prozent des Bratwurststands. Wenn sie jetzt eine AG daraus macht, kann sie ihren Bratwurststand zum Beispiel in 100 gleich große Anteile aufteilen und 40 Aktien davon verkaufen. Nehmen wir an, Omas Bratwurstbude wäre 100.000 Euro wert. Dann würde jeder Anteil 1.000 Euro entsprechen.

WAS IST EIN AKTIONÄR?

Großaktionär Onkel Werner kauft 20 dieser Anteile. Die anderen 20 Anteile gehen an verschiedene Einzelaktionäre. Aus Omas Bratwurststand ist jetzt Omas Bratwurststand AG geworden. Die Firma gehört Oma nicht mehr zu 100, sondern zu 60 Prozent. Weitere 20 Prozent sind im Besitz von Onkel Werner und die übrigen 20 Prozent gehören vielen verschiedenen Kleinaktionären. Ein Aktionär ist also eine Person, die eine Aktie von einem Unternehmen besitzt und dadurch Teilhaber ist. Es spielt dabei keine Rolle, ob man nur eine oder ganz viele Aktien besitzt und ob man nur Aktien von einem oder von vielen verschiedenen Unternehmen sein Eigen nennt.

Der Vorteil für Oma ist, dass sie durch den Verkauf der Aktien jetzt 40.000 Euro eingenommen hat, ohne dafür Zinsen zu zahlen. Da Oma noch immer die Mehrheit an der Firma besitzt, hat sie weiterhin die Kontrolle über alle wichtigen Entscheidungen. Sie kann jetzt also das Geld dafür verwenden, Investitionen zu tätigen, indem sie neue Bratwurststände in anderen Städten eröffnet. So macht sie immer mehr Menschen mit ihren Bratwürsten glücklich, und das Unternehmen steigert seinen Umsatz und gewinnt an Wert.

WAS IST EINE BÖRSE?

Die Börse ist ein zentraler Begriff, wenn es um Aktien und Fonds geht. Sie ist ein organisierter Markt für den geordneten Handel von Wertpapieren.

Was kompliziert klingt, ist aber eigentlich ganz einfach: Man stelle sich einen Marktplatz vor. Dort gibt es Verkäufer (zum Beispiel einen Obsthändler) und Käufer (zum Beispiel dich, der gerade Obst kaufen will). Jemand will also etwas loswerden und dafür Geld bekommen und jemand anderes will etwas kaufen und ist bereit, dafür Geld zu bezahlen. Der Marktplatz macht nichts anderes, als diese beiden Gruppen zusammenzubringen und so einen Handel zu ermöglichen.

Die Börse macht genau das Gleiche für Wertpapiere, also Aktien, Fonds und so weiter. Hier werden Verkäufer von Aktien und Käufer zusammengebracht. Das Ganze läuft heutzutage hauptsächlich digital ab. Du hast vielleicht schon mal Bilder von der Börse in Frankfurt oder New York im Fernsehen gesehen. Die Personen, die dort auf dem Parkett stehen, sind nur noch für einen ganz kleinen Teil des Handels verantwortlich.

WIE BILDET SICH DER PREIS EINER AKTIE?

Stellen wir uns vor, dass es auf dem Marktplatz nicht nur einen Obststand gibt, sondern viele, die alle die gleiche Qualität liefern. Auf der anderen Seite gibt es nicht nur dich als Käufer, sondern viele Menschen, die Obst kaufen wollen. Alle Händler sind nun gezwungen, ihre Preise transparent zu machen. Jeder muss also genau angeben, was zum Beispiel eine Zitrone bei ihm kostet. Wenn du nun genau eine Zitrone kaufen möchtest, vergleichst du die Preise aller Stände und kaufst am Ende bei dem Händler, der den günstigsten Preis hat.

Genau das passiert an der Börse: Die Verkäufer sagen, zu welchem Preis sie bereit sind, ihre Aktien zu verkaufen. Die Käufer sagen, für welchen Preis sie bereit sind, die Aktie zu kaufen. Wenn die Preisvorstellungen übereinstimmen, werden Käufer und Verkäufer zusammengebracht und es kommt zum Handel. An der Börse ist neben dem Preis auch die Menge der nachgefragten Aktien entscheidend. Auch das ist anhand des

Beispiels leicht nachzuvollziehen. Wenn du jetzt fünf Zitronen benötigst, der eine Händler aber nur noch zwei hat, dann wirst du dich nach einem Händler umschauen, der die benötigte Menge an Zitronen noch vorrätig hat.

Kommen wir nun zu der Frage, wie der Preis der Aktie bestimmt wird. Das basiert auf dem eben beschriebenen System. Jede Aktie hat an der Börse ein sogenanntes Orderbuch, in das alle Kauf- und Verkaufsangebote eingetragen werden. Der Preis einer Aktie ist derjenige, zu dem die meisten Aktien den Besitzer wechseln können.

Stell dir vor, du möchtest zwei Zitronen kaufen und maximal 1 Euro pro Stück bezahlen. Dein Freund möchte fünf Zitronen kaufen und ist bereit, jeweils 1,50 Euro zu zahlen. Auf dem Markt sind nun drei Händler. Händler A verkauft zwei Zitronen zu je 1 Euro. Händler B verkauft 5 Zitronen zu je 1,50 Euro und Händler C verkauft 10 Zitronen zu je 50 Cent. Es gibt also ein Match zwischen dir und Händler A und zwischen deinem Freund und Händler B. Da dein Freund mehr Zitronen kauft, ist dieser Match entscheidend für den Preis. Dein Freund kauft 5 Zitronen zu je 1,50 Euro und der Preis für eine Zitrone wird auf 1,50 Euro festgelegt. Das Gleiche passiert jeden Tag Tausende Male an den Börsen.

Es gibt unzählige Börsen. Genauso wie es unzählige Marktplätze gibt. Zitronen kannst du in New York, Tokio oder Frankfurt kaufen. Genauso gibt es in vielen Städten der Welt Börsen. Dort werden manchmal die gleichen Aktien gehandelt, manchmal aber auch andere. Aber im Gegensatz zu den lokalen Märkten, die es in jeder kleinen Stadt gibt, gibt es bei den Börsen einige, die besonders groß und wichtig sind. Das sind in Deutschland die Börsen in Frankfurt und Stuttgart und die rein digitale Börse Xetra und international zum Beispiel die Börsen in New York, London, Tokio und Shanghai.

Ein wichtiger Begriff, den wir uns hier auch kurz anschauen sollten, ist die sogenannte Marktkapitalisierung. Sie beschreibt einfach den Gesamtwert aller Aktien eines Unternehmens. Bleiben wir bei dem Bei-

spiel von Omas Bratwurststand AG. Bei 100 Aktien zu je 1.000 Euro, beträgt die Marktkapitalisierung 100.000 Euro. Steigt der Wert der Aktie auf 2.000 Euro, beträgt die Marktkapitalisierung 200.000 Euro. Das klingt viel, ist es aber nicht. Das Unternehmen mit der derzeit höchsten Marktkapitalisierung in Deutschland ist das Softwareunternehmen SAP, das eine unvorstellbare Marktkapitalisierung von 162,6 Milliarden Euro (als Zahl ausgeschrieben: 162.600.000.000 Euro) bei fast 1,3 Milliarden Aktien ausgegeben hat. Noch verrückter wird es, wenn man sich das größte Unternehmen der Welt nach Marktkapitalisierung anschaut. Das ist Apple mit einem Wert von mehr als 3 Billionen Euro, also fast 20-mal so viel wie das wertvollste deutsche Unternehmen.

Um zu verstehen, warum manche Aktien im Wert steigen und andere wieder fallen, ist das Prinzip von Angebot und Nachfrage wichtig. Auch das lässt sich am Beispiel des Obstmarktes gut nachvollziehen. Wenn es jetzt eine besondere Frucht, beispielsweise eine nie schlecht werdende Kiwi, gibt, die sehr beliebt ist und von der man annimmt, dass sie in Zukunft noch beliebter wird, dann gibt es viele Menschen, die diese Frucht kaufen wollen, in der Hoffnung, dass sie immer beliebter wird und später für mehr Geld weiterverkauft werden kann. Gleichzeitig gibt es aber nicht viele Händler, die die Kiwi verkaufen wollen. Entsprechend ist die Nachfrage höher als das Angebot, sodass Verkäufer einen höheren Preis für diese besondere Kiwi verlangen können.

Es ist wichtig, die Zukunftsdimension des Aktienhandels zu verstehen: Der Wert einer Aktie heute hängt davon ab, wie der Erfolg beziehungsweise der Wert des Unternehmens in der Zukunft eingeschätzt wird. Deshalb wurde beispielsweise die Tesla-Aktie lange Zeit sehr hoch bewertet. Dies lag nicht primär daran, dass das Unternehmen bereits viele Autos verkauft oder viel Geld verdient hatte, sondern vielmehr daran, dass viele Menschen optimistisch waren, dass sich die Technologie der Elektroautos und Tesla als Anbieter in Zukunft durchsetzen würden.

VOM CRASHKURS ZUM CA$HKURS – MIT AKTIEN GELD VERDIENEN

Wie kann man nun von Aktien profitieren und mit ihnen Geld verdienen? Da gibt es zwei Wege: Dividenden und Kursgewinne. Letztere werden durch den gerade beschriebenen Prozess generiert. Stellen wir uns vor, du warst einer der Kleinaktionäre von Omas Bratwurststand AG und hast eine Aktie gekauft. Nun hat Oma expandiert und weitere Läden eröffnet, die richtig gut laufen. Mit der Zeit erfahren immer mehr Menschen davon, dass Omas Bratwurststand AG eine große Erfolgsgeschichte schreibt. Viele von ihnen glauben, dass Oma noch mehr neue Läden eröffnen und damit noch erfolgreicher werden kann. Diese Menschen wollen nun vom Erfolg von Omas Bratwurststand AG profitieren und kaufen deshalb selbst Anteile. Da es aber immer noch nur 100 Aktien gibt, ist die Nachfrage nach den Aktien nun größer als das Angebot. Der Preis steigt. Vielleicht sogar so stark, dass die Aktie jetzt 2.000 Euro wert ist. Deine Aktie wäre also um 100 Prozent im Wert gestiegen. Wenn du sie jetzt verkaufen würdest, würdest du diesen Kursgewinn realisieren und hättest 1.000 Euro mehr als vor dem Kauf der Aktie.

Die zweite Möglichkeit, mit Aktien Geld zu verdienen, sind Dividenden. Stell dir vor, Oma hat durch Expansion gutes Geld verdient. In einem Jahr hat die Firma 20.000 Euro Gewinn gemacht. Einmal im Jahr treffen sich alle Aktionäre zur sogenannten Hauptversammlung. Dort wird entschieden, was mit dem Gewinn passiert. Die Geschäftsführung schlägt vor, 10.000 Euro in einen neuen Standort zu investieren und die anderen 10.000 Euro als Dividende auszuschütten. Die Hauptversammlung stimmt diesem Vorschlag mehrheitlich zu. Jeder Aktionär erhält nun einen Anteil am Gewinn, der sich nach der Anzahl seiner Aktien richtet. Wir teilen also die 10.000 Euro durch 1.000 Aktien und erhalten eine Dividende von 10 Euro pro Aktie. Oma besitzt noch 60 Aktien und erhält somit 600 Euro. Onkel Werner besitzt 20 Aktien und erhält somit 200 Euro, und dir werden aufgrund des Besitzes einer Aktie 10 Euro ausgezahlt.

Dein Gewinn kann aus einer Kombination aus beidem entstehen, deine Aktie kann sowohl im Kurs steigen als auch dir jedes Jahr eine Dividende bescheren. Ob eine Dividende ausgeschüttet wird und in welcher Höhe, hängt jedoch stark vom Unternehmen ab, und zwar nicht nur davon, ob es Gewinne macht, sondern auch davon, ob die Aktionäre sich entscheiden, sich das Geld auszahlen zu lassen oder es im Unternehmen zu lassen, damit dieses Investitionen tätigen kann, die den Wert wiederum erhöhen. Als Kleinaktionär hast du das Recht, an der Hauptversammlung teilzunehmen, aber natürlich wenig Einfluss auf die Entscheidungen, denn die Gewichtung der Stimmen orientiert sich an der Verteilung der Anteile.

RISIKEN VON AKTIEN

Aktien bieten viele Chancen, bergen aber auch Risiken. Das liegt vor allem daran, dass der Wert einer Aktie täglich, manchmal sogar sekündlich, neu bestimmt wird und deshalb mitunter starken Schwankungen unterliegt. Es kann also auch anders kommen als im Beispiel von Omas Wurstbude. Du kaufst die Aktie vielleicht für 1.000 Euro. Dann fällt der Wert auf 500 Euro. Das ist an sich noch kein Problem, solange du die Aktie einfach Aktie sein lässt, sie also nicht verkaufst und abwartest, bis sie wieder im Wert steigt. Wenn du jetzt aber gezwungen bist (beispielsweise weil du Geld brauchst), die Aktie zu verkaufen, verlierst du 500 Euro.

Die Risiken, die hinter diesen Wertverlusten stecken, werden in Unternehmens- und Marktrisiko unterteilt. Das Unternehmensrisiko steht im direkten Zusammenhang mit dem Unternehmen, dessen Aktien du besitzt. Man stelle sich vor, dass das Management hinter Omas Bratwurstbude jetzt viel Geld investiert, um neue Geschäfte in Asien zu eröffnen. Es stellt sich aber schnell heraus, dass dort gar kein Bedarf an Bratwürsten besteht. Im schlimmsten Fall müssen die Läden wieder geschlossen werden. Durch diese Fehlentscheidung verliert das Unternehmen viel Geld. Die Anleger verlieren das Vertrauen in das Unternehmen, wollen ihre Ak-

tien loswerden, aber gleichzeitig möchte niemand die angebotenen Aktien kaufen. Also sinkt der Wert der Aktie.

Unternehmensrisiken können vielfältig sein. Das können große strategische Fehler sein wie die Auswahl falscher Märkte oder das Verpassen von Trends, aber auch Herausforderungen in der Produktion, die dazu führen, dass Omas Bratwurst teurer wird als die Konkurrenz und deshalb immer mehr Kunden verliert.

Das zweite Risiko ist das Marktrisiko. Darunter werden alle Faktoren zusammengefasst, auf die unser Unternehmen keinen direkten Einfluss hat. Das können zum einen Herausforderungen für die Branche allgemein sein: Vielleicht gab es bei einem Konkurrenten von Omas Bratwurstbude einen Skandal mit verschimmelter Bratwurst. Die Kunden sind jetzt verunsichert und essen generell weniger Bratwurst. Unser Unternehmen verliert also unverschuldet Umsatz und Gewinn. Diese Herausforderungen können auch noch weniger mit uns zu tun haben. Es könnte zum Beispiel eine große Wirtschaftskrise geben, die dazu führt, dass das Vertrauen der Anleger in den Kapitalmarkt insgesamt schwindet. Obwohl es unserem Unternehmen und der Bratwurstbranche gut geht, kann das dazu führen, dass der Aktienkurs sinkt, weil die Nachfrage nach Aktien insgesamt sinkt.

DIE GOLDENEN REGELN DES INVESTIERENS

Rendite und Risiko stehen beim Investieren im direkten Trade-off. Das heißt, risikoreiche Investitionen können enorme Gewinne einbringen, gleichzeitig ist die Gefahr aber höher, dass du am Ende alles verlierst. Das ist nicht die Form von Investment, die du eingehen solltest, um für das Alter vorzusorgen oder langfristig ein Vermögen aufzubauen. Stattdessen gilt es, ein paar Grundregeln zu befolgen, durch die du vielleicht keine kurzfristigen Gewinne erzielen, langfristig aber mit hoher Wahrscheinlichkeit Rendite machen wirst.

Diversifikation

»Aktien sind doch Zockerei!« Vielleicht hast du dieses Vorurteil schon mal von Familienmitgliedern oder Bekannten gehört. Tatsächlich kann dies auf einzelne Aktien auch zutreffen. Der Schlüssel und einer der wichtigsten Begriffe überhaupt lautet daher »Diversifikation«. Damit ist gemeint, dass man sein Risiko reduziert, indem man sein Investment breit streut. Du solltest nie nur auf eine Aktie und ein Unternehmen setzen, sondern immer in viele verschiedene Branchen investieren. Es kann durchaus sein, dass Omas Bratwurststand irgendwann pleitegeht. Die Nachfrage nach Bratwurst verschwindet dadurch aber nicht. Ganz im Gegenteil: Wenn es Omas Bratwurststand nicht mehr gibt, gehen die Kunden vielleicht zu Rüdigers Rostbratwurst. Wenn du Aktien von beiden Firmen besitzt, gleichen die Gewinne von Rüdiger die Verluste von Oma vielleicht schon aus, in jedem Fall federn sie sie aber ab. Noch besser ist es natürlich, wenn du zudem auch noch in Daniels Döner und Werners Waffel investierst. Selbst wenn die Nachfrage nach Bratwurst insgesamt sinken würde, müssten die Menschen ja etwas anderes essen. Die Nachfrage nach Lebensmitteln insgesamt würde also immer erhalten bleiben.

Grundsätzlich lässt sich sagen: Je vielfältiger dein Portfolio ist, desto geringer ist dein Risiko. Neben den Investitionen in verschiedene Lebensmittelanbieter solltest du also auch in Unternehmen aus ganz anderen Branchen und Regionen der Welt investieren.

Jetzt hast du zwei Herausforderungen: Zum einen können einzelne Aktien sehr teuer werden. Eine einzelne Aktie von Apple kostet zum Beispiel fast 200 Euro. Zum anderen ist es natürlich viel Arbeit, unzählige Aktien auszuwählen und zu verwalten. Zum Glück gibt es etwas, das beide Probleme löst und dir hilft, Aktien für dich zu nutzen und erste Schritte in den Kapitalmarkt zu gehen: Fonds. Die schauen wir uns im weiteren Verlauf dieses Kapitels noch an.

Die Streuung fängt aber schon einen Schritt vorher an. Nämlich bei der Aufteilung des Ersparten. Darum ging es ja bereits bei unserem Werk-

zeugkasten. Wir stecken nicht alles, was wir haben, in Fonds, sondern nutzen auch das Tagesgeldkonto. Das ist sicherer, bringt aber weniger Rendite. Der Fonds unterliegt Schwankungen, bietet aber mehr Renditechancen. Wenn man diese verschiedenen Produkte kombiniert, hat man einen sehr guten Mix, der unsere verschiedenen Sparziele abdeckt (siehe »Das magische Dreieck der Geldanlage« Seite 40).

Langfristigkeit

Die zweite goldene Regel ist die Zeit. Wer vernünftig in Aktien und Fonds investieren will, muss Zeit mitbringen. Es gibt durchaus Zeitpunkte, zu denen du Verluste machen würdest, wenn du deine Fondsanteile verkaufen würdest. Dies lässt sich dann umgehen, wenn dein Investment langfristig angelegt ist und du nicht dazu gezwungen wirst, zu einem bestimmten Zeitpunkt zu verkaufen, weil du das Geld benötigst.

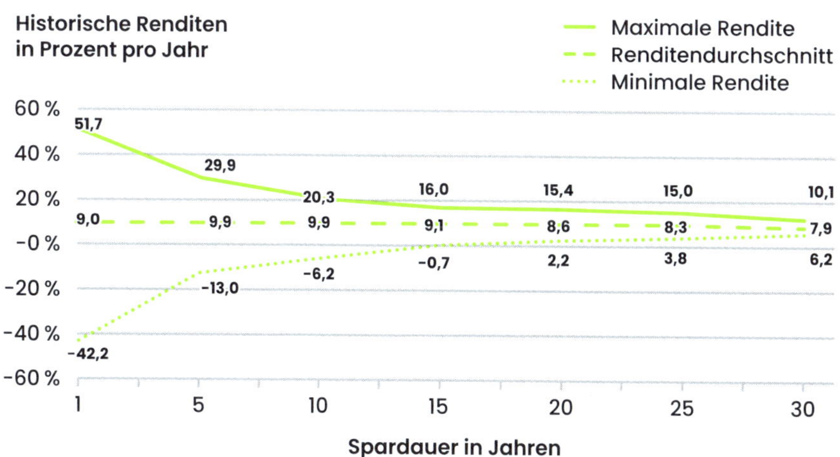

Je länger du sparst, desto unwahrscheinlicher werden Verluste. Die Zahlen beziehen sich auf eine monatliche und konstante Investition (Sparplan) in den MSCI World.[3]

Die Abbildung stellt die Laufzeit in den Mittelpunkt. Unten ist die Dauer der Investition abzulesen, links die Rendite. Die durchgezogene Linie zeigt, was in diesem Zeitraum bestenfalls an durchschnittlicher, jährlicher Rendite möglich war, und die gepunktete Line zeigt den schlechtesten Fall an. Wir sehen, wenn das Geld nur ein Jahr angelegt wird, ist die Spanne zwischen bestem und schlechtestem Fall gewaltig, zwischen einer Rendite von 51,7 und einem Verlust von 42,2 Prozent ist alles möglich. Das hängt davon ab, ob es ein gutes oder schlechtes Jahr an der Börse wird, was du im Vorfeld nie wissen kannst. Entscheidend ist aber, dass das langfristig gar nicht wichtig ist. Ziemlich genau zwischen 15 und 20 Jahren durchkreuzt die gepunktete Linie die 0-Prozent-Marke. Das heißt, wenn du dein Geld mindestens 17 Jahre lang anlegst, ist es statistisch gesehen ausgeschlossen, dass du Verlust machst. Das gilt selbst dann, wenn du zum schlechtesten Zeitpunkt einsteigst und zum schlechtesten Zeitpunkt verkaufst. Nach 30 Jahren hat man dann sogar schon eine durchschnittliche Mindestrendite von 6,2 Prozent pro Jahr.

Natürlich ergeben sich diese Werte aus der Vergangenheit. Es ist also nicht hundertprozentig sicher, dass sich der Kapitalmarkt in den nächsten 50 Jahren genauso verhält wie in den vergangenen 50 Jahren. Trotzdem wird dadurch sehr gut deutlich, dass eine Investition in einen breit gestreuten Fonds, wenn man viel Zeit mitbringt, relativ sicher ist. Somit haben wir dann auch das Vorurteil widerlegt, Aktien und Fonds seien Zockerei. Es kommt sehr darauf an, wie man investiert.

Investition versus Spekulation

Es ist sehr wichtig, sich bewusst zu machen, was eine Investition ist und was sie von der Spekulation unterscheidet. Grundsätzlich ist an der Börse und mit Aktien beides möglich. Wenn wir Geld investieren, geben wir heute Geld aus, in der Annahme, später davon zu profitieren. Wir verzichten also heute auf zusätzlichen Konsum, um das Geld zu vermehren und in

der Zukunft mehr davon zu haben. Genau das ist das Ziel des Fondssparens. Beim Spekulieren geht es hingegen eher um kurzfristige Gewinne, für die in der Regel ein hohes Risiko in Kauf genommen wird.

INVESTITION	SPEKULATION
Man baut sich ein breites Portfolio auf.	Man kauft einzelne Aktien, Kryptos oder andere schwankende Produkte und folgt Trends.
Man legt langfristig an.	Man will kurzfristig Ergebnisse erzielen.
Ab einer bestimmten Anlagedauer ist das Risiko von einem Verlust fast ausgeschlossen.	Sehr hohes Risiko von signifikanten Verlusten.
Eignet sich als Altersvorsorge und zum langfristigen Sparen.	Sollte nur mit Geld gemacht werden, das man nicht braucht (und mit viel Ahnung).

Durch die Diversifizierung beim Fondssparen wird das Risiko enorm reduziert. Gleichzeitig bergen risikoreichere Spekulationen die Chance auf extreme Gewinne. Der Grund: Die Firma, in die du viel Geld investiert hast, kann pleitegehen. Dann hast du alles verloren. Es ist aber ebenso möglich, dass das Unternehmen einen großen Durchbruch erlebt und dadurch innerhalb kürzester Zeit enorm an Wert gewinnt. Dann würdest du davon umso mehr profitieren, je mehr du in diese Firma investiert hast.

Ein Beispiel dafür sind Pharmaunternehmen. Die Entwicklung eines neuen Medikaments dauert oft viele Jahre oder gar Jahrzehnte und kostet Millionen von Euro. Wenn die Forschung am Ende nicht zum Erfolg führt und kein funktionierender Wirkstoff gefunden werden kann, verliert das Unternehmen immens an Wert und geht im schlimmsten Fall pleite. Es kann aber auch das Gegenteil passieren, wie bei Biontech. Mit der Entwicklung des Corona-Impfstoffes hat sich der Wert des Unternehmens innerhalb weniger Jahre fast verzwanzigfacht. Hättest du kurz vor der Pandemie Aktien dieses Unternehmens gekauft, wären diese heute ein Vielfaches wert. Das Problem ist, dass solche Entwicklungen so gut wie nicht vorherzusehen sind. Vor allem nicht, wenn man das Ziel hat, sich so wenig wie möglich mit seinem Geld zu beschäftigen. Selbst sehr gut ausgebildete Fondsmanager, die sich hauptberuflich mit Geldanlagen und der Auswahl von Aktien beschäftigen, schaffen es nur sehr selten, den Markt zu schlagen und solche Aktien zu identifizieren. Für die allermeisten Menschen, die hauptberuflich einem anderen Job nachgehen, ist dies also fast unmöglich. Außerdem ist das Ganze natürlich mit einem extremen Risiko verbunden. Selbst wenn du vor Corona Biontech-Aktien gekauft hättest, hätte es gut sein können, dass viel Geld in die Forschung gesteckt worden wäre, ohne dass am Ende ein funktionierender Impfstoff entwickelt worden wäre. Dann hättest du vielleicht einen Großteil deines investierten Geldes verloren. Es kann durchaus sein, dass du mit dem Kauf einer einzelnen Aktie richtig liegst und es sich lohnt. Aber im großen Stil ist das nicht zu empfehlen.

Zu spekulieren, also Aktien zu einem niedrigen Preis zu kaufen, in der Annahme, dass dieser bald steigt, und die Aktien dann gewinnbringend verkaufen zu können, ist durchaus möglich, aber letztlich nichts anderes als Glücksspiel. Es kann funktionieren, in vielen Fällen wird es das aber nicht. Wichtig ist, dass du dir darüber im Klaren bist, dass das nichts mit Altersvorsorge oder langfristigem Vermögensaufbau zu tun hat und das langfristige Investieren niemals ersetzt.

Zinseszins

Ein weiterer wichtiger Begriff ist der Zinseszinseffekt. Albert Einstein soll diesen Effekt einmal als das achte Weltwunder bezeichnet haben. Tatsächlich ist der Zinseszinseffekt auch der Hauptgrund dafür, dass sich

langfristige Geldanlagen so lohnen können. Die Idee ist einfach: Wenn du 100.000 Euro anlegst und dafür 10 Prozent Zinsen bekommst, hast du am Ende des ersten Jahres 110.000 Euro auf der hohen Kante. Diese 110.000 Euro lässt du jetzt liegen. Im nächsten Jahr bekommst du wieder 10 Prozent Zinsen, aber schon nicht mehr nur 10.000 Euro, sondern 11.000 Euro. Und so geht es immer weiter. Der Zinseszinseffekt verursacht ein exponentielles Wachstum, das heißt, dieser Prozess verstärkt sich von Jahr zu Jahr. Das wird in der folgenden Abbildung deutlich. Du siehst, wie die Kurve immer steiler wird und dein Guthaben im Laufe der Zeit immer mehr anwächst.

Wenn du nun erste Investitionen in den Kapitalmarkt tätigen und die goldenen Regeln, insbesondere die der Diversifikation und der Langfristigkeit, befolgen möchtest, bieten sich Fonds an. Was genau sich dahinter verbirgt und worin ihre Vorteile liegen, besprechen wir im Weiteren ausführlich. Bevor wir dazu kommen, wollen wir noch kurz zwei Begrifflichkeiten klären – Anleihen und Aktienindex.

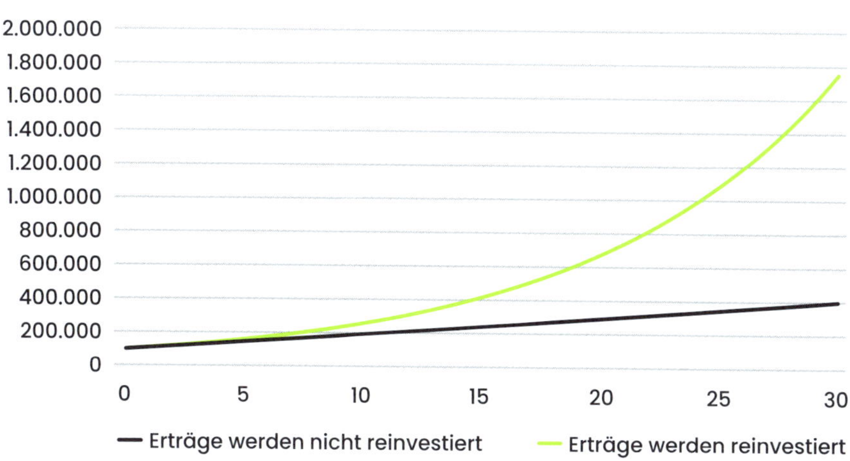

Der Zinseszinseffekt

Die Geschichte des Josephspfennigs

Um den Zinseszinseffekt zu verdeutlichen, wird gerne die Geschichte des Josephspfennigs erzählt: Stellen wir uns vor, dass Joseph, der Vater von Jesus, bei dessen Geburt im Jahr null genau einen Euro-Cent für ihn angelegt hätte. Die Bank zahlt ihm auf diese Geldanlage jährlich 5 Prozent Zinsen. Im ersten Jahr wären aus dem Cent also 1,05 Cent geworden und im zweiten 1,1 Cent. 2000 Jahre später wäre aus dem einen Cent aber eine stolze Summe von mehr als 23 Billionen Euro geworden. Jesus' konkretes Guthaben im Jahr 2000 hätte bei 23.911.022.046.136.200.000.000.000.000.000.000.000.000 Euro gelegen. Von diesem Betrag ließe sich genug Gold kaufen, um die ganze Welt aus Gold nachzubauen.

Du hast jetzt wahrscheinlich keine 2000 Jahre lang Zeit, aber der Effekt ist schon nach wenigen Jahren spürbar. Das ist ein weiteres wichtiges Argument, warum eine Investition langfristig sein sollte. Deshalb empfehlen wir sogenannte thesaurierende Fonds – Fonds, die die Gewinne reinvestieren, anstatt sie jährlich an dich auszuzahlen.

Buchtipp: Wenn dich die Vorstellung des Zinseszinseffekts über Jahrhunderte hinweg fasziniert, können wir den Roman *Eine Billion Dollar* von Andreas Eschbach sehr empfehlen, der auf genau diesem Gedankenexperiment beruht. Er wurde auch als Serie verfilmt.

ANLEIHEN – SCHULDVERSCHREIBUNGEN VON STAATEN UND UNTERNEHMEN

Anleihen sind eine weitere Form der Geldanlage, eng verwandt mit den Aktien, und werden bei den Fonds eine Rolle spielen.

Zurück zu unserer Ausgangssituation: Omas Bratwurststand will expandieren und braucht dafür Geld. Neben der Gründung der AG, dem Verkauf von Aktien und der Kreditaufnahme gibt es noch eine weitere Möglichkeit, wie Oma an Geld kommen kann. Das sind die sogenannten Anleihen. Anleihen sind Kredite, die an der Börse gehandelt werden, also eine Mischung aus beiden Optionen. Wichtig: Oma muss dafür keine Aktien ihres Unternehmens abgeben, sondern sie gibt eine Anleihe heraus und bekommt dafür Geld von einem Investor. Omas Würstchenbude verspricht dem Anleger, das Geld nach einer bestimmten Zeit zurückzuzahlen und ihm dafür Zinsen zu zahlen. Das Ganze funktioniert also im Prinzip wie der Kredit, mit dem wir uns schon beschäftigt haben. Eine Anleihe hat drei Parameter: den Nennwert, den Kuponzins und die Laufzeit. Nehmen wir an, der Nennwert von Omas Anleihe beträgt 1.000 Euro, der Kuponzins 3 Prozent und die Laufzeit 3 Jahre.

Du kannst also bei Oma eine Anleihe kaufen und musst dafür 1.000 Euro bezahlen. Wenn du mehr als 1.000 Euro anlegen willst, kannst du einfach mehrere Anleihen kaufen. Der Kuponzins ist der Zins, den dir Omas Bratwurststand AG jedes Jahr dafür zahlt, dass du ihr das Geld leihst. Du bekommst also jedes Jahr 3 Prozent von 1.000 Euro, also 30 Euro. Das ist auch der Unterschied zum Kredit, denn es gibt keine ratenweise Rückzahlung. Die Laufzeit gibt an, wie lange diese Vereinbarung gilt. In diesem Fall drei Jahre. Du bekommst also nach einem Jahr 30 Euro ausbezahlt, nach dem zweiten Jahr wieder 30 Euro und im letzten Jahr die 30 Euro plus die 1.000 Euro, die du verliehen hast.

Das Besondere an Anleihen ist, dass du nicht unbedingt drei Jahre warten musst, bis du dein Geld zurückbekommst. Du kannst Anleihen nämlich wie Aktien an der Börse handeln. Anleihen haben genau wie Aktien einen Kurs, also einen Preis, der an der Börse festgelegt wird. Dieser wird aber nicht in Euro oder Dollar angegeben, sondern in Prozent. Wenn unsere Anleihe einen Kurs von 100 Prozent hat, kostet sie 1.000 Euro. Bei einem Kurs von 95 Prozent kostet sie nur noch 950 Euro.

Der Kurs gibt also an, wie viel die Anleihe vom Nennwert tatsächlich wert ist.

Mit Anleihen kann man also auf zwei Arten Geld verdienen: zum einen durch die Zinsen und zum anderen mit den möglichen Kursgewinnen.

Woran liegt es nun, dass für unterschiedliche Anleihen unterschiedliche Zinsen gezahlt werden? Sehen wir uns dazu einen speziellen Fall von Anleihen an. Vielleicht hast du schon einmal von Staatsanleihen gehört. Sie folgen dem gleichen Prinzip wie die Anleihen von Omas Bratwurststand, nur dass sich hier nicht eine Firma Geld leiht, sondern ein Land, zum Beispiel Deutschland. Hier siehst du die Rendite für Staatsanleihen verschiedener Länder im September 2023:

- Italien: 4,5 %
- USA: 4,36 %
- Griechenland: 4,11 %
- Spanien: 3,76 %
- Portugal: 3,44 %
- Belgien: 3,34 %
- Österreich: 3,29 %
- Luxemburg: 3,28 %
- Finnland: 3,26 %
- Frankreich: 3,24 %
- Island: 3,1 %
- Niederlande: 3,04 %
- Deutschland: 2,7 %
- Japan: 0,71 %

In der Aufzählung, die die Verzinsung von Staatsanleihen mit einer Laufzeit von jeweils zehn Jahren zeigt, ist zu erkennen, dass die Verzinsung deutscher Anleihen nur 2,7 Prozent beträgt und die Verzinsung italieni-

scher Anleihen mit 4,5 Prozent deutlich höher liegt. Der Hauptgrund dafür ist, dass die Wahrscheinlichkeit, dass Deutschland das geliehene Geld zurückzahlt, als höher angesehen wird, als dass Italien geliehenes Geld zurückzahlt. Sogenannte Ratingagenturen berechnen für Länder und Unternehmen eine angenommene Bonität. Sie folgt der Idee der Kreditwürdigkeit von Privatpersonen, um die es im Kapitel 3 bereits ging. Je höher das Rating, desto größer ist die Wahrscheinlichkeit, dass ein Land die Zinsen sowie das geliehene Geld am Ende der Laufzeit auch wirklich zurückzahlt. Das höhere Risiko, das der Anleger eingeht, wenn er Italien Geld leiht, lässt er sich durch höhere Zinsen bezahlen.

Nun fragst du dich vielleicht, warum es bei Anleihen zu Wertschwankungen kommen kann, also warum eine Anleihe zum Beispiel für 90 Prozent des Nennwertes verkauft wird. Dafür gibt es vor allem zwei Gründe: Zum einen kann es sein, dass der Besitzer befürchtet, dass er am Ende sein Geld nicht zurückbekommt. Wenn er annehmen muss, dass das Unternehmen pleitegeht, ist es ihm vielleicht lieber, er bekommt jetzt 90 Prozent des geliehenen Geldes von jemand anderem, als später leer auszugehen. Andererseits birgt das für risikofreudige Käufer das Potenzial, jetzt für 900 Euro eine Anleihe zu erhalten, für die sie, wenn alles gut geht, 1.000 Euro erhalten. Damit würden sie also Gewinn machen.

Ein anderer Grund ist der Kuponzins im Verhältnis zum Marktzins. Stell dir vor, du kaufst eine Anleihe zu einer Zeit, in der du auf deinem Tagesgeldkonto maximal 2 Prozent Zinsen erhältst. Die Anleihe verspricht dir aber zu diesem Zeitpunkt 4 Prozent Zinsen pro Jahr. Dann könnte es sinnvoll sein, diese Anleihe zu kaufen. Wenn die Zinsen auf dem Tagesgeldkonto aber im folgenden Jahr auf 6 Prozent steigen, würdest du hier mehr Gewinn machen als mit deiner Anleihe. Daher möchtest du diese vielleicht loswerden.

Auch wenn Anleihen ebenfalls Schwankungen und Risiken unterliegen, sind sie unterm Strich deutlich geringer als bei Aktien. Selbst wenn ein Unternehmen bankrott geht, werden Anleihen bei der Verteilung des

verbleibenden Geldes bevorzugt behandelt. Die Chance, dass du also auch im Worst Case nicht ganz leer ausgehst, ist groß. Entsprechend hast du ein geringeres Risiko von Schwankungen und einem Totalverlust. Dafür bieten Anleihen aber auch ein geringeres Gewinnpotenzial. Deshalb ist es oft sinnvoll, Aktien und Anleihen in deinem Portfolio zu mischen.

WAS IST EIN AKTIENINDEX?

Wenn es um den Aktienmarkt geht, dann wird in Deutschland ständig vom DAX gesprochen. Das hat folgenden Grund: Der DAX ist ein sogenannter Index. Während der Kurs einer Aktie den Wert dieser Aktie und damit auch den Wert des dahinterstehenden Unternehmens widerspiegelt, soll ein Index einen Markt, also eine Gruppe verschiedener Unternehmen beziehungsweise deren Aktienwerte, abbilden. So bildet der DAX – grob gesagt – die 40 wertvollsten deutschen Aktiengesellschaften ab und ist daher eine wichtige Kennzahl, um einschätzen zu können, wie es der deutschen Wirtschaft gerade geht und wie sie sich entwickelt.

Die Märkte, die ein Index abbildet, können sehr unterschiedlich sein. Es kann sich dabei sowohl um geografische Regionen handeln als auch um einzelne Branchen oder Arten von Produkten. Hier einige Beispiele für Indizes und das, was sie vereinfacht gesagt abbilden:

- DAX – deutsche Wirtschaft,
- DAXsector Automobile Performance-Index – deutsche Automobilwirtschaft,
- Nikkei225 – japanische Wirtschaft,
- DOW Jones – US-amerikanische Wirtschaft,
- Dow Jones US Software Index – US-amerikanische Softwarebranche,
- NASDAQ Composite Index – die Gesamtheit aller an der NASDAQ (elektronische US-amerikanische Börse) gehandelten Unternehmen, darunter viele wachstumsorientierte Technologieunternehmen.

Wie genau die Wertbildung abläuft, ist von Index zu Index unterschiedlich und ändert sich von Zeit zu Zeit. Es reicht aber aus, wenn du dir merkst, dass ein Index einen bestimmten Markt abbildet und versucht, hier die Wertentwicklung darzustellen. Wenn du dich also fragst, wie sich der Wert der deutschen Aktienunternehmen generell entwickelt, hilft dir ein Blick auf den DAX.

FONDS – DAS MITTEL DER WAHL

Wir haben bereits angesprochen, wie wichtig die Risikostreuung durch Diversifizierung bei Investitionen in den Kapitalmarkt ist. Nun ist es aber möglich (oder sogar sehr wahrscheinlich), dass das Geld, das du investieren möchtest, nicht ausreicht, um Aktien von möglichst vielen verschiedenen Unternehmen aus unterschiedlichen Branchen zu kaufen. Denn Aktien haben ja einen festen Preis pro Einheit. Genau dieses Problem lösen Fonds: Die Grundidee dahinter ist, dass viele Anleger Geld in einen gemeinsamen Topf einzahlen und dieses Geld dann für breit gestreute Investitionen verwendet wird. Während du mit einer Investition von 100 Euro nicht einmal eine Aktie von Apple kaufen könntest, sieht das natürlich anders aus, wenn 1.000 Leute jeweils 100 Euro investieren. Dann hat der Fonds 100.000 Euro zur Verfügung, die er breit gestreut investieren kann. Worin genau er investiert – ob ausschließlich in diversifizierte Aktien und Wertpapiere oder darüber hinaus auch in Edelmetalle oder Immobilien –, ist von Fonds zu Fonds unterschiedlich. Wenn wir in diesem Kapitel von Fonds sprechen, meinen wir aber vor allem die sogenannten Aktienfonds.

Wenn du dein Geld in einen Fonds einzahlst, besitzt du also keine ganze Aktie von Apple oder Omas Bratwurststand AG, sondern kleinere Anteile von sehr vielen verschiedenen Unternehmen. Damit hast du das Ziel der diversifizierten Geldanlage also hervorragend erfüllt. Du streust dein Investment so breit, dass du keine Angst mehr vor den Schwankungen eines einzelnen Unternehmens oder einer Branche haben musst. Bedeutet das, dass Fonds hundertprozentig sicher sind und keinen Schwankungen unterliegen? Nein. Aber es bedeutet, dass du mit der Wahl des richtigen Fonds und genügend Zeit für dein Investment das Verlustrisiko fast vollständig ausschließen kannst. Deine Investition ist also keine Zockerei, sondern eine vernünftige Entscheidung.

Der Fonds wird seine Investments den Entwicklungen des Marktes anpassen und wenn ein Unternehmen pleitegeht oder eine Branche eine schwierige Zeit durchmacht, kannst du diese Schwankungen aufgrund der Investments in andere Unternehmen und Branchen gut verkraften. Manche Branchen werden über die Zeit an Bedeutung verlieren, andere gewinnen, aber die Wirtschaft an sich wird es immer geben. Egal, wie sehr sich die Welt verändern mag, die Menschen werden immer ein Bedürfnis zum Beispiel nach Nahrung oder Mobilität haben. So wie es kaum noch Kutschenhersteller gibt, kann es durchaus sein, dass es die Autohersteller von heute in hundert Jahren nicht mehr geben wird. Aber mit höchster Wahrscheinlichkeit wird es dann andere Unternehmen geben, die das Bedürfnis nach Fortbewegung erfüllen.

Die Vorteile eines Fonds

1. Breite Diversifikation ist auch mit einem kleineren Budget möglich.
2. Der Aufwand der Auswahl von konkreten Aktien bleibt dir erspart. Das übernimmt der Fondsmanager.
3. Solange du dein Geld langfristig investierst, ist das Verlustrisiko enorm gering.

Orientierung im Dschungel der Fonds

Wenn du jetzt anfängst, dich mit Fonds zu beschäftigen, wirst du schnell feststellen, dass es eine große Vielfalt gibt. Wichtig ist, dass du dich da-

von nicht überwältigen lässt. Es gibt nur wenige Dinge, auf die du achten musst. Fonds unterscheiden sich in erster Linie durch zwei Kriterien:

1. die Art und Weise, wie sie verwaltet beziehungsweise gemanagt werden,
2. in was sie investieren.

Wenn wir nun an das magische Dreieck der Geldanlage zurückdenken (siehe Seite 40), solltest du den Trade-off zwischen Rendite und Sicherheit auch bei der Wahl eines Fonds im Hinterkopf behalten. Im Prinzip gibt es für jede denkbare Investition auch einen passenden Fonds. Bei den berüchtigten Containerfonds beispielsweise macht der Fonds nichts anderes, als Geld einzusammeln, um es dann in Schiffscontainer zu investieren. Das Ganze ist berüchtigt, weil es mit großen Risiken verbunden und deshalb nicht für dich geeignet ist. Wenn du bis hierher aufmerksam gelesen hast, weißt du auch bereits warum: Ein Fonds, der ausschließlich in eine Anlageform investiert, ist nicht diversifiziert und bringt somit ein hohes Verlustrisiko mit sich. In diesem Fall kommt hinzu, dass es bereits mehrere Betrugsfälle gab, bei denen von dem eingezahlten Geld nie Container gekauft wurden und entsprechend auch kein Gewinn gemacht werden konnte.

Grundsätzlich empfehlen wir dir ja, nur in Fonds zu investieren, wenn du langfristig sparen, also über viele Jahre oder sogar Jahrzehnte Geld anlegen möchtest, zum Beispiel für deine Altersvorsorge oder zum Vermögensaufbau. Dafür eignen sich Aktienfonds oder gegebenenfalls Aktienmischfonds am besten. Die haben zwar ein etwas geringeres Renditepotenzial, dafür ist es aber nahezu sicher, dass sie über einen gewissen Zeitraum plus machen.

Seriöse Fonds verfolgen also stets das Ziel, eine möglichst hohe Rendite zu erzielen, ohne dabei ein unverhältnismäßiges Risiko eingehen zu

Ein **Aktienfonds** ist ein Fonds, der überwiegend in diversifizierte Aktien investiert.

Ein **Mischfonds** ist ein Fonds, der in verschiedene Anlagearten investiert, also neben Aktien beispielsweise auch in Anleihen, Rohstoffe, Edelmetalle und Immobilien.

müssen. Wir haben zum Beispiel im Abschnitt über Anleihen gesehen, dass diese in der Regel sicherer sind als Aktien und weniger Schwankungen unterliegen, dafür aber auch weniger Rendite-, also Gewinnpotenzial haben. Daraus könnte sich die Strategie ergeben, das eingesammelte Geld zwischen Aktien und Anleihen aufzuteilen, um einen guten Mittelweg zwischen Sicherheit und Renditechancen zu finden. Genau das tun beispielsweise viele Fonds.

Aktiv versus passiv verwaltete Fonds

Wie wir bisher von Fonds gesprochen haben, ist sprachlich nicht ganz korrekt, weil wir so tun, als würde der Fonds selbst etwas tun, was er natürlich gar nicht kann. Hinter dem Fonds steckt eine Dienstleistung eines Vermögensverwalters oder einer Bank. Die Frage ist also, *wer* die Entscheidungen über die Investitionen *wie* trifft. Diese Frage führt uns zur nächsten Unterscheidung – zwischen aktiv und passiv gemanagten Fonds.

Bei aktiv gemanagten Fonds werden die Anlageentscheidungen aktiv, also von Personen, den Fondsmanagern, getroffen. Diese entscheiden regelmäßig, oft täglich, darüber, was der Fonds mit dem ihm anvertrauten Geld machen soll. Also zum Beispiel welche Aktien gekauft und wieder verkauft werden oder wie die genaue Zusammensetzung zwischen den Anlageklassen aussehen soll. Dabei sind die Fondsmanager jedoch nicht

völlig frei. Wenn ein Fonds neu aufgelegt wird, liegt ihm in der Regel eine bestimmte Philosophie zugrunde. Das kann zum Beispiel sein, dass der Fondsmanager nur in Aktien aus einer bestimmten Region investieren will oder dass es immer eine bestimmte Aufteilung zwischen Aktien und Anleihen oder anderen Anlageklassen gibt.

Anders sieht es bei passiv gemanagten Fonds aus, zu denen auch die ETFs, börsengehandelte Fonds, zählen. Sie zeichnen sich dadurch aus, dass es eben keinen Fondsmanager gibt, der ständig über die Anlagen wacht und sie verwaltet. Vielmehr wird einmal ein Muster festgelegt, nach dem sie investieren sollen, und dies tun sie dann mithilfe eines Computeralgorithmus. Vielfach handelt es sich dabei um Indexfonds, weil ihr Algorithmus besagt, einen Index, wie beispielsweise den DAX, nachzubilden.

Sowohl aktiv als auch passiv gemanagte Fonds gibt es tausendfach. Daher lassen sich keine allgemeingültigen Aussagen über ihre Vor- und Nachteile treffen. Dennoch sind folgende Tendenzen zu erkennen.

Rendite

Man könnte meinen, dass die aktiv gemanagten Fonds die Nase vorn haben müssten, da hier ja ein Mensch bewusst Einfluss nehmen kann, um das Ergebnis zu verbessern. Das lässt sich so aber nicht nachweisen. Unzählige Studien der letzten Jahre zeigen, dass es den allermeisten Fondsmanagern zumindest nicht langfristig gelingt, den Markt zu schlagen. Das liegt vor allem daran, dass die Aktienmärkte und auch die globalen Rahmenbedingungen schlicht zu unvorhersehbar sind, um hier wirklich dauerhaft einen Vorteil zu erzielen. Es ist zwar durchaus so, dass bestimmte Fondsmanager kurzfristig ein gutes Händchen beweisen und ihre Fonds auf einen Zeitraum von wenigen Jahren besser performen als der Markt insgesamt, bei genauerer Betrachtung zeigt sich aber, dass diese Erfolge nicht dauerhaft aufrechtzuerhalten sind.

Da wir uns für langfristige Investitionen interessieren, ist es weniger relevant, wie gut ein Fonds in einem Jahr abschneidet, als vielmehr, welche Rendite er über 10 oder 20 Jahre erzielt. Zumindest in der Vergangenheit ist man mit Investitionen in passiv gemanagte Fonds über einen solchen Zeitraum nicht schlechter gefahren. Dies gilt insbesondere bei zusätzlicher Berücksichtigung der Kosten.

Kosten

Natürlich möchte der Anbieter eines Fonds damit Geld verdienen. In Fonds zu investieren ist also in der Regel nicht kostenlos. Hier lassen sich zwei Arten von Kosten unterscheiden: Zum einen entstehen Kosten, wenn du Fondsanteile kaufst – der sogenannte Ausgabeaufschlag. Dieser geht jedoch nicht an den Fonds-, sondern den Depotanbieter (später mehr dazu). Der Fondsanbieter kann hingegen sowohl regelmäßig (beispielsweise jährlich) anfallende Verwaltungskosten als auch Performance-abhängige Gebühren erheben. Verwaltungsgebühren werden auf die meisten Fonds erhoben, Performance-Gebühren hingegen vorrangig auf aktiv gemanagte Fonds.

Allgemein lässt sich sagen, dass aktiv gemanagte Fonds deutlich höhere Kosten verursachen als passiv gemanagte, was ja naheliegend ist, weil die Arbeit in dem einen Fall von gut bezahlten Fondsmanagern in schicken Büros und im anderen Fall von Computern erledigt wird. Grob lässt sich sagen, dass die Kosten für einen ETF, je nach Anbieter, bei 0,15 bis 0,5 Prozent des angelegten Geldes liegen. Die Kosten für aktive Fonds liegen häufig über 1,5 Prozent, sie belaufen sich also auf ein Vielfaches.

Gerade vor dem Hintergrund, dass die Performance der aktiven Fonds die der passiven nur selten übersteigt, können diese jährlich anfallenden Kosten deine Rendite deutlich mindern. Wenn du dich über verschiedene Fonds informierst, müssen die verschiedenen Kosten transparent gemacht werden. Du findest daher Hinweise auf die laufenden Kosten oder die sogenannte Gesamtkostenquote (TER). Diese beinhaltet alle Kosten, die über das Jahr, zusätzlich zum Ausgabeaufschlag, anfallen.

Schwankungen

Ein weiteres Kriterium, das wir aber etwas in Klammern setzen wollen, ist die Volatilität der Investition. Das ist eher ein psychologisches Kriterium, denn unser erklärtes Ziel ist es ja, lange genug auf das investierte Geld zu verzichten, um die Schwankungen durchstehen zu können. Wenn wir das machen, ist es am Ende zumindest rechnerisch egal. Trotzdem haben viele ein Problem damit, wenn ihre Anlage größeren Schwankungen unterliegt, weil das zu Verunsicherung und Sorge führt. Hier haben aktiv gemanagte Fonds einen Vorteil. Kommt es zum Beispiel zu einer Krise in einem bestimmten Unternehmen oder zu einer allgemeinen Wirtschaftskrise, hat der Fondsmanager die Möglichkeit, einzugreifen und gegebenenfalls Aktien zu verkaufen. Er kann Schwankungen abfedern. Das macht ein Indexfonds nicht. Er bildet zunächst nur die Entwicklung ab. Aber auch diesen Unterschied sollte man nicht überbewerten. Auch der Fondsmanager ist in der Regel nicht in der Lage, Krisen zuverlässig zu antizipieren. Er kann nur reagieren, wenn ein Teil des Schadens bereits eingetreten ist.

Fazit

Das Ergebnis ist also relativ klar: Passiv verwaltete Fonds sind in der Regel, insbesondere für die für uns erklärten Ziele, nicht schlechter in der Performance als aktiv gemanagte Fonds. Gleichzeitig haben sie einen klaren Kostenvorteil. Dieser ist gerade bei einem langen Anlagehorizont gewaltig.

Das bedeutet nicht, dass aktiv gemanagte Fonds keine Daseinsberechtigung hätten. Für bestimmte Anleger können individuellere Fonds sicher sinnvoll sein, aber unser Ziel ist es ja, den Einstieg in den Kapitalmarkt so einfach zu machen, dass es keine Ausrede mehr gibt, sich nicht damit zu beschäftigen. Und unter dieser Prämisse lässt sich sagen, dass du mit einem passiv gemanagten Fonds gut aufgestellt bist und ganz sicher besser als all jene, die gar nicht in den Kapitalmarkt investiert sind.

Aktien-ETFs

Die Abkürzung ETF steht für **Exchange Traded Fund**, was so viel bedeutet wie börsengehandelter Fonds. Damit ist gemeint, dass du Anteile an einem ETF jederzeit an der Börse kaufen und verkaufen kannst. Das ist ein großer Unterschied zu den aktiv gemanagten Fonds, diese kaufst du nämlich direkt beim Fondsanbieter. Du zahlst also dem Anbieter Geld und erhältst dafür deinen Anteil am Fonds. Wenn du deinen Anteil wieder verkaufen willst, gibst du diesen an den Anbieter zurück und erhältst dafür den aktuellen Gegenwert deiner Anteile.

Bei ETFs können die Anteile hingegen zwischen den verschiedenen Anlegern gehandelt werden, der Fondsanbieter ist dabei nicht direkt beteiligt. Das Ganze funktioniert also eigentlich genauso wie der Handel von Aktien an einer Börse (siehe Abbildung unten).

Ein weiteres Merkmal eines ETF ist, dass es sich in aller Regel um Indexfonds handelt. Wenn wir beispielsweise einen ETF auf den DAX hätten, würde der Algorithmus, der dem ETF zugrunde liegt, genau die im DAX vertretenen Aktien nachkaufen und sich bei der Gewichtung ebenfalls am Index orientieren, sodass sich der ETF genauso im Wert entwickeln würde wie der DAX. Der ETF wäre dann also ein exakter Nachbau des Index. Dieser gibt Anteile aus. Kaufst du diese Anteile, besitzt du einen Teil des nachgebauten Index, wodurch deine Investition in den ETF eine Investition in den gesamten Index darstellt.

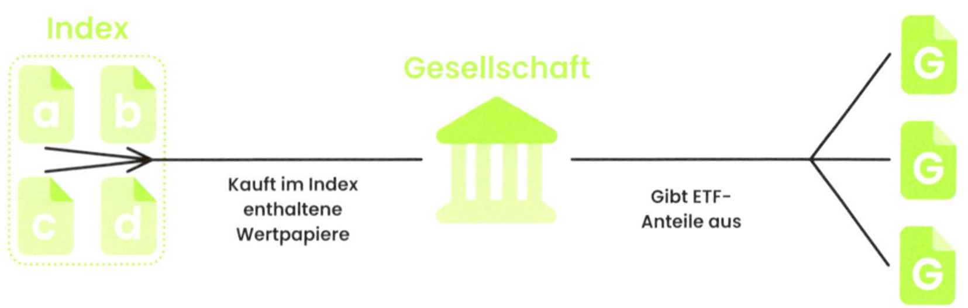

So funktionieren ETFs

Das Prinzip der ETFs lässt sich auch auf andere Märkte wie bestimmte Rohstoffmärkte übertragen. Wir sprechen hier aber konkret über Aktien-ETFs, da sie für unsere Ziele, also die langfristige Anlage zum Vermögensaufbau oder zur Altersvorsorge, die beste Balance zwischen Chancen und Risiken bieten.

Der MSCI World

Um das Ganze möglichst anschaulich zu machen, schauen wir uns noch ein konkretes Beispiel für einen ETF an. Am verbreitetsten sind ETFs auf den MSCI World, wobei sich diese Bezeichnung nicht auf einen konkreten ETF bezieht, sondern einen Index beschreibt, der von vielen verschiedenen Anbietern als ETF abgebildet wird. MSCI ist der Name eines amerikanischen Unternehmens, das unter anderem Rankings und Indizes erstellt. Der MSCI World ist eine dieser Zusammenstellungen, dessen Ziel es ist, die Weltwirtschaft und deren globale Aktienentwicklung möglichst breit abzubilden. Während der DAX also die Entwicklung der deutschen Wirtschaft und insbesondere der deutschen Aktienkurse abbildet, hat der MSCI World den Anspruch, dies für die ganze Welt zu tun.

Bei genauer Betrachtung wird er diesem Anspruch nicht ganz gerecht. Zwar umfasst er 1.500 Unternehmen aus 23 verschiedenen Ländern, allerdings werden nur große und mittelgroße Unternehmen in den Index aufgenommen und auch nur Unternehmen aus Industrieländern. Schwellenländer wie China oder Brasilien sind nicht vertreten. Dennoch gibt es kaum einen Index, der mehr Diversifikation bietet als der MSCI World, was ihn so attraktiv macht. Die genaue Auswahl und Gewichtung der Unternehmen erfolgt durch MSCI.

Wichtigstes Kriterium für die Auswahl der Unternehmen ist die Marktkapitalisierung, also der Wert aller Aktien eines Unternehmens. Daher ist es kein Wunder, dass Apple als wertvollstes Unternehmen der Welt ganze 5 Prozent am MSCI World ausmacht. Darauf folgen Microsoft

und Amazon. Da US-amerikanische Unternehmen vielfach eine verhältnismäßig hohe Marktkapitalisierung aufweisen, führt dies dazu, dass sie mit 70 Prozent den mit Abstand höchsten Anteil am MSCI World bilden. Darauf folgen Japan mit 6 Prozent und Großbritannien mit 4 Prozent. Auf deutsche Unternehmen entfallen knapp 2,3 Prozent. All dessen sollte man sich beim MSCI World bewusst sein: Es ist zwar ein Weltindex, aber das bedeutet nicht, dass alle Regionen und Unternehmen der Welt gleich stark vertreten sind.

Die Berechnung des MSCI World erfolgt einmal pro Minute. Dabei werden die Kursentwicklungen der Aktien nach einer bestimmten Formel in Indexpunkte umgerechnet. Am Ende ergibt diese Formel eine aggregierte Zahl. Während wir dieses Buch schreiben, Ende Dezember 2023, steht der MSCI World beispielsweise bei knapp 3.170,00 Punkten. Diese Zahl allein sagt uns erst einmal nicht viel. Sie hilft uns aber, wenn wir die Entwicklung der im Index enthaltenen Unternehmen in der Vergangenheit betrachten wollen. Noch vor einem Jahr, also Ende Dezember 2022, lag der Index bei knapp unter 2.600 Punkten. Das ist ein Wertzuwachs von knapp 21 Prozent. Vor fünf Jahren, also im Dezember 2018, stand der Index bei knapp 1.880 Punkten, das ist ein Wertzuwachs zu heute von knapp 70 Prozent, und vor zehn Jahren stand er bei 1.650 Punkten, was einen Wertzuwachs von damals zu heute von über 90 Prozent bedeutet. Teilt man nun diese 90 Prozent durch 10 Jahre, so erhält man eine durchschnittliche jährliche Rendite von 9 Prozent. Das ist ein Vielfaches dessen, was zum Beispiel mit einem Tagesgeldkonto möglich gewesen wäre, selbst wenn du dort alles richtig gemacht und gut verglichen hättest. Daran kannst du erkennen, warum eine Investition in einen Aktienindex so spannend und gewinnbringend sein kann.

Zur Wahrheit gehört aber auch, dass das nicht für jeden beliebigen Zeitraum funktioniert. Schauen wir uns die Entwicklung des MSCI World an. Den aktuellen Chart kannst du dir jederzeit online ansehen.

Chart des MSCI World über die vergangenen zehn Jahre, Stand: Dezember 2023

Unten siehst du den Zeitverlauf, angefangen bei vor zehn Jahren. Links siehst du den Wert in Punkten. Es wird deutlich, dass der MSCI World zwar über diesen langen Zeitraum konstant gestiegen ist, aber immer wieder auch Rückschläge erlebt hat. Wenn du zum Beispiel am 30.08.2021 eingestiegen wärst und ein Jahr später verkauft hättest, wäre dies mit Verlusten verbunden gewesen. Diese realisieren sich aber erst, wenn du auch wirklich zu diesem schlechten Zeitpunkt verkaufst. Ein Jahr später, also heute, sind die Verluste schon wieder ausgeglichen.

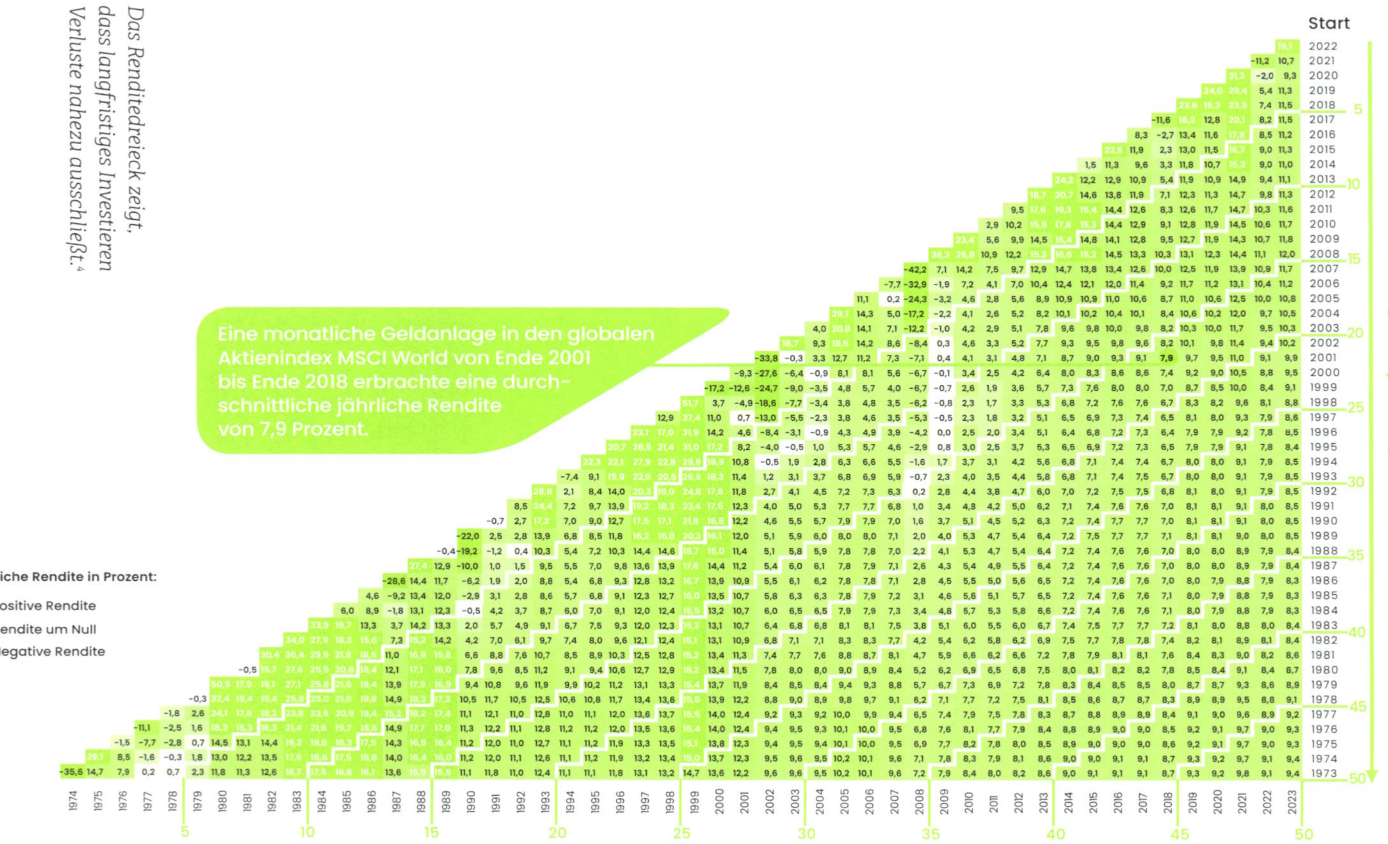

Start \ Ziel	1999	2000	2001	2002	2003	2004	2005	2006	2007	2008	2009	2010	2011	2012	2013	2014	2015	2016	2017	2018	2019	2020	2021	2022	2023
2022																									19,1
2021																								-11,2	10,7
2020																							31,3	-2,0	9,3
2019																						24,0	29,4	5,4	11,3
2018																					23,6	15,3	23,5	7,4	11,5
2017																				-11,6	16,2	12,8	20,1	8,2	11,5
2016																			8,3	-2,7	13,4	11,6	17,8	8,5	11,2
2015																		22,6	11,9	2,3	13,0	11,5	16,7	9,0	11,3
2014																	1,5	11,3	9,6	3,3	11,8	10,7	15,3	9,0	11,0
2013																24,2	12,2	12,9	10,9	5,4	11,9	10,9	14,9	9,4	11,1
2012															18,7	20,7	14,6	13,8	11,9	7,1	12,3	11,3	14,7	9,8	11,3
2011														9,5	17,6	19,3	15,4	14,4	12,6	8,3	12,6	11,7	14,7	10,3	11,6
2010													2,9	10,2	15,9	17,8	15,3	14,4	12,9	9,1	12,8	11,9	14,5	10,6	11,7
2009												23,4	5,6	9,9	14,5	16,4	14,8	14,1	12,8	9,5	12,7	11,9	14,3	10,7	11,8
2008											38,3	25,8	10,9	12,2	15,2	16,6	15,2	14,5	13,3	10,3	13,1	12,3	14,4	11,1	12,0
2007										-42,2	7,1	14,2	7,5	9,7	12,9	14,7	13,8	13,4	12,6	10,0	12,5	11,9	13,9	10,9	11,7
2006									-7,7	-32,9	-1,9	7,2	4,1	7,0	10,4	12,4	12,1	12,0	11,4	9,2	11,7	11,2	13,1	10,4	11,2
2005								11,1	0,2	-24,3	-3,2	4,6	2,8	5,6	8,9	10,9	10,9	11,0	10,6	8,7	11,0	10,6	12,5	10,0	10,8
2004							29,7	14,3	5,0	-17,2	-2,2	4,1	2,6	5,2	8,2	10,1	10,2	10,4	10,1	8,4	10,6	10,2	12,0	9,7	10,5
2003						4,0	20,8	14,1	7,1	-12,2	-1,0	4,2	2,9	5,1	7,8	9,6	9,8	10,0	9,8	8,2	10,3	10,0	11,7	9,5	10,3
2002					18,7	9,3	18,5	14,2	8,6	-8,4	0,3	4,6	3,3	5,2	7,7	9,3	9,5	9,8	9,6	8,2	10,1	9,8	11,4	9,4	10,2
2001				-33,8	-0,3	3,3	12,7	11,2	7,3	-7,1	0,4	4,1	3,1	4,8	7,1	8,7	9,0	9,3	9,1	7,9	9,7	9,5	11,0	9,1	9,9
2000			-9,3	-27,6	-6,4	-0,9	8,1	8,1	5,6	-6,7	-0,1	3,4	2,5	4,2	6,4	8,0	8,3	8,6	8,6	7,4	9,2	9,0	10,5	8,8	9,5
1999		-17,2	-12,6	-24,7	-9,0	-3,5	4,8	5,7	4,0	-6,7	-0,7	2,6	1,9	3,6	5,7	7,3	7,6	8,0	8,0	7,0	8,7	8,5	10,0	8,4	9,1
1998	51,7	3,7	-4,9	-18,6	-7,7	-3,4	3,8	4,8	3,5	-6,2	-0,8	2,3	1,7	3,3	5,3	6,8	7,2	7,6	7,6	6,7	8,3	8,2	9,6	8,1	8,8
1997	37,4	11,0	0,7	-13,0	-5,5	-2,3	3,8	4,6	3,5	-5,3	-0,5	2,3	1,8	3,2	5,1	6,5	6,9	7,3	7,4	6,5	8,1	8,0	9,3	7,9	8,6
1996	31,9	14,2	4,6	-8,4	-3,1	-0,9	4,3	4,9	3,9	-4,2	0,0	2,5	2,0	3,4	5,1	6,4	6,8	7,2	7,3	6,4	7,9	7,9	9,2	7,8	8,5
1995	31,0	17,2	8,2	-4,0	-0,5	1,0	5,3	5,7	4,6	-2,9	0,8	3,0	2,5	3,7	5,3	6,5	6,9	7,2	7,3	6,5	7,9	7,9	9,1	7,8	8,4
1994	29,9	18,9	10,8	-0,5	1,9	2,8	6,3	6,6	5,5	-1,6	1,7	3,7	3,1	4,2	5,6	6,8	7,1	7,4	7,4	6,7	8,0	8,0	9,1	7,9	8,5
1993	26,9	18,3	11,4	1,2	3,1	3,7	6,8	6,9	5,9	-0,7	2,3	4,0	3,5	4,4	5,8	6,8	7,1	7,4	7,5	6,7	8,0	8,0	9,1	7,9	8,5
1992	24,8	17,8	11,8	2,7	4,1	4,5	7,2	7,3	6,3	0,2	2,8	4,4	3,8	4,7	6,0	7,0	7,2	7,5	7,5	6,8	8,1	8,0	9,1	7,9	8,5
1991	23,4	17,5	12,3	4,0	5,0	5,3	7,7	7,7	6,8	1,0	3,4	4,8	4,2	5,0	6,2	7,1	7,4	7,6	7,6	7,0	8,1	8,1	9,1	8,0	8,5
1990	21,8	16,8	12,2	4,6	5,5	5,7	7,9	7,9	7,0	1,6	3,7	5,1	4,5	5,2	6,3	7,2	7,4	7,7	7,7	7,0	8,1	8,1	9,1	8,0	8,5
1989	20,3	16,1	12,0	5,1	5,9	6,0	8,0	8,0	7,1	2,0	4,0	5,3	4,7	5,4	6,4	7,2	7,5	7,7	7,7	7,1	8,1	8,1	9,0	8,0	8,5
1988	18,7	15,0	11,4	5,1	5,8	5,9	7,8	7,8	7,0	2,2	4,1	5,3	4,7	5,4	6,4	7,2	7,4	7,6	7,6	7,0	8,0	8,0	8,9	7,9	8,4
1987	17,6	14,4	11,2	5,4	6,0	6,1	7,8	7,9	7,1	2,6	4,3	5,4	4,9	5,5	6,4	7,2	7,4	7,6	7,6	7,0	8,0	8,0	8,9	7,9	8,4
1986	16,7	13,9	10,9	5,5	6,1	6,2	7,8	7,8	7,1	2,8	4,5	5,5	5,0	5,6	6,5	7,2	7,4	7,6	7,6	7,0	8,0	7,9	8,8	7,9	8,3
1985	16,0	13,5	10,7	5,8	6,3	6,3	7,8	7,9	7,2	3,1	4,6	5,6	5,1	5,7	6,5	7,2	7,4	7,6	7,6	7,1	8,0	7,9	8,8	7,9	8,3
1984	15,5	13,2	10,7	6,0	6,5	6,5	7,9	7,9	7,3	3,4	4,8	5,7	5,3	5,8	6,6	7,2	7,4	7,6	7,6	7,1	8,0	7,9	8,8	7,9	8,3
1983	15,2	13,1	10,7	6,4	6,8	6,8	8,1	8,1	7,5	3,8	5,1	6,0	5,5	6,0	6,7	7,4	7,5	7,7	7,7	7,2	8,1	8,0	8,8	8,0	8,4
1982	15,1	13,1	10,9	6,8	7,1	7,1	8,3	8,3	7,7	4,2	5,4	6,2	5,8	6,2	6,9	7,5	7,7	7,8	7,8	7,4	8,2	8,1	8,9	8,1	8,4
1981	15,2	13,4	11,3	7,4	7,7	7,6	8,8	8,7	8,1	4,7	5,9	6,6	6,2	6,6	7,2	7,8	7,9	8,1	8,1	7,6	8,4	8,3	9,0	8,2	8,6
1980	15,2	13,4	11,5	7,8	8,0	8,0	9,0	8,9	8,4	5,2	6,2	6,9	6,5	6,8	7,5	8,0	8,1	8,2	8,2	7,8	8,5	8,4	9,1	8,4	8,7
1979	15,4	13,7	11,9	8,4	8,5	8,4	9,4	9,3	8,8	5,7	6,7	7,3	6,9	7,2	7,8	8,3	8,4	8,5	8,5	8,0	8,7	8,7	9,3	8,6	8,9
1978	15,5	13,9	12,2	8,8	9,0	8,9	9,8	9,7	9,1	6,2	7,1	7,7	7,2	7,5	8,1	8,5	8,6	8,7	8,7	8,3	8,9	8,9	9,5	8,8	9,1
1977	15,6	14,0	12,4	9,2	9,3	9,2	10,0	9,9	9,4	6,5	7,4	7,9	7,5	7,8	8,3	8,7	8,8	8,9	8,9	8,4	9,1	9,0	9,6	8,9	9,2
1976	15,4	14,0	12,4	9,4	9,5	9,3	10,1	10,0	9,5	6,8	7,6	8,1	7,7	7,9	8,4	8,8	8,9	9,0	9,0	8,5	9,2	9,1	9,7	9,0	9,3
1975	15,1	13,8	12,3	9,4	9,5	9,4	10,1	10,0	9,5	6,9	7,7	8,2	7,8	8,0	8,5	8,9	9,0	9,0	9,0	8,6	9,2	9,1	9,7	9,0	9,3
1974	15,0	13,7	12,3	9,5	9,6	9,5	10,2	10,1	9,6	7,1	7,8	8,3	7,9	8,1	8,6	9,0	9,0	9,1	9,1	8,7	9,3	9,2	9,7	9,1	9,4
1973	14,7	13,6	12,2	9,6	9,6	9,5	10,2	10,1	9,6	7,2	7,9	8,4	8,0	8,2	8,6	9,0	9,1	9,1	9,1	8,7	9,3	9,2	9,8	9,1	9,4

Start \ Ziel	1974	1975	1976	1977	1978	1979	1980	1981	1982	1983	1984	1985	1986	1987	1988	1989	1990	1991	1992	1993	1994	1995	1996	1997	1998
1997																									12,9
1996																								23,1	17,0
1995																							20,7	28,5	21,4
1994																						22,3	22,1	27,9	22,8
1993																					-7,4	9,1	15,9	22,9	20,5
1992																				28,8	2,1	8,4	14,0	20,3	19,0
1991																			8,5	24,4	7,2	9,7	13,9	19,2	18,3
1990																		-0,7	2,7	17,2	7,0	9,0	12,7	17,5	17,1
1989																	-22,0	2,5	2,8	13,9	6,8	8,5	11,8	16,2	16,0
1988																-0,4	-19,2	-1,2	0,4	10,3	5,4	7,2	10,3	14,4	14,6
1987															27,4	12,9	-10,0	1,0	1,5	9,5	5,5	7,0	9,8	13,6	13,9
1986														-28,6	14,4	11,7	-6,2	1,9	2,0	8,8	5,4	6,8	9,3	12,8	13,2
1985													4,6	-9,2	13,4	12,0	-2,9	3,1	2,8	8,6	5,7	6,8	9,1	12,3	12,7
1984												6,0	8,9	-1,8	13,1	12,3	-0,5	4,2	3,7	8,7	6,0	7,0	9,1	12,0	12,4
1983											33,9	15,7	13,3	3,7	14,2	13,3	2,0	5,7	4,9	9,1	6,7	7,5	9,3	12,0	12,3
1982										34,0	27,9	18,3	15,6	7,3	15,2	14,2	4,2	7,0	6,1	9,7	7,4	8,0	9,6	12,1	12,4
1981									30,4	36,4	29,9	21,8	18,5	11,0	16,9	15,8	6,6	8,8	7,6	10,7	8,5	8,9	10,3	12,5	12,8
1980								-0,5	15,7	27,6	25,9	20,8	18,4	12,1	17,1	16,0	7,8	9,6	8,5	11,2	9,1	9,4	10,6	12,7	12,9
1979							50,9	17,9	19,1	27,1	25,8	21,6	19,4	13,9	17,9	16,9	9,4	10,8	9,6	11,9	9,9	10,2	11,2	13,1	13,3
1978						-0,3	32,4	19,4	19,4	25,8	25,0	21,6	19,6	14,9	18,3	17,3	10,5	11,7	10,5	12,5	10,6	10,8	11,7	13,4	13,6
1977					-1,8	2,6	24,1	17,8	18,2	23,8	23,6	20,9	19,4	15,2	18,2	17,4	11,1	12,1	11,0	12,8	11,0	11,1	12,0	13,6	13,7
1976				-11,1	-2,5	1,6	18,3	15,3	16,3	21,4	21,6	19,7	18,6	14,9	17,7	17,0	11,3	12,2	11,1	12,8	11,2	11,2	12,0	13,5	13,6
1975			-1,5	-7,7	-2,8	0,7	14,5	13,1	14,4	19,2	19,8	18,3	17,5	14,3	16,9	16,4	11,2	12,0	11,0	12,7	11,1	11,2	11,9	13,3	13,5
1974		29,1	8,5	-1,6	-0,3	1,8	13,0	12,2	13,5	17,9	18,6	17,5	16,8	14,0	16,4	16,0	11,2	12,0	11,1	12,6	11,1	11,2	11,9	13,2	13,4
1973	-35,6	14,7	7,9	0,2	0,7	2,3	11,8	11,3	12,6	16,7	17,5	16,6	16,1	13,6	15,9	15,6	11,1	11,8	11,0	12,4	11,1	11,1	11,8	13,1	13,2

Das Renditedreieck zeigt, dass langfristiges Investieren Verluste nahezu ausschließt.[4]

Wie entscheidend das langfristige Investieren ist, verdeutlicht einmal mehr das Renditedreieck in der Abbildung auf der vorherigen Seite, das wiederum die Performance des MSCI World abbildet. Hier wird davon ausgegangen, dass du monatlich einen festen Betrag in diesen ETF investierst, also einen Sparplan hast (dazu später mehr). Jedes einzelne farbige Kästchen zeigt eine bestimmte Kombination aus Investitionsstart und -ziel. Hellgrüne Kästchen bedeuten, dass es in diesem Zeitraum einen deutlichen Gewinn gab, dunkelgrüne Kästchen (Zahlen mit Minus-Werten) stehen für Kombinationen, in denen du Geld verloren hättest. Wie du siehst, überwiegen die Kombinationen, in denen du gewinnst, deutlich, und je mehr Jahre zwischen Start und Ziel liegen, desto unwahrscheinlicher ist ein Verlust.

Schauen wir uns beispielhaft den Punkt ganz unten, ganz rechts an. Er würde besagen, dass man im Jahr 1972 angefangen und im Jahr 2022 aufgehört hat, in den MSCI World zu investieren. Die Zahl in dem Kasten gibt die durchschnittliche jährliche Rendite an. In diesem Fall hättest du also über 50 Jahre hinweg eine durchschnittliche Rendite von 9,1 Prozent erhalten. Das ist weit mehr als alles, was auf einem Sparbuch möglich gewesen wäre, und auch weit über der durchschnittlichen jährlichen Inflation.

Die ETFs auf den MSCI World

Wir haben uns jetzt erst einmal angeschaut, wie der MSCI World Index zustande kommt. Aber wie gesagt, der Index ist erst mal nur eine Auflistung oder eine Zusammenstellung und Berechnung von Unternehmen und deren Kursen. Damit wir daran partizipieren können, muss nun ein ETF auf diesen Index gebildet werden. Es gibt verschiedene Firmen, die das machen, und damit auch verschiedene Angebote für diese ETFs. Das können zum Beispiel Unternehmen wie die Schweizer Großbank UBS sein oder auch der US-amerikanische Anbieter iShares, wohinter sich der weltgrößte Vermögensverwalter BlackRock verbirgt.

Diese Firmen machen genau das, was wir am Anfang zum Thema ETFs besprochen haben. Sie bauen eine Gesellschaft auf, die diesen Index möglichst genau abbildet, und geben dann Anteile davon aus, die an der Börse gehandelt werden und die du dort kaufen kannst.

Thesaurierende Fonds

Eine wichtige Unterscheidung zwischen den verschiedenen ETFs und Fonds ist die zwischen thesaurierenden und ausschüttenden ETFs. Weißt du noch, wie man mit Aktien Geld verdienen konnte? Neben den Kursgewinnen gab es noch die Dividende. Das ist der Teil des Unternehmensgewinns, der an die Aktionäre ausgeschüttet wird. Ein ETF (ebenso wie Fonds allgemein) ist ja letztendlich Aktionär von ganz vielen Unternehmen. Ihm werden also auch Dividenden ausgeschüttet. Da der ETF dein Geld verwaltet, stehen dir diese Dividenden anteilig zu. Nun gibt es zwei Möglichkeiten, was mit diesen Dividenden passieren kann. Entweder werden sie an dich ausgeschüttet, dann bekommst du regelmäßig etwas Geld überwiesen, oder sie werden direkt wieder in den Fonds investiert (thesaurierend), sodass sich dein Anteil am ETF erhöht. Da es beim Fondssparen um den langfristigen Vermögensaufbau geht, empfehlen wir für den Anfang immer thesaurierende ETFs. So erhöhen die Dividenden dein Vermögen und du kannst langfristig vom Zinseszinseffekt profitieren, den wir bereits bei den goldenen Regeln des Investierens thematisiert haben.

Wichtig ist noch zu wissen, dass der MSCI World und die darauf basierenden ETFs natürlich nur ein Beispiel von vielen sind. Allein die Firma MSCI gibt noch diverse andere Indizes heraus, wie zum Beispiel den MSCI Europe, der, wie der Name schon sagt, Unternehmen aus 15 Ländern in Europa abbildet. Zudem gibt es den MSCI All Country World, der nicht nur Unternehmen aus 23 Industrieländern abbildet, sondern insgesamt 47 Länder umfasst. Und auch MSCI hat unzählige Konkurrenten, die Indizes erstellen, auf die es wiederum verschiedene ETFs gibt. Letztendlich macht es bei der langfristigen Geldanlage keinen großen Unterschied, in welchen ETF du investierst, solange du die goldenen Regeln beachtest.

DEIN WEG ZUM SPARPLAN

Wir hoffen, dass du die Vorteile des Investierens jetzt nachvollziehen kannst und schon richtig Lust bekommen hast, selbst damit loszulegen. Wahrscheinlich steht dir noch kein großes Vermögen zur Verfügung, das du einfach in einen Fonds investieren und für dich arbeiten lassen könntest. So geht es den meisten von uns, und trotzdem sind Fonds oder speziell ETFs eine super Sache: Du kannst sie nämlich monatlich besparen. Das heißt nichts anderes, als dass du jeden Monat einen festen Betrag, auf den du gut verzichten kannst, in einen oder mehrere bestimmte ETFs investierst und so über Monate und Jahre hinweg eine beträchtliche Summe ansparst. Grundsätzlich kannst du natürlich auch einmalig einen größeren Betrag in den ETF investieren, wenn du beispielsweise ein großes Geldgeschenk oder ein Erbe erhalten hast. Zunächst schauen wir uns aber an, wie der Abschluss eines Sparplanes ganz praktisch funktioniert.

Dabei durchläufst du vier Schritte, unabhängig davon, welche Art von Fonds du besparen möchtest:

1. Depotanbieter vergleichen,
2. Depot beantragen/legitimieren
3. ETF beziehungsweise Fonds vergleichen,
4. Sparrate festlegen und Sparplan einrichten.

1. Schritt: Depotanbieter vergleichen

Um einen ETF zu besparen, benötigst du ein Depot. Das ist sozusagen deine digitale Geldbörse, in der du deine Aktien und Fonds aufbewahrst. Depots gibt es von vielen verschiedenen Anbietern, das können sowohl Banken als auch Online-Broker sein.

Ein Depot kann grundsätzlich jeder eröffnen. Du musst lediglich mindestens 18 Jahre alt sein und ein Girokonto besitzen, über das die Ein- und Auszahlungen laufen. Wie bei allen Finanzentscheidungen gilt auch beim Depot: Vergleiche vorher die Angebote!

Wichtige Kriterien für die Auswahl eines Depots sind, dass

- der Broker dir den Service bietet, den du brauchst;
- abhängig von deinem Budget auch kleinere Sparraten (beispielsweise ab 25 Euro im Monat) möglich sind;
- du möglichst geringe (oder besser keine) Gebühren zahlen musst.

Gut zu wissen: Gebühren entstehen hauptsächlich beim einmaligen Kauf oder Verkauf von Wertpapieren. Den regelmäßigen Kauf von Anteilen in Form eines Sparplans bieten die allermeisten Depotanbieter kostenlos an.

2. Schritt: Ein Depot beantragen und sich legitimieren

Nachdem du die Depotanbieter verglichen und dich für einen entschieden hast, eröffnest du dein Depot. Das dauert meistens nur wenige Minuten. Dafür gehst du auf die Website des Depotanbieters und beginnst dort mit der Erstellung deines Accounts. Es folgen zunächst einige Fragen zu dir als Person. Der Depotanbieter ist zum Beispiel gesetzlich dazu verpflichtet abzufragen, was du beruflich machst. Wenn du diesen Fragebogen ausgefüllt hast, prüft der Anbieter im nächsten Schritt deine Identität, um sicherzustellen, dass auch wirklich du derjenige bist, der das Depot eröffnet. Dies geht in der Regel über digitale Identifikationsverfahren. Wenn du diese Schritte erfolgreich abgeschlossen hast, erhältst du die Zugangsdaten für dein Depot. Dies kann sowohl per Post als auch digital erfolgen.

3. Schritt: Fonds beziehungsweise ETF vergleichen

Jetzt geht es darum, die passenden ETFs auszuwählen. Einerseits soll es auch hier einfach bleiben, andererseits kannst du dein Investment weiter diversifizieren, wenn du nicht nur in einen ETF sparst, sondern in mehrere. Daher wäre unser Tipp, zwei bis drei Sparpläne anzulegen und den Betrag, den du jeden Monat sparen möchtest, auf diese Sparpläne zu verteilen. Wenn du also insgesamt 200 Euro im Monat sparen willst, schließt du beispielsweise zwei verschiedene Sparpläne mit einer Sparrate von jeweils 100 Euro ab.

Bei der Auswahl der ETFs solltest du auf die zwei bereits thematisierten Kriterien Diversifikation und Kosten achten. Deine ETFs sollten möglichst gut diversifiziert sein, also verschiedene Unternehmen aus verschiedenen Branchen in verschiedenen Ländern abbilden. Das ist beispielsweise mit einem ETF, der einen Welt-Index nachbildet, gewährleistet. Es kann aber auch ausreichen, wenn du einen breit gestreuten Fonds wählst, der ausschließlich in die US-amerikanische oder europäische Wirtschaft investiert.

Außerdem solltest du darauf achten, dass die Gebühren für den Sparplan niedrig sind und dass der ETF von einem bekannten und seriösen Anbieter stammt. Orientierung bieten dir ETF-Vergleiche im Internet. Wie bereits besprochen, würden wir dir für den Start auch empfehlen darauf zu achten, dass der ETF thesaurierend ist, also nicht ausschüttend. Im Anhang des Buches ab Seite 278 findest du unsere Empfehlungen für die besten Vergleichstools.

4. Schritt: Die Sparrate festlegen und den Sparplan einrichten

Wenn du in einem der Vergleichstools den oder die passenden Fonds ausgewählt hast, findest du dort die sogenannte ISIN oder WKN. Das ist sozusagen der digitale Name des Fonds. So kannst du einen Fonds immer

eindeutig identifizieren. Diese Nummer ist überall gleich, du kannst sie also aus dem Vergleichstool in dein Depot kopieren, um dort den entsprechenden Fonds auszuwählen.

Anschließend entscheidest du, wie viel Geld du in welchen Zeitabständen einzahlen möchtest. Ziel ist es, langfristig eine Sparquote von 20 Prozent zu erreichen, also monatlich insgesamt 20 Prozent deines Nettoeinkommens zurückzulegen, aufgeteilt zwischen Tagesgeldkonto und Sparplan. Wenn du es also schaffst, monatlich 10 Prozent in Sparpläne einzuzahlen, ist das super – du kannst einen ETF aber auch schon mit kleineren Beträgen von zum Beispiel 25 Euro im Monat besparen. Wichtig ist, wie bereits thematisiert, dass du einen Betrag wählst, auf den du längere Zeit verzichten kannst.

Zuletzt entscheidest du über den Zeitpunkt und die Häufigkeit der Sparplanausführung. Am besten wählst du einen monatlichen Rhythmus und eine Ausführung zum Monatsanfang. Betrachte deine Sparrate dann einfach als feste monatliche Ausgabe. Jetzt musst du nur noch angeben, mit welchem Geld der Kauf getätigt werden soll – mit deinem eingezahlten Depotguthaben oder per Abbuchung von deinem Girokonto. Wenn du das alles ausgewählt hast, gelangst du mit einem weiteren Klick zur abschließenden Bestätigung, wo du noch einmal eine Übersicht über deinen Auftrag erhältst, und damit hast du deinen ersten eigenen Sparplan erstellt. Natürlich kannst du ihn jederzeit anpassen oder pausieren, aber je kontinuierlicher du sparst, desto größer ist der Effekt.

Hoffentlich hast du an diesem Beispiel gesehen, wie einfach es ist, einen Sparplan einzurichten. Es gibt also keine Ausrede mehr, dass es zu kompliziert sei. Man muss auch keine Angst haben, etwas falsch zu machen, zumal dir die Online-Vergleichstools die Hauptarbeit, nämlich das Vergleichen und Prüfen der Angebote, zu einem großen Teil abnehmen. Noch mal: In welchen Fonds genau du sparst, ist gar nicht so wichtig, solange er breit gestreut, seriös und kostengünstig ist. Lass dich hier also nicht von der Auswahl erschlagen. Hauptsache, du fängst an!

Für wen ein ETF-Sparplan nicht geeignet ist

Der ETF-Sparplan gehört zu unserem finanziellen Werkzeugkasten und damit zu den wichtigsten Bausteinen, um mit den eigenen Finanzen optimal aufgestellt zu sein. Das gilt zumindest für die meisten von uns, vor allem, um für das Alter zu sparen (was jeder tun sollte) oder langfristig Vermögen aufzubauen. Allerdings gibt es auch Situationen oder Lebensumstände, in denen es nicht sinnvoll ist, einen Sparplan abzuschließen. Um das zu verdeutlichen, schauen wir uns die Finanztreppe in der folgenden Abbildung an.

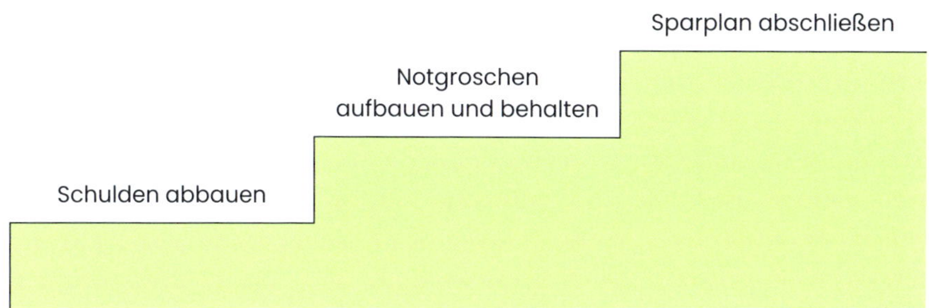

Finanztreppe

Die Treppe soll an eine allgemeine Lebensweisheit erinnern: Gehe einen Schritt nach dem anderen. Das gilt auch für unsere Finanzen. Wenn wir Stufe für Stufe gehen, verringern wir die Gefahr zu stolpern. Der erste Schritt ist immer die Rückzahlung aller Schulden. (Das gilt insbesondere für alle Formen von Konsumentenkrediten. Eine Ausnahme sind Immobilienfinanzierungen.) Wir haben uns bereits ausführlich mit den Kosten und Gefahren von Schulden beschäftigt. Es gibt kaum etwas Belastenderes, als eine Schuldenlast mit sich herumzuschleppen. Solange du Schulden hast, ist es nicht sinnvoll, Geld, das du bräuchtest, um diese abzuzahlen, in einen Sparplan zu investieren. Ziel sollte es

sein, diese zunächst vollständig zu tilgen. Erst dann folgt der nächste Schritt.

Dies ist der Aufbau eines Notgroschens auf deinem Tagesgeldkonto. Dieser ist absolut notwendig, um die finanziellen Risiken des Alltags abzudecken. Es bringt nichts, wenn du einen Sparplan hast, dir das Geld, das du dort einzahlst, am Ende des Monats aber fehlt und du auf deinen Notgroschen zurückgreifen musst. In einem solchen Fall kannst du zunächst prüfen, ob du unnötige Ausgaben reduzieren kannst (zum Beispiel Abos, die du nicht brauchst). Wenn das nicht ausreicht, solltest du deinen ETF-Sparplan reduzieren oder pausieren.

Ein weiterer Grund, warum ein ETF unter Umständen nicht für dich dran ist, kann sein, dass du absehen kannst, dass du dein Erspartes in den nächsten Jahren benötigst, beispielsweise um eine Anzahlung auf das Eigenheim zu leisten. Wir haben gesehen, dass in der Vergangenheit erst nach 15 Jahren das Risiko von Verlusten ausgeschlossen werden konnte. Wenn du heute Geld investierst, von dem du weißt, dass du es in fünf Jahren benötigst, kann es sein, dass du gezwungen bist, deine Anteile mit Verlusten zu verkaufen. Das wollen wir vermeiden.

Der letzte Punkt ist psychologischer Natur. Es wird oft gesagt, dass die meisten Menschen aus psychologischen Gründen an der Börse scheitern. Das liegt entweder daran, dass man zu gierig wird und deshalb ein zu hohes Risiko eingeht (Stichwort Investition versus Spekulation) und dadurch alles verliert. Oder genau das Gegenteil ist der Grund: Man wird durch Angst dazu verleitet, falsche Entscheidungen zu treffen. Dazu muss man sich über zwei Dinge im Klaren sein: Investitionen in Aktien und Fonds unterliegen stetigen Schwankungen. Es wird also mit ziemlicher Sicherheit der Punkt kommen, an dem dein Geld weniger wert ist als zum Zeitpunkt der Investition. Diese Schwankungen können sowohl umfangreich sein als auch lange Zeit anhalten. Diese vermeintlichen Verluste sind zunächst kein Problem. Du behältst weiterhin die Anteile an den Fonds und damit auch an den Unternehmen, sie sind nur zwi-

schenzeitlich weniger wert. Verluste werden erst dann zum Problem, wenn du sie realisierst, also aus Angst, noch mehr zu verlieren, deine Anteile verkaufst, obwohl sie gerade weniger wert sind als beim Kauf. Das Schwankungsrisiko wird durch die Langfristigkeit reduziert, also durch die Möglichkeit, Tiefphasen auszuhalten und abzuwarten, bis es wieder aufwärts geht. Hier musst du ehrlich zu dir selbst sein. Investiere nur in Fonds, wenn du dir zutraust, diese Tiefphasen auszuhalten, ohne aus Panik zu verkaufen. Wenn du dich beim Gedanken an diese Schwankungen unwohl fühlst, ist der ETF-Sparplan vielleicht nicht dein Mittel der Wahl.

5 WIE FINANZIERE

Die Erkenntnis, dass das Leben teuer ist, hatte ich kurz nach meinem Schulabschluss. Bis dahin war mir und den meisten meiner Freunde das nicht wirklich bewusst gewesen.

Ich hatte als Kind etwas Taschengeld bekommen. Das waren maximal 20 Euro im Monat. Da waren die 100 Euro, die ich zum Geburtstag bekam, schon viel Geld. Dieses Gefühl, dass man sich mit 100 Euro schon richtig was leisten kann, hielt sich relativ lange – ziemlich genau bis zu dem Zeitpunkt, an dem ich anfing, darüber nachzudenken, was es eigentlich kostet, zum Studieren auszuziehen.

Ich wollte nach der Schule unbedingt ausziehen, eine eigene Wohnung haben und selbst entscheiden, wo und wie ich lebe. Ich dachte, das müsste doch möglich sein, aber dann fing ich an, Preise zu recherchieren. Da war der Optimismus schnell verflogen. Die Kaltmiete für eine einfache Wohnung in der nächstgrößeren Stadt lag bei 400 Euro. Dazu kamen noch knapp 100 Euro Nebenkosten und Dinge, die ich anfangs gar nicht auf dem Schirm hatte: 35 Euro fürs Internet und 50 Euro für Strom. Im Gespräch mit älteren Freunden, die schon allein lebten, erfuhr ich, dass ich für Lebensmittel weitere 200 Euro im Monat rechnen müsste. Als ich dann alles zusammenrechnete, wurde mir schnell klar, dass das Alleinleben direkt mit mehreren Hundert Euro Kosten verbunden sein würde – und das monatlich. Dagegen wirkten die 100 Euro Geburtstagsgeschenk wie ein Tropfen auf den heißen Stein.

Ich ließ mich davon einschüchtern. Da mir klar war, dass meine Eltern nicht in der Lage gewesen wären, mich großartig zu unterstützen, habe ich meine Pläne erst einmal verworfen und blieb zu Hause wohnen.

Im Nachhinein war das ein großer Fehler. Das Leben ist teuer. Gerade der Umzug in eine neue Stadt kann einen vor finanzielle Herausforderungen stellen, aber andere schaffen es ja auch, die Kosten irgendwie zu stemmen. Es ist möglich und vor allem lohnt es sich!

Es gibt unzählige Möglichkeiten, sich den Start in ein eigenständiges Leben zu finanzieren. Darauf werden wir in diesem Kapitel eingehen, damit du dich von den finanziellen Herausforderungen nicht erschlagen fühlst, sondern ihnen entschlossen entgegentrittst.

WAS KOSTET DAS LEBEN?

Angriff ist bekanntlich die beste Verteidigung. Daher ist es sinnvoll, sich zunächst bewusst zu machen, wie viel Geld man als junger Erwachsener benötigt. Unsere Rechenbeispiele beziehen sich zum Großteil auf Studierende, können aber weitgehend auf Auszubildende übertragen werden.

Das Bundesministerium für Bildung und Forschung (BMBF) hat 2021 eine Befragung von Studierenden durchgeführt[5], die ergeben hat, dass Studierende durchschnittliche monatliche Kosten von 842 Euro haben. Hier gilt es allerdings zu berücksichtigen, dass die Befragung vor der verstärkten Inflation der letzten Jahre stattfand und auch Studierende berücksichtigt wurden, die zu Hause leben und damit deutlich geringere Kosten haben. Allgemein wird von Beträgen zwischen 600 Euro und 1.300 Euro pro Monat gesprochen, mit denen Studierende rechnen sollten. Alle Beträge sind daher nur Näherungswerte, um ein Gefühl für die verschiedenen Kostenarten zu bekommen. Der tatsächliche Bedarf ist natürlich stark vom individuellen Konsum, den Lebensumständen und auch der Stadt, in der man lebt, abhängig.

Ausgaben lassen sich in fixe und variable Kosten unterteilen. Fixe Kosten sind Ausgaben, die jeden Monat unabhängig von deinem Verhalten anfallen. Dazu gehören zum Beispiel die Miete, Wohnnebenkosten, Abos, Internetverträge und unter Umständen Versicherungen. Variable Kosten sind die Kosten, die jeden Monat variieren, zum Beispiel für Freizeit, Reisen und Kleidung.

In der folgenden Aufzählung findest du die wichtigsten Kostenblöcke und eine ungefähre Größenordnung, womit du für jede Kategorie rechnen kannst. Sowohl die Kostenarten als auch die geschätzten Werte variieren natürlich stark von Person zu Person und stellen daher nur Richtwerte dar.

Fixkosten:

- Kaltmiete (200-700 Euro)
- Nebenkosten (50-150 Euro)
- Strom (30-80 Euro)
- Kranken-/Pflegeversicherung (0-125 Euro)
- Rundfunkbeitrag (GEZ) (18,36 Euro)
- Handy/Internet (25-60 Euro)
- Versicherungen (10-30 Euro)
- Abos (Netflix, Spotify) (10-30 Euro)
- Freizeit (zum Beispiel Fitnessstudio) (0-45 Euro)
- Semesterbeitrag (20-70 Euro)
- Transportkosten im ÖPNV (0-50 Euro)

Variable Kosten:

- Lebensmittel (130-250 Euro)
- Drogerie/Friseur (10-30 Euro)
- Haushaltsbedarf (5-20 Euro)
- Shopping (20-100 Euro)
- Freizeit, Kultur und Sport (40-80 Euro)
- Studienbedarf (20-60 Euro)
- Sonstiges (50 Euro)

Bei der Aufschlüsselung der Kosten zeigt sich erwartungsgemäß, dass die Mietkosten inklusive Nebenkosten den größten Anteil bilden. Diese

betragen laut der Umfrage des BMBF bei Studierenden im Durchschnitt 410 Euro und machen damit fast die Hälfte der Gesamtausgaben aus, Tendenz steigend, denn aktuellere Zahlen sprechen bereits von durchschnittlich 472 Euro.[6] Es folgen die Kosten für Ernährung mit knapp 200 Euro und Gesundheitskosten mit 100 Euro. Mehr zu den Kosten für Krankenversicherung und Wohnen erfährst du in den Kapiteln 6 und 7.

Wichtig zu wissen ist, dass diese Durchschnittswerte nur eine grobe Orientierung geben, aber konkret für deine eigene Situation zunächst wenig Aussagekraft haben. Zum Beispiel bei der Miete kann dein individueller Wert deutlich von diesem Durchschnitt abweichen. In der derzeit teuersten Stadt, München, kostete ein WG-Zimmer 2023 durchschnittlich 720 Euro im Monat. In den günstigsten Studentenstädten wie Chemnitz kostete ein vergleichbares Zimmer weniger als 300 Euro. Es ist also ein entscheidender Faktor, wo man wohnt.

Auch bei anderen Ausgaben können die Unterschiede enorm sein. Wenn du regelmäßig ins Restaurant gehst und Wert auf qualitativ hochwertige Lebensmittel legst, sind deine Ausgaben für Lebensmittel natürlich deutlich höher, als wenn du immer selbst kochst und im Discounter einkaufst.

Um deinen individuellen Bedarf zu ermitteln, bietet sich eine sogenannte Haushaltsrechnung an. Das ist zunächst einmal nichts anderes als eine Gegenüberstellung von Einnahmen und Ausgaben. Grundsätzlich kann man die Haushaltsrechnung in beide Richtungen erstellen. Du kannst also berechnen, was deine Einnahmen sind, und das Budget dann auf die verschiedenen Ausgabenarten aufteilen. Es geht aber auch umgekehrt, also dass du erst deine Ausgaben zusammenrechnest und dann schaust, wie du das benötigte Budget zusammenbekommst. In der Realität wird es wahrscheinlich eine Mischung aus beidem sein: Du berechnest, wie viel Geld du zur Verfügung hast, überschlägst deine Ausgaben und findest so heraus, wie viel du noch zusätzlich benötigst.

So stellst du deine Haushaltsrechnung auf

1. Ausgaben berechnen: Rechne alle Ausgaben zusammen, die monatlich bei dir anfallen. Wenn du deine zukünftigen Kosten berechnen möchtest, ist es möglicherweise nötig, online etwas zu recherchieren, wie das Preisniveau, vor allem von Wohnungsmieten, in einer bestimmten Stadt ist. So bekommst du schnell ein Gefühl für die Preise vor Ort.

2. Nachdem du all diese Werte in deine Rechnung eingetragen hast, solltest du überlegen, ob du noch größere Ausgaben hast, die du bisher nicht berücksichtigt hast. Das könnte zum Beispiel der Fall sein, wenn du bereits ein eigenes Auto besitzt. Wichtig ist, dass du bei der Haushaltsrechnung ehrlich zu dir selbst bist. Es bringt nichts, wenn du deine Ausgaben hier schönrechnest.

3. Sparrate und Puffer berücksichtigen: Eine der Kernaussagen des letzten Kapitels war, monatlich einen fixen Betrag, am besten 10 Prozent deines Budgets, zu sparen. Berücksichtige auch diesen Betrag in deiner Haushaltsrechnung.

4. Wenn du nun die Summe aller Kostenblöcke addierst, hast du den ungefähren Betrag, den du monatlich benötigst. Es ist ratsam, einen Puffer von weiteren 10 Prozent einzuplanen. Es passiert nämlich schnell, dass man die Ausgaben unterschätzt. Außerdem steigen die Preise durch die Inflation ständig. Wenn du also Gesamtausgaben von 1.000 Euro hast, solltest du zunächst 100 Euro als Sparrate hinzurechnen. Zu diesen 1.100 Euro kommt dann ein Puffer in Höhe von 110 Euro hinzu. Dein monatlicher Bedarf würde dann 1.210 Euro betragen.

5. **Finanzierungsmöglichkeiten prüfen:** Jetzt gilt es zu schauen, welches Geld dir monatlich zur Verfügung steht und welche Möglichkeiten du hast, eine mögliche Finanzierungslücke zu stopfen (dazu später mehr im folgenden Abschnitt). Wenn deine Ausgaben dein monatliches Budget übersteigen, solltest du dir folgende Fragen stellen:

    - Welche Möglichkeiten hast du, dein monatliches Budget zu erhöhen (Nebenjob, Studienkredit …)?
    - Welche Kosten könntest du einsparen (Abos, Fitnessstudio …)?

6. Wenn beides nicht ausreichen sollte: Kannst und möchtest du deine Sparrate beziehungsweise deinen Puffer reduzieren? Dies sollte aber immer nur der letzte Schritt sein. Versuche dabei, deine Sparrate nie auf 0 zu setzen. Es ist besser, jeden Monat 25 Euro zu sparen als gar nichts.

Die Haushaltsrechnung selbst hat neben dem Aspekt, dass sie dir hilft, den Bedarf beziehungsweise die Ausgabemöglichkeiten zu berechnen, noch eine weitere wichtige Funktion: Sie schafft Accountability (»Rechenschaft«) dir selbst gegenüber. Denn du solltest deine Haushaltsrechnung nicht als einmaliges Projekt ansehen, sondern als regelmäßige Begleiterin, um Kontrolle und einen Überblick über deine Finanzen zu er- und behalten. Denn das ist im Alltag häufig gar nicht so leicht. Zu groß sind die Verlockungen, ungeplant Geld auszugeben. Wenn du deine Haushaltsrechnung regelmäßig machst, kannst du abgleichen, inwiefern du dich in den vergangenen Monaten an deinen ursprünglichen Plan halten konntest und überlegen, welche Anpassungen aufgrund deiner tatsächlichen Ausgaben und Einnahmen sinnvoll sind. Wenn du feststellst, dass du in einer Kategorie deutlich mehr ausgibst als geplant, solltest du dich zunächst fragen, ob du in der ursprünglichen Rechnung etwas außer Acht gelassen hast. Gibt es keinen guten Grund für die Mehrausgaben, solltest

Die umgekehrte Haushaltsrechnung

Bei der umgekehrten Haushaltsrechnung geht es eher darum, Kontrolle über die eigenen Ausgaben zu haben und dein Einkommen so aufzuteilen, dass du sozusagen ein Budget für jede Kostenart beschließt. Das ist bei einem sowieso schon knappen Einkommen weniger sinnvoll, weil du wahrscheinlich einfach froh bist, wenn es dir gelingt, dein Geld so zu verteilen, dass du gut davon leben kannst. Weitere Restriktionen solltest du dir da nicht auferlegen. Aber wenn du in einen Vollzeitjob startest und ein volles Gehalt verdienst, kannst du auch diesem Vorgehen folgen.

Dafür addierst du zunächst alle Einnahmen. Anschließend verteilst du deine Einnahmen auf die verschiedenen Kostenarten. Ein verbreiteter Ansatz ist die sogenannte 50-30-20-Regel. Diese besagt, dass du maximal 50 Prozent des Einkommens für alle Fixkosten (Miete, Nebenkosten, Versicherungen), 30 Prozent für Freizeitgestaltung, Hobbys, Sport, Kleidung, etc. ausgeben und 20 Prozent sparen solltest. Alltägliche Ausgaben wie Lebensmittel und Körperpflege zählen in diesem Modell zu den Fixkosten. Die Warmmiete (also Miete inklusive Nebenkosten) sollte wiederum bestenfalls maximal 30 Prozent des Monatseinkommens betragen.

Anhand dieser Richtwerte kannst du den verschiedenen Kostenkategorien jetzt Summen zuordnen, die du in etwa monatlich für diese Bereiche ausgeben möchtest. So hast du dann am Ende wieder eine vollständige Haushaltsrechnung.

du versuchen, in dieser Ausgabenkategorie etwas disziplinierter zu sein oder Budget von einer Kategorie, in der du weniger ausgegeben hast, auf diese Kostenkategorie aufzuschlagen. Grundsätzlich kann dieses Vorgehen durchaus kurzfristigen Verzicht erfordern. Langfristig gibt es aber kaum ein besseres Gefühl, als seine Finanzen im Griff und keine finanziellen Sorgen zu haben.

WELCHE FINANZIERUNGSMÖGLICHKEITEN GIBT ES?

Was also tun, wenn du nun deine Haushaltsrechnung aufgestellt hast und sich eine Finanzierungslücke ergibt? Tatsächlich gibt es viele verschiedene Möglichkeiten, sein Leben als junger Mensch zu finanzieren, wenngleich auch nicht alle Optionen für jeden infrage kommen. Grob kann man die Finanzierungsmöglichkeiten in vier Kategorien unterteilen:

- Eltern,
- Förderungen und Stipendien,
- Nebenjob,
- Kredite.

Eltern – die ersten Ansprechpartner

Die für viele vielleicht naheliegendste Möglichkeit ist, zunächst mit den Eltern zu sprechen, inwieweit sie bereit oder in der Lage sind, dich finanziell zu unterstützen. Wir empfehlen dir, dieses Thema rechtzeitig (am besten noch vor deinem Schulabschluss) und in Ruhe anzusprechen. Ihr könnt euch deine Haushaltsrechnung gemeinsam anschauen und dann überlegen, mit welchem Betrag sie dich monatlich unterstützen wollen und können. Da deine Eltern viel mehr Lebenserfahrung haben, können sie dir sicher auch wertvolle Tipps geben, wie du deine Haushaltsrechnung realistisch gestalten kannst.

Eines der Ziele dieses Buches ist es, eine Kultur zu schaffen, in der offen über Geld gesprochen wird. Dieses Gespräch könnte der Anfang dafür in deiner Familie sein. Das Ergebnis dieses Gesprächs kann natürlich sehr unterschiedlich ausfallen und hängt oft nicht nur vom Willen, sondern auch von den Möglichkeiten deiner Eltern ab. Manche Eltern haben rechtzeitig begonnen, für das Studium oder die Ausbildung ihrer Kinder

zu sparen und können sie daher vielleicht in größerem Maße unterstützen. Auch wenn deine Eltern nicht in der Lage sein sollten, einen umfangreichen Beitrag zu deinem Monatsbudget zu leisten, hast du noch einige andere Optionen, dein Budget aufzubessern.

Eine Sache, über die ihr auf jeden Fall sprechen solltet, ist das Kindergeld. Das ist eine staatliche Leistung, die Eltern in Deutschland monatlich erhalten. Das Kindergeld beträgt derzeit 250 Euro im Monat. Grundsätzlich besteht ein Anspruch auf Kindergeld bis zur Vollendung des 18. Lebensjahres. In den meisten Fällen kann er aber bis zum 25. Geburtstag verlängert werden, insbesondere wenn du studierst oder eine Ausbildung machst. Dafür müssen deine Eltern der Kindergeldkasse lediglich einen Nachweis über deine Ausbildung vorlegen (zum Beispiel die Immatrikulationsbescheinigung). Wenn du nicht mehr zu Hause wohnst, hast du selbst Anspruch auf Kindergeld. Du kannst und solltest also deine Eltern bitten, dir ab deinem Auszug das Kindergeld zu überweisen.

Förderungen und Stipendien

Die zweite Kategorie der Finanzierungsmöglichkeiten sind Stipendien und Förderungen. Dafür muss man sich meistens bewerben oder bestimmte Kriterien erfüllen.

BAföG – die bekannteste Förderung

BAföG ist die Abkürzung für das »Berufsausbildungsförderungsgesetz«, das die Grundlage für diese Form der staatlichen Unterstützung bildet. Es wurde ins Leben gerufen, um junge Menschen bei der Finanzierung ihrer Ausbildung (vor allem dem Studium, aber auch dem Schulabschluss) zu unterstützen und richtet sich vorrangig an Personen, deren Eltern nicht in der Lage sind, eine angemessene Unterhaltszahlung zu leisten. BAföG ist eine Mischung aus Zuschuss (Geld, das man quasi geschenkt

Unterhaltspflicht

Wenn deine Eltern getrennt leben, hattest du höchstwahrscheinlich schon mit dem Thema Unterhalt zu tun. In Deutschland sind aber nicht nur getrenntlebende, sondern alle Eltern verpflichtet, für den Unterhalt ihrer Kinder aufzukommen. In der Regel geschieht das natürlich über Sachleistungen, indem sie dir ein Zuhause geben und dich mit allem versorgen, was du brauchst. Die Unterhaltspflicht gilt aber auch über deinen Auszug von zu Hause hinaus. Konkret heißt das, deine Eltern sind verpflichtet, deine Schul- und Berufsausbildung zu finanzieren. Im Gegenzug können sie von dir erwarten, dass du dein Studium oder deine Ausbildung zielstrebig und zügig absolvierst und sie regelmäßig über deinen Studienfortschritt informierst. Während sich der Unterhaltsanspruch, solange du noch bei einem Elternteil lebst, nach dem Einkommen des anderen Elternteils richtet, gibt es für Kinder, die nicht mehr zu Hause leben, einen festen Bedarfssatz, unabhängig vom Einkommen der Eltern. Dieser liegt bei 930 Euro.

Wichtig ist, dass der Unterhalt auch weiterhin in »Naturalien« geleistet werden kann. Wenn deine Eltern dir also eine Wohnung oder Lebensmittel zur Verfügung stellen, mindert das den Betrag, der dir zusteht.

Das Unterhaltsrecht gilt auch, wenn du dich für eine Ausbildung entscheidest. Allerdings wird dann deine Ausbildungsvergütung, abzüglich einer Fahrtkostenpauschale von 50 Euro und einer allgemeinen Pauschale von 100 Euro, berücksichtigt. Wenn du also zum Beispiel einen tatsächlichen Unterhaltsanspruch von 930 Euro hast, eine Ausbildungsvergütung von 500 Euro erhältst, sieht die Rechnung so aus:

Tatsächlicher Unterhaltsanspruch = 930 Euro Unterhaltsanspruch - (500 Euro Gehalt - 50 Euro Fahrtkostenpauschale – 100 Euro allgemeine Pauschale) = 580 Euro

Der Unterhaltsanspruch gilt zudem auch für ein Masterstudium, zumindest wenn dieses auf dem Bachelorstudium aufbaut.

Bei einem Zweitstudium und auch bei einer Promotion besteht dann kein Unterhaltsanspruch mehr.

Auch ein einmaliger Studienwechsel bis zum zweiten oder dritten Semester wirkt sich nicht negativ auf den Unterhaltsanspruch aus. Bei einer Weltreise, einem Au-pair-Jahr oder einem andersartigen Gap-Year besteht hingegen kein Anspruch. Das Kindergeld wird vollständig angerechnet, wenn du es bekommst, ebenso wie ein Nebenjob unter bestimmten Umständen.

Aber was bedeutet das nun für die Finanzierung deines Studiums? Tatsächlich ist die Sache etwas komplizierter, als es auf den ersten Blick scheint. Es geht nämlich um das Verhältnis zwischen dir und deinen Eltern. Im schlimmsten Fall kannst du diesen Anspruch zwar juristisch durchsetzen, aber das sollte natürlich nicht das Ziel sein, da es die Beziehung zu den eigenen Eltern belasten würde. Du solltest die Zahlen daher eher als Richtwerte ansehen.

bekommt) und Darlehen (Geld, das zu einem späteren Zeitpunkt zurückgezahlt werden muss).

Du kannst BAföG online beantragen und dich dort auch genauer darüber informieren. Wenn du das lieber vor Ort machen möchtest, ist das BAföG-Amt, das beim Studierendenwerk einer jeden Hochschule angegliedert ist, der richtige Ansprechpartner. Um BAföG zu bekommen, musst du einen umfangreichen Fragebogen ausfüllen, in dem vor allem die finanzielle Situation von dir und deinen Eltern geprüft wird. Gerade wenn deine Eltern gut verdienen oder du selbst schon ein gewisses Vermögen hast, kann es sein, dass du keinen Anspruch auf BAföG hast. Unter bestimmten Umständen wird deine BAföG-Berechtigung unabhängig von deinen Eltern geprüft. Das gilt vor allem dann, wenn du vor deinem Studium eine berufsqualifizierende Ausbildung abgeschlossen hast oder bereits einige Jahren berufstätig warst.

Neben den finanziellen Kriterien ist es notwendig, dass du an einer staatlichen oder staatlich anerkannten Hochschule studierst und dein Studium in der Regelstudienzeit abschließt. Andernfalls musst du eine Verlängerung beantragen, die nicht immer, aber doch häufig genehmigt wird. Wenn du alle Kriterien erfüllst, ist BAföG eine sehr attraktive Möglichkeit, dein Studium zu finanzieren. Wie viel BAföG du am Ende tatsächlich bekommst, hängt von deiner konkreten finanziellen Situation ab, also zum Beispiel davon, wie umfangreich dich deine Eltern bereits unterstützen, ob du allein wohnst oder wie viel dein Partner verdient (wenn du verheiratet bist). Der durchschnittliche BAföG-Satz lag 2022 bei etwa 600 Euro monatlich, der Höchstsatz beträgt aktuell 934 Euro. Es kann also einen großen Unterschied machen, wenn du BAföG erhältst, auch wenn es in den meisten Fällen nicht ausreicht, um alle Kosten zu decken.

Unter folgendem Link kannst du dir vorab einen Überblick verschaffen, ob und wie viel BAföG du ungefähr bekommst: https://www.bafoeg-rechner.de/Rechner/

Es ist also gar nicht so einfach, BAföG zu bekommen, aber wenn du berechtigt bist, ist es eine gute Unterstützung. Das liegt vor allem an der anfangs beschriebenen Rückzahlungsregelung. Am Ende deines Studiums wird nämlich zusammengerechnet, wie viel BAföG du insgesamt bekommen hast. Mindestens die Hälfte davon erhältst du als Zuschuss, also vom Staat geschenkt. Die andere Hälfte ist ein zinsloses Darlehen. Du musst das Geld also wie bei einem Kredit zurückzahlen, zahlst jedoch keine Zinsen. Eine weitere sinnvolle Einschränkung ist, dass du nie mehr als 10.010 Euro zurückzahlen musst. Damit ist das BAföG deutlich günstiger als alle Formen der Studienfinanzierung, die über einen klassischen Kredit laufen. Wir empfehlen dir daher, bei der Planung deines Studiums auf jeden Fall zu prüfen, ob BAföG für dich infrage kommt.

Stipendium – ein Zuschuss ohne Rückzahlung

Annas Erfahrung: Trau dich!

Inspiriert durch meine freie Mitarbeit bei einer Lokalzeitung wollte ich gern Journalistin werden. Kurz vor meinem Abi stieß ich dann auf ein Stipendium, das sich speziell an journalistisch interessierte Studierende richtete. Bei einem allgemeinen Stipendium hätte ich mich sicher nicht beworben, weil ich gedacht hätte, meine Noten seien im Vergleich zu vielen anderen zu schlecht und meine Persönlichkeit vielleicht auch nicht interessant genug, um ein Stipendium zu erhalten. Weil dieses spezielle Programm aber so gut zu meinen Interessen passte, traute ich mich. Viele Bewerbungsrunden später bekam ich die Nachricht, als Stipendiatin aufgenommen worden zu sein. Ich freute mich riesig, nicht nur über die finanzielle Unterstützung, die ich dadurch erhielt, sondern viel mehr noch über die Möglichkeiten, die sich mir damit eröffneten. Ich erhielt begleitend zum Studium in den Semesterferien eine abwechslungsreiche journalistische Ausbildung und traf im Rahmen dessen viele spannende und ähnlich tickende Menschen, die zum Teil zu guten Freunden wurden – oder sogar zum Ehemann, denn Lorenzo und ich haben uns über das Begabtenförderungswerk kennengelernt.

Vielleicht denkst du beim Thema Stipendium auch direkt: Das ist nichts für mich. Tatsächlich geht es vielen so, dass sie denken, nicht gut genug für ein Stipendium zu sein, denn viele Programme haben sich der sogenannten Begabtenförderung verschrieben. Schulische Leistungen spielen also durchaus eine Rolle, es gibt aber auch Programme, bei denen der Fokus auf anderen Fähigkeiten wie Sportlichkeit oder Musikalität liegt. Und außerdem unterschätzt man sich häufig selbst. Deswegen möchten wir dir Mut machen, dich durchaus einmal mit dem Thema zu beschäftigen und dich zu informieren, ob es Programme gibt, die zu dir passen.

Ein Stipendium ist zunächst nichts anderes als ein Geldbetrag, den du von einer bestimmten Institution zur Finanzierung deines Studiums erhältst. Im Gegensatz zum BAföG ist ein Stipendium immer ein reiner Zuschuss und kein Darlehen. Du musst also später nichts zurückzahlen.

Grundsätzlich gibt es eine große Auswahl an verschiedenen Stipendien, die sich wiederum an verschiedene Personengruppen richten können. Wir konzentrieren uns hier auf die beiden bekanntesten und wohl für die meisten relevantesten, nämlich zum einen das Deutschlandstipendium und zum anderen die Stipendien der 13 großen Begabtenförderungswerke.

Die Begabtenförderungswerke sind Institutionen, meist Stiftungen, die jeweils eine bestimmte weltanschauliche oder politische Ausrichtung haben. Beispiele sind die Konrad-Adenauer-Stiftung, die eng mit der CDU verbunden ist, oder die Studienstiftung der deutschen Wirtschaft, die von den Arbeitgeberverbänden, also den Vertretungen der Unternehmen, unterstützt werden. Sie alle haben sich zum Ziel gesetzt, junge Menschen zu fördern, die mit ihren Werten übereinstimmen und besonders leistungsfähig sind. Dazu erhalten die Förderwerke Mittel aus dem Bundeshaushalt, die sie in Form eines Stipendiums an die geförderten Studierenden weitergeben.

Die Stipendiumszahlungen der Begabtenförderungswerke orientieren sich zunächst an der BAföG-Berechnung. Die Stipendiaten, die BAföG-Anspruch hätten, erhalten den entsprechenden Satz dann nicht mehr direkt vom Staat, sondern vom jeweiligen Förderungswerk. Im Gegensatz zum BAföG müssen sie davon aber wie gesagt nichts zurückzahlen. Zusätzlich bekommt jeder Stipendiat 300 Euro im Monat, also auch diejenigen, die keinen Anspruch auf BAföG hätten. Das macht Stipendien finanziell noch einmal deutlich lukrativer als das BAföG.

Zudem erhältst du neben der finanziellen eine ideelle Förderung. Du wirst zu Veranstaltungen und Seminaren eingeladen, bei denen du andere Stipendiaten triffst, dir Fähigkeiten aneignest und Wissen vermittelt bekommst. All das soll natürlich deiner zusätzlichen Berufsqualifikation dienen und deine Chancen auf einen guten Job erhöhen.

Um das Stipendium zu bekommen, musst du dich bei den jeweiligen Förderungswerken bewerben. Da es 13 verschiedene Förderungswerke gibt, sollte da für jeden etwas Passendes dabei sein. Wenn du dich beispielsweise nicht mit der CDU identifizieren kannst, kannst du das Förderungswerk einer anderen politischen Partei wählen. Wenn du besonders von deinem Glauben geprägt bist, kannst du dich bei den Förderungswerken der verschiedenen Konfessionen bewerben.

BEGABTENFÖRDERUNGSWERK	AUSRICHTUNG
Avicenna-Studienwerk	Muslimisch
Cusanuswerk	Katholisch
Ernst Ludwig Ehrlich Studienwerk (ELES)	Jüdisch
Evangelisches Studienwerk e.V. Villigst	Evangelisch
Friedrich-Ebert-Stiftung (FES)	Sozialdemokratisch (SPD-nah)
Friedrich-Naumann-Stiftung für die Freiheit	Liberal (FDP-nah)
Hanns-Seidel-Stiftung	Christlich-sozial (CSU-nah)
Hans-Böckler-Stiftung	Gewerkschaftlich (deutscher Gewerkschaftsbund)
Heinrich-Böll-Stiftung	Grün/ökologisch (Bündnis90/Die Grünen-nah)
Konrad-Adenauer-Stiftung (KAS)	Christlich-demokratisch (CDU-nah)
Rosa-Luxemburg-Stiftung	Links (Die Linke-nah)
Stiftung der Deutschen Wirtschaft (sdw)	Wirtschaftsnah (Unternehmensverbände)
Studienstiftung des deutschen Volkes	Demokratisch-vielfältig

Suche dir also zunächst ein Begabtenförderungswerk aus, das zu dir passt. Dabei geht es nicht um einen perfekten Fit, sondern darum, dass du dich mit den Grundwerten identifizieren kannst. Du musst zum Beispiel nicht Mitglied einer Partei sein, um dich bei den politischen Stiftungen zu bewerben.

Die meisten Förderungswerke haben jedes Jahr zwei Bewerbungsphasen, eine zum Sommer- und eine zum Wintersemester. Dafür musst du zunächst eine recht ausführliche Bewerbung schreiben. Auf dieser Grundlage wird eine Vorauswahl getroffen. Wenn du mit deiner schriftlichen Bewerbung überzeugst, wirst du in der Regel zu einer Auswahltagung eingeladen, bei der du auf andere Bewerber triffst und eine Auswahlkommission dich besser kennenlernen will. Wie genau diese Veranstaltung abläuft, variiert etwas von Förderwerk zu Förderwerk. Grundsätzlich kommt es neben guten Leistungen in der Schule oder im Studium oft auch auf dein außerschulisches Engagement an. Es ist also ein großer Pluspunkt, wenn du dich sozial engagierst.

Neben den Stipendien der Förderungswerke gibt es das Deutschlandstipendium, das direkt von deiner Hochschule vergeben wird. Im Gegensatz zu den oben beschriebenen Stipendien gibt es hier keinen BAföG-Anteil, sondern nur die 300 Euro, dafür lässt es sich aber mit BAföG kombinieren. Diese Förderung läuft in der Regel nur für einen bestimmten Zeitraum. Der Bewerbungsaufwand ist allerdings deutlich geringer. Schau also auf jeden Fall nach, ob es das Deutschlandstipendium an deiner Hochschule gibt.

Wohngeld – nicht nur für Studierende

Eine weitere staatliche Förderung ist das sogenannte Wohngeld. Im Gegensatz zu BAföG und Stipendien ist diese Leistung nicht originär auf Studierende ausgerichtet. Vielmehr soll es allgemein Menschen unterstützen, die Probleme haben, ihre Wohnung zu finanzieren.

Wenn du BAföG bekommst, kommt Wohngeld für dich nicht infrage, da in deinem BAföG bereits ein Anteil für die Unterkunft enthalten ist. Wenn du aber keinen Anspruch auf BAföG hast, kann es sich lohnen, einmal zu prüfen, ob du Anspruch auf Wohngeld hast. Es wird von der Wohngeldstelle deines Wohnortes bearbeitet. Diese ist in der Regel beim Bürgeramt angesiedelt. Hier erfährst du, ob und wie viel Wohngeld du bekommst. Die Höhe des Wohngeldes hängt von verschiedenen Faktoren ab, zum Beispiel, wie viel Geld du zur Verfügung hast. Im Durchschnitt betrug das Wohngeld zuletzt knapp 370 Euro im Monat.

Halbwaisen- und Waisenrente

Die (Halb-)Waisenrente ist eine Leistung der Rentenversicherung. Sie soll Kinder unterstützen, bei denen ein Elternteil (Halbwaisenrente) oder beide Elternteile (Vollwaisenrente) verstorben sind. Die Höhe richtet sich nach dem Rentenanspruch des verstorbenen Elternteils (siehe Kapitel 1, Abschnitt »Die gesetzliche Rentenversicherung«). Grundsätzlich haben Kinder bis zu ihrem 18. Lebensjahr Anspruch auf diese Zahlung. Wenn du betroffen bist und über dein 18. Lebensjahr hinaus zur Schule gehst, eine Ausbildung machst oder studierst, kann sich der Anspruch bis zum 27. Lebensjahr verlängern.

Du siehst also, dass es verschiedene Fördermöglichkeiten für verschiedene Personengruppen gibt. Auch wenn jede von ihnen ihre Grenzen hat, empfiehlt es sich, bei allem, was prinzipiell funktionieren könnte, zu prüfen, ob du einen Anspruch oder eine Möglichkeit hast, diese Förderung zu erhalten.

Nebenjob – Budget aufbessern und Berufserfahrungen sammeln

Als ich in mein Studium gestartet bin, wurde mir nach einem Praktikum ein Nebenjob angeboten, den ich bis heute für einen der coolsten Studentenjobs ever halte: Ich durfte als studentische Hilfskraft im Büro eines Bundestagsabgeordneten arbeiten. Dort habe ich die Anfragen von Bürgern aus dem Wahlkreis beantwortet, Pressemitteilungen geschrieben, zu den verschiedensten Themen recherchiert und sogenannte »Vermerke« verfasst. Das sind sozusagen schriftliche Referate, die man für den Abgeordneten ausarbeitet, damit dieser gut auf anstehende Termine vorbereitet ist. Dieser Job hat mir einmalige Einblicke in die Abläufe im Bundestag und in der Politik allgemein ermöglicht.

Ich würde sagen, dass ich zu Beginn kein besonders politischer Mensch war – durchaus politisch interessiert, aber eben nicht politisch denkend und handelnd. Das hat sich durch den Job natürlich geändert. Zudem hat er in meinem Fall sogar meinen Berufswunsch etwas verändert. Während meiner Schulzeit hatte ich für eine Lokalzeitung als freie Mitarbeiterin gearbeitet und Artikel über die freiwillige Feuerwehr, den Kaninchenzüchterverein und Co. geschrieben. (Ich will ja nicht angeben, aber das war wahrscheinlich schon der zweitcoolste Nebenjob, den ich hätte haben können.) Daher hatte ich mir in den Kopf gesetzt, Journalistin werden zu wollen. Der Job im Bundestag zeigte mir dann auf, dass ich die Fähigkeiten, die ich mir durch die journalistische Arbeit angeeignet hatte, auch im Bereich der Öffentlichkeitsarbeit gut einsetzen konnte und die Arbeitsbedingungen in der Politik (beziehungsweise jetzt im gemeinnützigen Sektor) etwas mehr meinen Bedürfnissen entsprachen.

Meine Nebenjobs und vor allem auch das Ausprobieren in verschiedenen Bereichen haben mir also sehr bei der Berufs-

findung geholfen. Ganz abgesehen davon, dass sie dazu geführt haben, dass ich schon als Schülerin gutes Geld verdient habe und auch im Studium – neben der Unterstützung meiner Eltern – immer selbst einen Beitrag zu meinem Lebensunterhalt leisten konnte.

Ein Nebenjob ist eine gute Möglichkeit, dein Budget aufzubessern und erste Berufserfahrungen zu sammeln. Diese Option richtet sich weniger an Auszubildende als an Studierende. Denn wenn du eine Berufsausbildung machst, ist dies ja in der Regel bereits mit einer Vollzeitanstellung in deinem Ausbildungsbetrieb verbunden. Wir haben alle drei schon sehr früh Nebenjobs gehabt und sind uns einig, dass das für unser späteres Leben sehr wertvoll war.

Die meisten Nebenjobs für Studierende fallen in die Kategorie Minijob oder Werkstudententätigkeit. Auf beide gehen wir an verschiedenen Stellen noch genauer ein (vor allem bei den Themen Steuern und Krankenversicherung in den Kapiteln 7 und 9). Wichtig ist, dass der Minijob derzeit auf einen Verdienst von 538 Euro im Monat begrenzt ist. Wenn du mehr verdienen möchtest und Student bist, kommt ein Werkstudentenjob infrage. Ein Nebenjob kann sich teilweise auf andere Förderungsmöglichkeiten auswirken. Beim BAföG zum Beispiel darfst du 538 Euro hinzuverdienen, ohne dass dies Auswirkungen hat. Ein höheres Einkommen würde deinen BAföG-Anspruch hingegen reduzieren.

Einem Nebenjob kannst du sowohl an der Uni als auch in vielen Unternehmen nachgehen. Bei den Jobs an der Uni handelt es sich normalerweise um Stellen als studentische Hilfskraft. Als solche unterstützt du den Lehrstuhl bei seiner Arbeit und hältst zum Beispiel Übungen für jüngere Studierende oder arbeitest dem Professor zu. Gerade wenn du für dein Studienfach brennst und dir eventuell vorstellen kannst, später selbst wissenschaftlich zu arbeiten, ist es sinnvoll, sich für einen solchen

Job zu bewerben. Das bringt dir nämlich nicht nur zusätzliches Geld ein, sondern sorgt auch dafür, dass du schon mal einen Fuß in der Tür des Lehrstuhls hast. Stellen für studentische Hilfskräfte werden oft direkt vom Lehrstuhl ausgeschrieben, zum Beispiel im Intranet der Uni. Bei konkretem Interesse kannst du den Professor aber auch nach der Vorlesung ansprechen. Voraussetzung sind in der Regel sehr gute Noten im jeweiligen Fach.

Wenn du später in der Wirtschaft arbeiten möchtest oder einfach eine Abwechslung zur Uni suchst, bietet sich ein Nebenjob in einem Unternehmen an. Die meisten großen und auch viele kleinere Unternehmen suchen aktiv nach studentischen Aushilfen. Schau also einfach mal auf Jobportalen, LinkedIn oder anderen sozialen Plattformen, was dich interessieren und welche Tätigkeit zu deinem Profil passen würde. Auch die Studienberatungen vieler Universitäten bieten Jobportale an, auf denen Studentenjobs in der jeweiligen Region ausgeschrieben werden. Wenn du Interesse an einem konkreten Unternehmen hast, kannst du natürlich auch direkt die Jobausschreibungen auf deren Website checken. Zudem ist es nicht selten, dass sich, wie bei Anna, nach einem Praktikum die Möglichkeit ergibt, als Minijobber im Unternehmen zu bleiben.

Es kommt durchaus vor, dass einem der Nebenjob so viel Freude macht, dass das Studium darunter leidet. Das solltest du natürlich möglichst vermeiden. Der Nebenjob wird immer nur ein kleiner Zuverdienst bleiben. Gutes Geld kannst du später mit deinem Vollzeitjob verdienen und ein erfolgreich und zielstrebig abgeschlossenes Studium wird dir dabei helfen, aus einer möglichst großen Menge an Optionen zu wählen. Wir empfehlen dir deshalb, gerade am Anfang nicht mehr als 10 Stunden pro Woche zu arbeiten. Mehr als 20 Stunden sind (zumindest regelmäßig) in den Anstellungsformen für Studenten auch gar nicht erlaubt. Wenn du merkst, dass dein Zeitmanagement so gut ist, dass du neben dem Studium Kapazitäten für weitere Stunden im Job hast, kannst du mit deinem Chef reden und ihn bitten, deine Stunden entsprechend zu erhöhen. Gerade

bei Werkstudenten-Tätigkeiten haben die meisten Unternehmen auch Verständnis dafür, wenn du in Prüfungsphasen etwas weniger arbeitest und die Stunden dann in den Semesterferien oder zu Beginn des Semesters nachholst. Versuche solche Dinge offen bei deinem Arbeitgeber anzusprechen.

Kredite – die letzte Option

Wie bereits im Kapitel 3 ausführlich erläutert, ist das Studium oder die Ausbildung eine der wenigen Situationen, in denen es aus unserer Sicht sinnvoll sein kann, einen Kredit aufzunehmen. Aber auch hier gilt, dass dies die letzte zu prüfende Option sein sollte und du vorher versucht haben solltest, alle anderen Punkte, also Unterhalt, staatliche Leistungen und Nebenjob, voll auszuschöpfen. Denn für die meisten Studienkredite gilt dasselbe wie für Kredite allgemein: Geld leihen kostet Geld.

KfW-Studienkredit

Der KfW-Studienkredit ist ein spezieller Kredit für Studierende, der von der staatlichen Förderbank KfW vergeben wird. Diesen Kredit kann grundsätzlich jeder erhalten, der an einer staatlichen oder staatlich anerkannten Hochschule studiert. Dabei spielt es keine Rolle, ob du in Vollzeit oder Teilzeit studierst und wie hoch das eigene Einkommen oder das der Eltern ist. Nur in höheren Semestern kann es sein, dass du Leistungsnachweise erbringen musst, damit geprüft werden kann, ob du auch wirklich studierst. Ansonsten funktioniert der Kredit ganz ähnlich wie ein normaler Kredit. Du bekommst das Geld nur nicht auf einmal, sondern monatlich ausgezahlt. Den Betrag, den du monatlich benötigst, kannst du relativ frei wählen. Meistens sind Beträge zwischen 100 und 650 Euro möglich.

Im Gegensatz zum BAföG muss der Studienkredit nach dem Studium vollständig zurückgezahlt werden, die Raten kannst du selbst wählen. Die Rückzahlung darf lediglich nicht länger als 25 Jahre dauern. Außerdem fallen bei dieser Finanzierungsform auch Zinsen an. Diese werden schon während des Studiums fällig und dann von der Auszahlungssumme abgezogen. Und genau hier liegt das Risiko: Die Zinsen sind variabel und können in Hochzinsphasen sehr teuer werden. Daher solltest du diese Möglichkeit wirklich erst dann in Betracht ziehen, wenn du alle anderen Möglichkeiten ausgeschöpft hast.

Der Bildungskredit

Der Bildungskredit ist ein Darlehen zur finanziellen Unterstützung für diejenigen, die in ihrem Studium bereits weiter fortgeschritten sind. Je nach Studiengang kann dies der Fall sein, wenn du bestimmte Zwischenprüfungen abgelegt oder die ersten ein bis zwei Studienjahre bereits absolviert hast. Es soll dich also in dieser späten Phase deines Studiums finanziell unterstützen (gegebenenfalls zusätzlich zum BAföG). Voraussetzung ist auch hier, dass du an einer staatlichen oder staatlich anerkannten Hochschule studierst. Außerdem musst du die Kriterien für BAföG erfüllen.

Die Höhe des Bildungskredits wählst du selbst, sie ist also unabhängig von deinem Einkommen oder dem deiner Eltern. Insgesamt ist ein Gesamtbetrag zwischen 1.000 Euro und 7.200 Euro möglich, den du dann monatlich in kleinen Raten von 100, 200 oder 300 Euro ausgezahlt bekommst. Den Bildungskredit musst du samt Zinsen zurückzahlen. Die Rückzahlung beginnt vier Jahre nach der Kreditaufnahme und erfolgt in einer monatlichen Rate von 120 Euro inklusive Zinsen. Auch hier ist es besser, wenn du auf diese Form der Finanzierung verzichten kannst.

Umgekehrter Generationenvertrag

Eine weitere Form des Studienkredits ist die Finanzierung über einen umgekehrten Generationenvertrag. Über den Generationenvertrag haben wir bereits im Zusammenhang mit der Rente gesprochen: Er besagt, dass die arbeitende Bevölkerung in die Rentenkasse einzahlt, um die Renten der älteren Generation zu finanzieren. Indem die Generationen untereinander

ander sozusagen einen ungeschriebenen Vertrag haben, zahlt die nächste Generation für diejenigen ein, die heute die Rentner finanzieren.

Beim umgekehrten Generationenvertrag zahlen nicht die »Jungen« für die »Alten«, sondern eben genau umgekehrt. Menschen, die ihr Studium abgeschlossen haben und bereits im Berufsleben stehen, zahlen in einen Studienfonds ein, aus dem du als Student eine Unterstützung erhalten kannst. Wenn du diesen in Anspruch nimmst, erklärst du dich dazu bereit, wiederum in den Studienfonds einzuzahlen, wenn du dein Studium abgeschlossen hast, und damit die Generation Studenten nach dir zu unterstützen. Dieses Vorgehen folgt also einem sozialen Gedanken, daher zahlst du auch nicht eins zu eins den Betrag zurück, den du aus dem Fonds erhalten hast, sondern erklärst dich für einen bestimmten Zeitraum bereit, monatlich einen gewissen Prozentsatz deines Bruttoeinkommens einzuzahlen.

Wir hoffen, dass wir dir in diesem Kapitel zeigen konnten, dass es in fast jeder Lebenslage möglich ist, dein Studium zu finanzieren. Lass dich also nicht von den auf den ersten Blick hohen Beträgen einschüchtern. Wichtig ist, dass du strukturiert vorgehst. Beginne mit einer Budgetplanung. Sei sparsam, aber realistisch und gehe dann Schritt für Schritt die vier Finanzierungsoptionen durch. Dann findest du sicher gute Möglichkeiten, um dir ein Studium oder eine andere Ausbildung, eine eigene Wohnung und damit ein selbstbestimmtes und eigenständiges Leben zu finanzieren.

6

DIE ERSTE EIGENE

Endlich geschafft! Die Abiturprüfungen hatte ich gerade hinter mir, und ich befand mich nun in dieser einmaligen Phase zwischen Schule und dem großen »Was nun?« Die Universitäten in Bielefeld, Hamburg, Lüneburg und Berlin hatten mir Zulassungsangebote geschickt. Es fühlte sich an, als stünde mir die ganze Welt offen. Ich entschied mich für Berlin – nicht, weil es mich in die Großstadt zog, sondern weil mir ein Nebenjob im Bundestag angeboten worden war, den ich mir nicht entgehen lassen wollte.

Aber würde ich in Berlin so schnell eine Wohnung finden? Ich hatte viele Horrorgeschichten von anderen Studierenden gehört: Die einen mussten monatelang pendeln, weil sie keine Wohnung fanden; die anderen drängten sich bei Besichtigungen mit hundert weiteren Bewerbern in einer 1-Zimmer-Wohnung; und wieder andere hangelten sich von einer Zwischenmiete zur nächsten. Zwischen Abiball-Organisation und Praktikum checkte ich regelmäßig die Wohnungsangebote in den sozialen Netzwerken. Einen Vorteil hatte ich. Von der Kleinstadt ins große Berlin – die Vorstellung wirkte auf mich etwas überwältigend. Deswegen entschied ich mich, eine Wohnung in einem Außenbezirk zu suchen, in der Hoffnung, der Geschäftigkeit der Hauptstadt im zukünftigen neuen Heim etwas entfliehen zu können.

»1-Zimmer-Wohnung in Steglitzer Altbau, vor 1 Minute gepostet«, las ich, als ich wieder einmal die Facebook-App öffnete. Das klang gut. Wegen meines Praktikums war ich noch in Berlin, also schrieb ich kurzerhand dem Makler, dass ich Interesse hätte, und wir vereinbarten einen individuellen Besichtigungstermin am übernächsten Tag. Ich kam mit den vollständigen Unterlagen zur Besichtigung, die Wohnung gefiel mir und der Makler sagte, ich könnte zum kommenden Monatsanfang einziehen. So kam ich zu meiner ersten eigenen Wohnung – ganz ohne eines der vielen Horrorszenarien der Wohnungssuche in Berlin durchleben zu müssen.

Wie bei allen Themen in diesem Buch gilt auch bei der Wohnungssuche: Fang erst mal an! Die Berichte vom Wohnraummangel und exorbitanten Mietpreisen, gerade in Unistädten, lassen einem die Lust vergehen, bevor man die erste Suchanfrage gestartet hat. Aber es gibt ein paar Prinzipien, die deine Erfolgschancen steigen lassen, wie Annas Geschichte zeigt. Dazu zählen unter anderem Schnelligkeit, Zuverlässigkeit, Vorbereitung und Entschlossenheit. Wie das konkret aussieht, darüber sprechen wir in diesem Kapitel. Hab stets das Ziel im Blick. Wenn die Wohnungssuche doch einmal frustrierend wird, halte durch, denn das erste Mal in eine eigene Wohnung zu ziehen, selbstständig zu werden und vielleicht sogar eine neue kleine Familie in Form von Mitbewohnern zu finden – dafür lohnt es sich, ein paar Hürden zu nehmen. Lass uns gemeinsam eintauchen in das Abenteuer »allein wohnen«.

VON ZU HAUSE AUSZIEHEN?

Wahrscheinlich wird dein Ausbildungsplatz, dein Studium oder auch dein erster Job darüber entscheiden, wo du in Zukunft leben wirst. Manche von uns zieht es nach der Schulzeit weit weg von zu Hause, andere möchten in der Heimat oder zumindest in der Nähe bleiben. Wichtig ist, sich bewusst zu machen, dass es hier kein Richtig oder Falsch gibt. Beschäftige dich bewusst mit der Frage, was sich für dich passend anfühlt und ob sich deine Pläne damit vereinen lassen. Es ist möglich, dass sich in dieser Frage ein Zielkonflikt auftut – wenn du beispielsweise gerne noch ein paar Jahre zu Hause wohnen würdest, es in der Region aber keine passende Ausbildungsstelle für dich gibt. Oder andersherum: Du bekommst den perfekten Ausbildungsplatz in deiner Heimatstadt angeboten, es zieht dich aber in die Weite. Es ist völlig normal, dass diese Entscheidungen nicht immer leichtfallen. Sie wirken so endgültig und richtungsweisend, tatsächlich wirst du in den kommenden Jahren aber noch viele Gelegenheiten haben, neue Dinge auszuprobieren, dich umzuorientieren oder einen Traum zu

verfolgen, der dich nicht loslässt. Sprich mit deinen Eltern, Freunden und Geschwistern darüber, aber sei dir stets bewusst: Am Ende musst du entscheiden, was dein nächster Schritt sein wird.

Wenn du dann weißt, wohin die Reise für dich geht, überlege dir, wie du wohnen möchtest. Im Kern gibt es drei Optionen:

1. bei den Eltern (vorausgesetzt dein Ausbildungsbetrieb oder deine Uni ist in der Nähe),
2. in einer Wohngemeinschaft (WG) beziehungsweise einem Wohnheim oder
3. allein.

All diese Optionen haben Vor- und Nachteile. Aus Kapitel 2 kennst du bereits das magische Dreieck der Geldanlage, das symbolisiert, dass es immer einen Trade-off zwischen den verschiedenen Zielen gibt, die man verfolgt. Dieses Prinzip lässt sich auch auf die Art zu wohnen übertragen. Wenn du dich zum Beispiel entscheidest, erst mal zu Hause wohnen zu bleiben, ist das gut für den Geldbeutel und unkompliziert. Du trägst nicht die Verantwortung für einen eigenen Haushalt, und es gibt keine rechtlichen Regularien. Dafür bist du aber auch nicht so selbstständig, wie wenn du in deine eigene Wohnung ziehst. Wenn du gerne von zu Hause ausziehen und in ein selbstständiges Leben starten möchtest, das Geld aber knapp ist (wie bei fast allen jungen Menschen beim Start in ein eigenständiges Leben), ist eine WG eine gute Lösung, denn hier teilst du dir die Kosten und die Verantwortung für die Wohnung, bist aber im Alltag unabhängig von deiner Familie. In diesem Fall kannst du sowohl nach freien WG-Zimmern Ausschau halten als auch in Betracht ziehen, eine Wohnung anzumieten und dir anschließend Mitbewohner zu suchen.

	BEI DEN ELTERN	WG/ WOHNHEIM	EIGENE WOHNUNG
Günstig(er)	✓	✓	X
Wenig/geteilte Verpflichtungen	✓	✓	X
Selbstständig- und Unabhängigkeit	X	✓	✓

EINE PASSENDE WOHNUNG FINDEN

Du bist nun also auf Wohnungssuche, aber wonach genau hältst du Ausschau? Mach dir am besten eine Liste mit den Eigenschaften, die deine zukünftige Wohnung haben sollte (siehe Checklisten ab Seite 284) und priorisiere. Was ist ein Must-have und was wäre schön zu haben, aber kein Deal-Breaker? Überlege außerdem, was dir die Lage wert ist. Gerade in Groß- und Unistädten gibt es Stadtteile, die beliebter und daher teurer sind als andere. Preistechnisch kann es also ein Vorteil sein, etwas außerhalb zu leben. Andererseits wirkt sich dies natürlich sehr auf die Zeit aus, die du unter Umständen in Bus und Bahn verbringen wirst. Beachte also die Anbindungen mit dem ÖPNV und checke, ob du von deiner potenziellen künftigen Wohnung gut zur Uni oder zum Ausbildungsbetrieb kommst. Es mag auf den ersten Blick kein großer Unterschied zu sein, ob du 10 Minuten oder 30 Minuten zur Uni brauchst. Auf ein ganzes Jahr gesehen, wird dich das Pendeln aber in dem einen Fall deutlich mehr Zeit kosten, die dir vielleicht für andere Dinge fehlt. Auch die Nähe zu Supermärkten, Take-aways, Kinos, Partylocations, Poststellen, Apotheken und Co. solltest du einmal prüfen. Zum Vergleich:

260 Arbeitstage im Jahr * 60 Min (30 min Hin- und Rückfahrt)
= 260 h im Jahr oder 10,8 Tage
260 * 20 Min (10 min Hin- und Rückfahrt) = 86,7 h im Jahr oder 3,6 Tage

Bei der Ausstattung spielt das Thema Küche eine große Rolle. Bei der ersten eigenen Wohnung solltest du darauf achten, eine Wohnung mit Küche zu finden, denn diese selbst anschaffen zu müssen, stellt eine logistische, noch viel mehr aber eine finanzielle Herausforderung dar. Bei einer Neuanschaffung musst du fest mit einem vierstelligen Betrag rechnen. Auf Kleinanzeigenportalen kannst du eine gebrauchte Küche schon für mehrere Hundert Euro finden, dann handelt es sich aber häufig um Einbauküchen, die nur mit Glück in deine neue Wohnung passen.

Was du dir leisten kannst

Natürlich solltest du bei den Überlegungen, was du suchst und von deiner zukünftigen Wohnung erwartest, dein Budget im Hinterkopf haben. Im letzten Kapitel ging es bereits darum, wie du dein Leben finanzierst und wie du dein persönliches Budget berechnest. Um zu entscheiden, wie viel du für die Miete ausgeben kannst, gibt dir die folgende Faustregel Orientierung:

Die monatliche Warmmiete sollte in etwa 30 Prozent deines monatlichen Einkommens entsprechen.

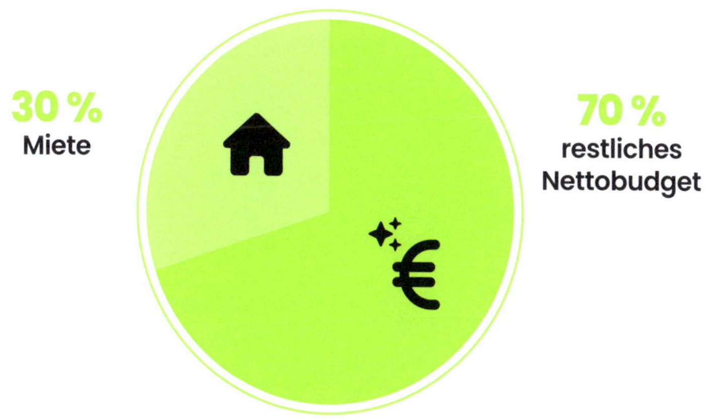

Die 30-Prozent-Mietregel

So berechnest du, was du monatlich für die Miete ausgeben solltest:

Dein monatliches Budget * 0,3 = maximale monatliche Mietzahlung.

Ganz ehrlich? Diese Regel lässt sich für die meisten von uns während der Ausbildung und des Studiums nicht einhalten. In dieser Lebensphase wirst du höchstwahrscheinlich einen etwas größeren Anteil deines Einkommens für die Miete aufwenden müssen. Dennoch kannst du dich an ihr orientieren, um ein Gefühl für angemessene Mietpreise zu bekommen.

Angenommen, du hast ein monatliches Budget von 1.000 Euro, dann solltest du laut der Mietregel nicht mehr als 300 Euro für die Warmmiete ausgeben. (Den Unterschied zwischen Kalt- und Warmmiete erklären wir im Folgenden.) Ein WG-Zimmer, geschweige denn eine Wohnung für 300 Euro zu finden, ist in den meisten deutschen Städten nahezu unmöglich. Am wahrscheinlichsten gelingt dir dies im Osten Deutschlands. In Erfurt, Halle/Saale oder Leipzig zahlen Studierende durchschnittlich zwischen 320 und 365 Euro Miete. In kleineren Unistädten wie Kassel, Bielefeld, Gießen oder Würzburg sind es durchschnittlich 340 bis 400 Euro. Richtig teuer wird es dann in den Großstädten. Spitzenreiter ist München mit durchschnittlich 720 Euro, gefolgt von Hamburg, Frankfurt und Berlin mit 570 bis 640 Euro im Durchschnitt.[7]

Den größten Einfluss auf den Preis haben wohl die Größe und Lage der Wohnung. Aber natürlich beeinflussen auch der Zustand und die Ausstattung den Mietpreis. Der **Preis pro Quadratmeter** ist ein guter Indikator dafür, ob ein Viertel zu den teureren zählt oder die Wohnung im

Tipp: Klein Wohnen & günstig einrichten

- Eine kleine Wohnung ermöglicht dir mehr Flexibilität und Freiheit.
- Du kannst schon in jungen Jahren finanzielle Rücklagen aufbauen (siehe Kapitel 2 ab Seite 35).

gehobeneren Segment ist. Mithilfe dieser Kennzahl kannst du Wohnungspreise vergleichen. Wenn deine Vorstellungen und dein Budget nicht zusammenpassen, versuche deine Erwartungen bezüglich Größe, Lage und Ausstattung anzupassen und überlege dir, wo du am ehesten bereit bist, Abstriche zu machen.

Kalt- und Warmmiete – wo liegt der Unterschied?

Die tatsächlichen monatlichen Kosten, die eine Wohnungsmiete mit sich bringt, sind manchmal etwas schwierig zu erfassen. Es werden dir Begriffe, wie Kaltmiete, Warmmiete und Nebenkosten begegnen. Dabei stellt die Kaltmiete den vereinbarten Betrag dar, auf den sich Mieter und Vermieter zur Nutzung der Wohnräume einigen. Diese beinhaltet keine Nebenkosten. Monatlich an den Vermieter überwiesen wird jedoch die Warmmiete, die die Kaltmiete plus der vereinbarten Abschläge für Nebenkosten umfasst.

Die Nebenkosten belaufen sich in der Regel auf 2 bis 6 Euro pro Quadratmeter und können unterschiedliche Posten beinhalten, zum Beispiel Versicherung, Hausmeisterservice, Kalt- und Abwasser sowie Heizkosten. Welche Nebenkosten die Warmmiete umfasst, kannst du dem Mietvertrag entnehmen. Da Wasser- und Heizkosten je nach Verbrauch variieren, ist der Vermieter dazu verpflichtet, eine jährliche Abrechnung zu machen und entweder eine Rückzahlung zu leisten oder eine Nachzahlung zu fordern. Die Höhe der Heizkosten hängt maßgeblich von der Energieeffizienz des Gebäudes ab. Um dies einschätzen zu können, solltest du dir vor Unterzeichnung eines Mietvertrags den Energieausweis vorlegen lassen.

Bedenke, dass mit der Warmmiete noch nicht alle anfallenden monatlichen Kosten für eine Wohnung abgegolten sind. Es kommen beispielsweise noch Kosten für Strom, Internet und Rundfunkbeitrag hinzu, die du nicht an den Vermieter, sondern direkt an die entsprechenden

ENERGIEEFFIZIENZKLASSE	ENERGIEBEDARF ODER -VERBRAUCH	UNGEFÄHRE JÄHRLICHE ENERGIEKOSTEN WOHNFLÄCHE PRO QUADRATMETER
A+	Unter 30 kWh/(m^2a)	Etwa 3 Euro
A	30 bis unter 50 kWh/(m^2a)	7 Euro
B	50 bis unter 75 kWh/(m^2a)	12 Euro
C	75 bis unter 100 kWh/(m^2a)	16 Euro
D	100 bis unter 130 kWh/(m^2a)	21 Euro
E	130 bis unter 160 kWh/(m^2a)	27 Euro
F	160 bis unter 200 kWh/(m^2a)	34 Euro
G	200 bis unter 250 kWh/(m^2a)	42 Euro
H	Über 250 kWh/(m^2a)	50 Euro und mehr

(Quelle: Verbraucherzentrale.de, Stand 2023)

Anbieter oder Stellen zahlst. Internet und Strom musst du selbst anmelden. Am besten vergleichst du auf den Vergleichsportalen die Angebote und suchst dir eins heraus, das deinen Bedürfnissen entspricht und gut bewertet ist.

Wohnungsangebote – online und analog

Wohnungssuche online

- **Wg-gesucht.de:** Hier findest du viele WG-Angebote, vereinzelt aber auch Anzeigen für Wohnungen etc.
- **Immobilienscout24.de:** Das ist das größte Portal zur Wohnungssuche in Deutschland.
- **Facebook-Gruppen:** Auch wenn die meisten von uns dieses soziale Netzwerk wohl nicht mehr nutzen, lohnt sich während der Wohnungssuche ein Blick in die entsprechenden Gruppen. Die gibt es für nahezu jede Stadt in Deutschland.
- **Kleinanzelgen.de:** Hier findest du Anzeigen sowohl für WGs als auch für Wohnungen.
- **Studierendenwerke:** Die Studierendenwerke sind für die Vermietung der Uni-eigenen Wohnheime verantwortlich. Darüber hinaus gibt es häufig noch private Anbieter von Wohnheimen.

Die von dir bestimmten Kriterien helfen dir nun bei der Wohnungssuche. Auf den gängigen Onlineportalen lassen sich die Anzeigen normalerweise nach Größe, Preis, Lage und einigen anderen Parametern filtern. Auf einigen Portalen kannst du zudem entsprechende Suchaufträge erstellen und wirst dann regelmäßig per E-Mail über neue Angebote, die zu deinen Suchkriterien passen, informiert. Diese Funktion solltest du auf jeden Fall nutzen, weil sie dir ermöglicht, schnell auf neue Angebote zu reagieren, und Schnelligkeit kann ein entscheidender Faktor bei der Wohnungssuche sein. Gerade in den Großstädten erhalten Vermieter und Makler häufig schon innerhalb weniger Stunden Hunderte Bewerbungen auf ein Inserat, von denen sie sich unter Umständen nur die ersten 50 anschauen. Wenn deine Nachricht dann nicht unter den ersten ist, kann es sein, dass sie gar nicht gelesen wird.

Du wirst sowohl Angebote von Privatpersonen als auch von Immobilienbüros finden. Für dich als zukünftigen Mieter macht dies keinen Unterschied, denn es gilt das Bestellerprinzip. Das heißt, wenn der Vermieter ein Immobilienbüro mit der Mietersuche beauftragt, muss er auch die Maklerprovision zahlen.

Zudem gibt es immer noch analoge Wege, über die du eine Wohnung finden kannst, zum Beispiel das schwarze Brett in der Uni, den Anzeigenteil in der Lokalzeitung oder dein persönliches Umfeld. Egal, wie du auf eine Wohnungsanzeige aufmerksam wirst, für die Kommunikation gilt: Sei schnell, zuverlässig und flexibel in der Terminvereinbarung für eine Besichtigung. Je weniger Aufwand du dem Makler oder Vermieter machst, desto besser sind deine Chancen.

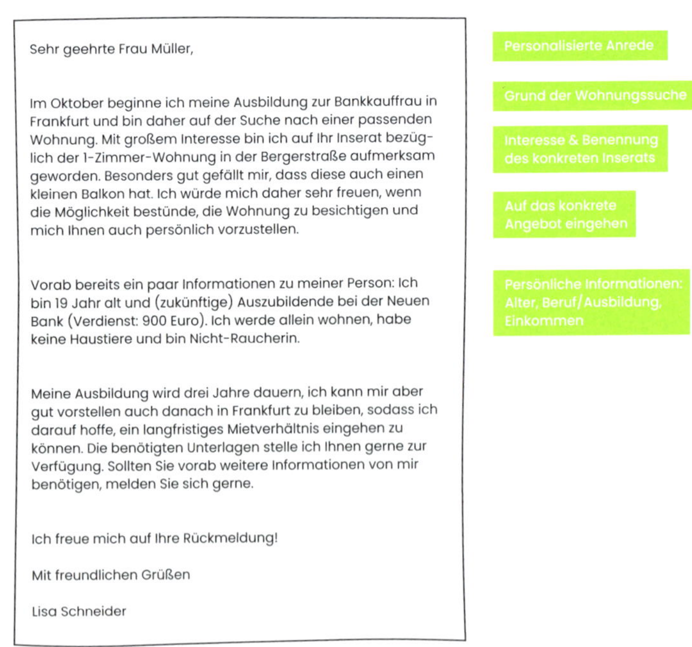

Sehr geehrte Frau Müller,

Im Oktober beginne ich meine Ausbildung zur Bankkauffrau in Frankfurt und bin daher auf der Suche nach einer passenden Wohnung. Mit großem Interesse bin ich auf Ihr Inserat bezüglich der 1-Zimmer-Wohnung in der Bergerstraße aufmerksam geworden. Besonders gut gefällt mir, dass diese auch einen kleinen Balkon hat. Ich würde mich daher sehr freuen, wenn die Möglichkeit bestünde, die Wohnung zu besichtigen und mich Ihnen auch persönlich vorzustellen.

Vorab bereits ein paar Informationen zu meiner Person: Ich bin 19 Jahr alt und (zukünftige) Auszubildende bei der Neuen Bank (Verdienst: 900 Euro). Ich werde allein wohnen, habe keine Haustiere und bin Nicht-Raucherin.

Meine Ausbildung wird drei Jahre dauern, ich kann mir aber gut vorstellen auch danach in Frankfurt zu bleiben, sodass ich darauf hoffe, ein langfristiges Mietverhältnis eingehen zu können. Die benötigten Unterlagen stelle ich Ihnen gerne zur Verfügung. Sollten Sie vorab weitere Informationen von mir benötigen, melden Sie sich gerne.

Ich freue mich auf Ihre Rückmeldung!

Mit freundlichen Grüßen

Lisa Schneider

Die erste Kontaktaufnahme

Außerdem zählt natürlich, wie so oft, der erste Eindruck. Deine erste Kontaktaufnahme sollte bereits ernsthaftes Interesse zum Ausdruck bringen und darauf schließen lassen, dass du eine vertrauenswürdige und zuverlässige Person bist. Dies erreichst du zum Beispiel dadurch, dass du eine personalisierte Anrede wählst und Rechtschreibung und Grammatik beachtest. Gehe kurz darauf ein, wer du bist und warum du auf Wohnungssuche bist. Wenn du Fragen zum Inserat hast, stelle diese, denn das impliziert, dass du nicht willkürlich anfragst, sondern dich mit dem konkreten Angebot auseinandergesetzt hast.

Wohnungen besichtigen

Eine Wohnungsbesichtigung ist wie ein Bewerbungsgespräch. Das sollte dir bei der Suche bewusst sein. Hier verschafft sich der Vermieter einen ersten Eindruck von dir und der wiederum hat nur zwei Kriterien:

1. Wirst du deine Miete zuverlässig zahlen?
2. Wirst du ihm möglichst wenig Ärger machen?

Gleiches gilt, wenn der Besichtigungstermin von einem Makler durchgeführt wird, denn dieser handelt ja im Auftrag des Vermieters und möchte seinen Kunden zufriedenstellen.

Für dich bedeutet das nicht, dass du dich verstellen oder verkleiden musst, aber du solltest auf ein gepflegtes Äußeres achten und dich möglichst neutral kleiden. T-Shirts mit einer politischen Message oder von der Lieblingsband dürfen an diesem Tag gerne im Schrank bleiben. Komm in jedem Fall pünktlich zum vereinbarten Termin, sei freundlich und bring Interesse zum Ausdruck. Wenn es offene Fragen gibt, kläre diese am besten vor Ort und nicht erst im Nachgang per E-Mail.

Ein entscheidender Aspekt ist die Vorbereitung der benötigten Unterlagen. Wenn diese schon beim Besichtigungstermin vollständig sind, hat der Vermieter oder Makler alles, was er für die Entscheidung braucht. Damit kannst du also sowohl Zuverlässigkeit zum Ausdruck bringen als auch den Prozess beschleunigen.

Um die Bewerbungsmappe zusammenzustellen, solltest du dir ein bisschen Zeit nehmen und auch hier auf Rechtschreibung und Grammatik achten. Die Anforderungen der Vermieter an diese Unterlagen sind recht einheitlich. Im besten Fall stellst du die Mappe also einmal zusammen und nutzt sie dann bei mehreren Besichtigungen. Ob die Unterlagen in ausgedruckter Form benötigt werden, hängt vom Vermieter ab. Wenn du auf Nummer sicher gehen möchtest, bringst du eine ausgedruckte Version zum Termin mit und fragst dann, ob der Vermieter oder Makler die Unterlagen auf Papier oder lieber digital haben möchte.

Diese Unterlagen gehören in die Bewerbungsmappe

- Anschreiben oder Steckbrief mit Kontaktdaten (folgende Informationen solltest du übersichtlich zusammenstellen: Name, Geburtsdatum, derzeitige Anschrift, Telefonnummer, E-Mail-Adresse, Informationen zu deiner Ausbildung/deinem Beschäftigungsverhältnis, monatliches Nettoeinkommen, gewerbliche Nutzung der Wohnung?, Raucher?, Haustiere?, geplanter Bezugstermin)
- Einkommensnachweis (zum Beispiel Kontoauszug mit Unterhalts-/Gehaltszahlungen oder Ausbildungsvertrag)
- Schufa-Auskunft (siehe Seite 64)
- Identitätsnachweis (in der Regel genügt die Kopie deines Personalausweises)
- Ggf. Bürgschaft (mehr dazu auf Seite 162)
- Ggf. Mieterfragebogen (möglicherweise fragt der Vermieter oder Makler die Informationen zu deiner Person noch einmal in einem Fragebogen ab)

Je nachdem, ob du eine individuelle Besichtigung hast oder auch andere Interessenten dabei sind, wird der Vermieter oder Makler versuchen, dich ein bisschen kennenzulernen. Dabei gibt es zulässige und unzulässige Fragen.

Was der Vermieter dich fragen darf ...

- Warum möchtest du umziehen?
- Welches Einkommen steht dir zur Verfügung?
- Wer wird die Miete zahlen?
- Können deine Eltern mit in den Mietvertrag aufgenommen werden?
- Hattest du schon einmal Mietschulden?

... und was nicht

- Welcher Religion gehörst du an?
- Spielst du ein Instrument?
- Welche sexuelle Orientierung hast du?
- Hast du Vorstrafen?
- Möchtest du bald Kinder bekommen?

Auch wenn du alle Tipps befolgst, kann es manchmal Wochen oder sogar Monate dauern, bis du eine passende Wohnung findest. Sei nicht frustriert und lass dich aufgrund dieser Umstände vor allem nicht unter Druck setzen. Immerhin geht es hier um dein neues Zuhause, in dem du dich wohlfühlen sollst. Wenn du also ein komisches Bauchgefühl hast, sei es bei der Nachbarschaft oder bei dem Kontakt mit dem Vermieter, dann scheue nicht davor zurück, noch weiterzusuchen. Ganz wichtig: Tätige keinerlei Zahlungen, bevor der Mietvertrag unterschrieben ist. Wenn ein Vermieter dir impliziert, du hättest bessere Chancen auf die Wohnung, wenn du beispielsweise die Kaution schon einmal im Voraus zahlst, sollten deine Alarmglocken läuten. Ein seriöser Vermieter sollte selbst Interesse daran haben, zunächst alles rechtlich zu klären.

EXKURS: WOHNGEMEINSCHAFTEN

Wenn du ein Zimmer in einer bestehenden WG suchst, ist es gut möglich, dass der Prozess der Wohnungssuche anders abläuft. Oft ist einer der Hauptmieter und die Mietbewohner vereinbaren ein Untermietverhältnis mit dieser Person. Dann wäre dein zukünftiger Mitbewohner dein Vermieter.

Natürlich kommt es immer darauf an, was die Beteiligten suchen. Auch Zweck-WGs haben für bestimmte Persönlichkeitstypen und unter bestimmten Umständen Vorteile, unserer Erfahrung nach kann ein aktives WG-Leben während Studium und Ausbildung eine große Bereicherung darstellen. In diesem Fall soll es also vor allem menschlich gut passen und die Formalitäten wie Schufa-Auskunft etc. rücken in den Hintergrund. Dann ist der Besichtigungstermin eher wie ein erstes Date als wie ein Bewerbungsgespräch. Diese Gegebenheiten solltest du aber nicht als Schlupfloch verstehen, um z.B. einen Schufa-Eintrag zu verheimlichen. Im Gegenteil: Durch das Zusammenleben ist es umso wichtiger offen, zuverlässig und ehrlich miteinander zu sein, sonst hängt der Haussegen bald schief.

Darüber hinaus gibt es die Option, dass alle Bewohner der WG in den Mietvertrag mit dem Vermieter aufgenommen werden. In diesem Fall sollte dir bewusst sein, dass jede im Mietvertrag aufgeführte Person für die gesamten Mietschulden haftet und nicht nur für den eigenen Anteil. Und auch bei einer Kündigung müsst ihr geschlossen kündigen. Eine Teilkündigung durch einen Mitbewohner ist nicht möglich. In einem solchen Fall müsstet ihr mit dem Vermieter sprechen und den bestehenden Vertrag kündigen und einen neuen aufsetzen. Aus diesen Gründen ist es häufig praktischer, wenn es einen Hauptmieter gibt und dieser Untermietverträge mit den Mitbewohnern aufsetzt. Allerdings trägt dieser Hauptmieter dann viel Verantwortung. So ist er beispielsweise dazu verpflichtet, die gesamte Miete rechtzeitig zu bezahlen, auch wenn ein Mitbewohner seinen Anteil nicht rechtzeitig überweist. Solltest du die Rolle des Hauptmieters übernehmen, solltest du Untermietverträge also nur mit Leuten schließen, denen du vertraust.

WAS VOR DEM EINZUG ZU ERLEDIGEN IST

Wenn du nun eine Wohnung oder ein WG-Zimmer gefunden hast, ist die Vorfreude auf diesen neuen Lebensabschnitt sicher groß und es widerstrebt dir wahrscheinlich, schon wieder an den Auszug zu denken. Trotzdem ist genau das ein wichtiges Prinzip. Jetzt gilt es einiges an Rechtlichem zu klären, und viele dieser Punkte wie die Mindestmietdauer, die Kündigungsfrist und die Schönheitsreparaturklausel werden erst beim Auszug relevant. Sich damit auseinanderzusetzen macht zwar keinen Spaß, aber lass dir gesagt sein: Die Konsequenzen daraus, sich vor dem Einzug nicht damit beschäftigt zu haben, machen häufig noch viel weniger Spaß. Wir reißen viele dieser Aspekte hier auch nur kurz an, damit du ein Gefühl für deine Rechte und Pflichten als Mieter bekommst. Es ergibt also Sinn, sich über die gesetzlichen Regelungen weiterführend zu informieren, wenn sich dir konkrete Fragen stellen.

Mietvertrag – die rechtliche Basis

Die Grundlage für deine Miete bildet der Mietvertrag. Darin werden die Rahmenbedingungen für die Miete festgehalten, also zum Beispiel der Mietpreis, die Mietsache, wie du die Wohnung nutzt und wie du sie am Ende wieder übergibst. Grundsätzlich ist es möglich, einen Mietvertrag mündlich zu schließen. Wenn ihr euch einig geworden seid, gilt dies bereits als Vertragsschluss. Ein Rücktritt ist dann rechtlich gesehen von beiden Seiten nicht mehr so einfach möglich, auch wenn noch kein Vertrag unterschrieben wurde. Unabhängig davon solltest du auf einem schriftlichen Vertrag, in dem alle Details festgehalten werden, bestehen. Dieser sollte Folgendes regeln:

- Wo und was wird gemietet? (Anschrift, Wohnungsgröße, Keller, Inventar)
- Wann ist der Mietbeginn? Gibt es eine Mindestmietdauer? Ist der Mietvertrag befristet? Falls ja, aus welchen Gründen?
- Welcher Mietzins (Preis) wurde vereinbart?
- Welche Höhe beträgt die Kaution?

- Welche Nebenkosten werden auf dich als Mieter umgelegt?
- Ist im Vertrag bereits eine Mieterhöhung vorgesehen? (Mieterhöhung in bestimmten Abständen)
- Ist eine Kleinreparaturklausel vorgesehen?
- Was sieht die Hausordnung vor?
- Gibt es darüber hinaus besondere Absprachen?

Viele dieser Punkte sind vom Gesetzgeber reguliert (siehe Abschnitt »Wohnen – deine Rechte und Pflichten als Mieter«). Kommt dir ein Passus im Mietvertrag komisch vor, informiere dich, ob dieser rechtens ist. Und auch dann, wenn rechtlich nichts gegen die Regelung spricht, solltest du deinen Vermieter fragen, ob es möglich ist, sie so abzuändern, dass du dich damit wohlfühlst.

Kaution – Sicherheit für den Vermieter

Das Thema Kaution haben wir bereits gestreift. Wenn eine Kaution verlangt wird, hinterlegst du diese nach Unterschrift des Mietvertrags beim Vermieter. Dieser ist verpflichtet, das Geld auf einem eigens dafür eingerichteten Konto verzinst anzulegen. Der Betrag stellt eine Sicherheit für den Vermieter dar, sollte es zu Mietrückständen oder Wohnungsschäden kommen. Die Höhe der Kaution ist gesetzlich geregelt und darf drei Kaltmieten nicht überschreiten.

Allerdings können auch drei Nettokaltmieten schon eine beträchtliche Summe darstellen. Aufgrund deines vermutlich geringen Einkommens kann der Vermieter daher anstelle oder zusätzlich zu der Kaution auch eine Bürgschaft deiner Eltern als Sicherheit fordern. Wenn deine Eltern für dich bürgen, müssen sie im Falle von Mietrückständen oder von dir verursachten Schäden finanziell aufkommen. Hier gibt es ein paar Dinge zu beachten. Zum einen darf auch in diesem Fall der Betrag, mit dem deine Eltern haften, zusammen mit der hinterlegten Kaution

drei Kaltmieten nicht übersteigen. Zum anderen sollten deine Eltern die Bürgschaft niemals freiwillig anbieten, denn dann gilt diese Höchstgrenze nicht mehr und deine Eltern haften unbeschränkt.

Annas Erfahrung: Kenne deine Rechte

Meine Wohnungssuche verlief damals zwar erfreulich problemlos, die Miete war hingegen von einigen Herausforderungen geprägt. Ich fühlte mich in der Wohnung sehr wohl und trotz des Altbaus war sie auch in einem optisch guten Zustand. Nach einigen Monaten stellte sich jedoch heraus, dass die Wasserleitungen im gesamten Haus veraltet waren und das Leitungswasser daher einen gesundheitsgefährdenden Bleiwert hatte. Ich musste nun also Trinkwasser kaufen und in die Wohnung schleppen. Das Leitungswasser nicht trinken zu können, stellte aus meiner Sicht eine entscheidende Einschränkung dar, weswegen ich die Miete minderte und dies dem Hausverwalter auch vorher entsprechend ankündigte. Dennoch verbuchte er den ausstehenden Betrag, der sich ja nun von Monat zu Monat erhöhte, als Mietrückstand und wollte die Summe beim Auszug von der Kaution abziehen. Mithilfe der Kaution begründete Mietkürzungen auszugleichen ist rechtlich nicht erlaubt, wenngleich hier natürlich Wort gegen Wort steht und diese Regelung daher schwierig durchsetzbar ist, ohne einen Rechtsstreit zu beginnen. Emotional hatte ich mich also schon darauf eingestellt, die Kaution nicht zurückzuerhalten. Ich habe aber trotzdem regelmäßig nachgehakt und auf die rechtliche Lage hingewiesen und nach vielen Monaten überwies mir die Hausverwaltung schließlich doch den vollen Kautionsbetrag zurück. Ein weiteres Happy End, wenngleich es viele Nerven gekostet hat.

Eine dritte Möglichkeit, eine Sicherheit beim Vermieter zu hinterlegen, ist eine Mietkautionsbürgschaft von deiner Bank oder einem Online-Anbieter.

Diese geht jedoch immer mit zusätzlichen Kosten einher (je nach Anbieter 100 Euro pro Jahr) und stellt letztlich im Schadensfall eine Art Kredit bei dem Finanzdienstleister dar. Daher sollte dies nur die letzte Option darstellen.

Wenn es beim Auszug aus der Wohnung keine Mietrückstände oder Mängel gibt, erhältst du die klassische Kaution innerhalb von ein bis sechs Monaten nach Vertragsende vom Vermieter inklusive der Zinsen zurück.

Übergabeprotokoll – zu deiner Absicherung

Ein weiteres Dokument, das du in jedem Fall vor dem Einzug gemeinsam mit dem Vermieter aufsetzen solltest, ist das Übergabeprotokoll. Darin werden bei der Übergabe die Zählerstände und alle Mängel der Wohnung festgehalten. Anschließend wird es von beiden Seiten unterschrieben. Dies erspart beim Auszug Diskussionen darüber, welche Mängel auf dein Konto gehen. Gerade deswegen ist es aber wichtig, hier gründlich vorzugehen, denn für alles, was hier nicht vermerkt ist, musst du im Zweifel aufkommen. Lass das Übergabeprotokoll also nicht allein vom Vermieter aufsetzen, sondern gehe auch selbst noch einmal durch die Räume und überprüfe, ob alle relevanten Aspekte festgehalten sind.

Checkliste: Was gehört in das Übergabeprotokoll?

- Zählerstände
- Anzahl der Schlüssel
- Zustand der Wände
- Mängel, wie Schimmel
- Zustand der Böden
- Zustand der Fenster
- Funktionsfähigkeit der überlassenen Geräte

Strom, Gas und Internet – worum musst du dich selbst kümmern?

Welche Nebenkosten in deiner Warmmiete enthalten sind, steht in deinem Mietvertrag, und du solltest dies auch vor Vertragsschluss bei deinem Vermieter erfragt haben. In der Regel kümmerst du dich als Mieter selbst um den Strom. Dennoch ist deine Wohnung bereits mit Strom versorgt, wenn du einziehst und bevor du einen Vertrag mit einem Stromanbieter geschlossen hast. Dies ist den örtlichen Grundversorgern zu verdanken, die jeden Haushalt mit Strom versorgen, solange kein Vertrag mit einem anderen Stromanbieter geschlossen ist. Dies führt dazu, dass die Suche nach einem passenden Anbieter in der Prioritätenliste etwas nach unten rutscht, denn es ist ja alles da, was man braucht. Dennoch solltest du nicht vergessen, dich mit dem Thema einmal bewusst auseinanderzusetzen, denn beim Grundversorger bezahlst du fast immer deutlich höhere Preise. Informiere dich am besten auf Vergleichsportalen über das örtliche Angebot und wähle dann einen gut bewerteten und günstigen Anbieter. Dies kannst du bereits zwei bis vier Wochen vor dem Umzug machen. Dafür benötigst du lediglich Zählernummer und Zählerstand.

Der Stromtarif setzt sich aus dem monatlichen Grundpreis und dem verbrauchsabhängigen Arbeitspreis zusammen. Beim Vergleich solltest du beachten, dass viele Stromanbieter Neukundenrabatte oder Sofortboni gewähren und die Vergleichsportale diese auf die monatlichen Kosten im ersten Jahr umlegen. Das bedeutet im Umkehrschluss, dass der monatliche Strompreis im zweiten Jahr umso mehr steigt, je höher die Boni im ersten Jahr waren. Wenn du also nicht vorhast, jedes Jahr den Stromanbieter zu wechseln, solltest du die Tarife vergleichen, ohne die Boni einrechnen zu lassen. Außerdem solltest du folgende Kriterien beachten:

- Wähle keine Tarife mit einer Mindestlaufzeit von mehr als 12 Monaten.
- Wähle keine Tarife mit einer Kündigungsfrist von mehr als 1 Monat.

- Wähle Tarife mit Festpreisgarantie nur dann, wenn sie vergleichbare Konditionen haben wie die Tarife ohne Festpreisgarantie. Sie geben dir für die Länge der Laufzeit Preissicherheit, diese solltest du aber nicht teuer bezahlen.
- Wähle keine Tarife mit Vorauszahlung. Das birgt das unnötige Risiko, dass du im Falle einer Insolvenz des Anbieters Geld verlierst.
- Fall nicht auf Ökostrom-Angebote herein. Diese leisten (laut Verbraucherzentrale) keinen nennenswerten Beitrag zum Klimaschutz und sind die Mehrkosten daher nicht wert.

Wenn deine Wohnung mit Gas geheizt wird (was auf mehr als die Hälfte der deutschen Haushalte zutrifft), gibt es zwei Optionen. Im Fall einer Zentralheizung schließt der Hauseigentümer einen Vertrag mit einem Gasanbieter und rechnet deinen Verbrauch über die Nebenkosten ab. Es ist aber auch möglich, dass die Gasversorgung dezentral geregelt wird, dann gilt das Gleiche wie beim Strom: Du bist zwar an die Grundversorgung angeschlossen, solltest dich aber zeitnah um einen besseren Vertrag bemühen. Wird das Haus mit Öl oder Fernwärme geheizt, ist dein Vermieter dafür verantwortlich, den Öltank zu füllen beziehungsweise einen Vertrag mit dem Fernwärmelieferanten zu schließen und die Kosten über die Nebenkostenabrechnung auf dich umzulegen.

Leider gibt es keine WLAN-Grundversorgung. Du solltest dich also rechtzeitig darum kümmern, einen Internetvertrag abzuschließen, wenn du in deiner neuen Wohnung nicht offline sein willst. Auch hier lohnt sich ein Online-Vergleich. Manchmal ist für die Einrichtung des Internetanschlusses ein Technikertermin notwendig, für den du vor Ort sein solltest. Schließe also auch diesen Vertrag am besten einige Tage vor deinem Umzug ab, damit der Anbieter prüfen kann, ob ein solcher Termin notwendig ist. Falls ja, solltest du dich beim Vermieter informieren, wo sich der Hausanschluss befindet und ob dieser frei zugänglich ist. Wenn du den Namen des Vormieters kennst, erleichtert das dem Anbieter häufig die Freischaltung deines Anschlusses und ein Technikertermin ist nicht nötig. Es kann sich also lohnen, diese Information beim Vermieter einzuholen.

DEN UMZUG WUPPEN

Die Wohnung ist gefunden, der Mietvertrag unterschrieben und der Schlüssel übergeben. Herzlichen Glückwunsch! Nun gilt es, den Umzug zu planen. Das bringt viel Schönes mit sich, denn die Einrichtung von deinem künftigen Zuhause zu planen und dich an diesen neuen Ort zu träumen, kann große Freude machen. Gleichzeitig warten allerdings nach wie vor einige Formalitäten auf dich.

Zunächst heißt es aber: Kisten packen. Nutze die Gelegenheit, um gründlich auszusortieren, denn wahrscheinlich wirst du in deinem neuen Zuhause etwas weniger Platz haben als im Elternhaus, und zudem beginnt nun eine neue Lebensphase, in der du viele Dinge, die bislang in deinem Besitz waren, auch einfach nicht mehr brauchst. Überlege, welche Möbel du aus deinem Jugendzimmer mitnimmst und was du dir neu oder gebraucht kaufen willst. Du wirst schnell merken, dass gerade in der Phase nach deinem Auszug das Geld erst mal knapp ist. Unsere Empfehlung ist deshalb, so viel wie möglich von zu Hause mitzunehmen und dann lieber Stück für Stück neue Möbel zu kaufen. Insbesondere um Käufe auf Kredit oder Ratenzahlung zu vermeiden.

> Informiere dich, ob du über deine Eltern haftpflichtversichert bist. Falls nein, schließe in jedem Fall vor dem Umzug eine Haftpflichtversicherung ab. Mehr Infos zur Haftpflichtversicherung findest du im Kapitel 8 ab Seite 210.

Der Tag des Umzugs will gut organisiert sein. Diese Fragen solltest du vorher klären:

- Wie werden Kisten und Möbel transportiert?
- Wird ein Miettransporter benötigt?
- Wie lang ist die Fahrt zur neuen Wohnung?
- Wer hilft beim Umzug?
- Was muss mit? (Gerne vergessen wird zum Beispiel das Fahrrad.)
- Welches Werkzeug wird für den Umzug benötigt?
- Falls du den Schlüssel noch nicht erhalten hast: Wer schließt die neue Wohnung auf?
- Soll die Wohnung/das Zimmer gestrichen werden, bevor die Möbel aufgebaut werden?
- Können die neu gekauften Möbel direkt mit dem Umzugsfahrzeug abgeholt werden?

Ein Umzugsunternehmen zu beauftragen und sich das Schleppen der Kisten und den Transport der Möbel als Dienstleistung einzukaufen, klingt toll, ist aber etwas, wovon wir nur in der Theorie berichten können, denn wir haben all unsere bisherigen Umzüge privat und mithilfe von Freunden und Familie organisiert. Und falls du nicht gerade einen großen Batzen Geld übrig hast, mit dem du nichts besseres anzufangen weißt, wird das wohl auch auf dich zukommen. Die Helfer sind an diesem Tag das A und O. Je mehr helfende Hände da sind, desto schneller geht der Umzug über die Bühne.

Stell dich darauf ein, dass, egal wie gut du den Tag vorher geplant hast, etwas Unvorhersehbares passieren wird – ein Stau auf der Autobahn, ein Möbelstück, das nicht durch die Tür passt oder fehlende Schrauben, ohne die das Bett nicht wieder aufgebaut werden kann. Das gehört einfach dazu. Plane also ausreichend Puffer ein und lass dich von so etwas nicht aus der Ruhe bringen. Mithilfe von Gelassenheit, etwas handwerklichem Geschick und dem nächsten Baumarkt lassen sich die meisten Probleme lösen.

Was kostet ein Umzug?

Über die Miete und was du dir hier leisten kannst, haben wir bereits gesprochen. Du solltest dir jedoch darüber im Klaren sein, dass im Zusammenhang mit dem Umzug ein paar einmalige Kostenpunkte auf dich zukommen. Der größte dürfte die Einrichtung sein. Das Gute ist: Diesen kannst du selbst steuern. Wenn du in ein WG-Zimmer oder eine Ein-Zimmer-Wohnung ziehst, ist es möglich, dass die Möbel aus deinem bisherigen Zimmer ausreichen, um einen Großteil deines neuen Zuhauses auszustatten. Ein paar Anschaffungen sind fast immer notwendig. Wie viel du dafür ausgibst, liegt aber in deiner Hand. Kleinanzeigenportale und auch Second-Hand-Geschäfte (zum Beispiel Sozialkaufhäuser) sind gute Adressen, wenn du dabei sparen möchtest und Wert auf Nachhaltigkeit legst. Wenn du dir eine moderne Einrichtung wünschst, genaue Vorstellungen und das nötige Budget zur Verfügung hast, ist es auch völlig legitim, in den gängigen Möbelhäusern auf die Suche zu gehen und neue Möbel zu kaufen. Grundsätzlich gilt: Klein zu wohnen und günstig einzurichten, ermöglicht dir finanzielle Flexibilität. Du solltest dich also fragen, ob dir eine hochwertige Einrichtung so wichtig ist, dass du bereit bist, an anderer Stelle auf Konsum beziehungsweise auf den Aufbau von finanziellen Rücklagen zu verzichten.

Je nach Ausstattung deiner Wohnung kommen weitere große Anschaffungen wie Herd, Kühlschrank, Waschmaschine oder sogar eine ganze Küche hinzu. Auch hier gilt: Das meiste findest du gebraucht deutlich günstiger und trotzdem in gutem Zustand.

Beispiel Waschmaschine

Eine kleine Waschmaschine mit Energieeffizienzklasse A kostet neu ab 400 Euro. Gebraucht, aber in gutem Zustand, kannst du mindestens die Hälfte sparen. Bei Angeboten unter 100 Euro solltest du vorsichtig sein und dir bewusst machen, dass das Risiko hoch ist, dass das Gerät bald kaputtgeht und du diese Ausgabe dann zweimal tätigen musst.

Weitere einmalige Kosten entstehen durch den Umzug an sich. Dazu zählen kleinere Beträge für Umzugskartons, Schrauben, Werkzeug und Putzmittel und größere, zum Beispiel für eine Transportermiete (siehe »Exkurs: Transportermiete«). Wenn du viele Helfer hast, solltest du daran denken, diese gut mit Getränken und Snacks zu versorgen und sie vielleicht nach getaner Arbeit auf eine Pizza einzuladen. Im Zweifel tun es aber auch geschmierte Brote.

EXKURS: TRANSPORTERMIETE

Wenn im Familien- und Freundeskreis kein entsprechend großes Fahrzeug zur Verfügung steht, bietet es sich an, einen Transporter bei einer Autovermietung zu leihen. Wahrscheinlich wird dies das erste Mal sein, dass du ein Auto mietest, daher ein paar Tipps dazu:

Wer fährt? Vor der Anmietung musst du dich mit deinen Umzugshelfern darauf einigen, wer den Mietwagen fährt, denn bei einer Automiete werden die Fahrer namentlich eingetragen. Viele Mietwagen lassen sich erst ab 21 Jahren anmieten. In jedem Fall lassen sich die Autovermietungen das zusätzliche Risiko durch einen jungen Fahrer gut bezahlen, daher bietet es sich an, dass ein Elternteil oder ein älterer Freund das Auto fährt. In der Regel müssen alle Personen, die sich als Fahrer eintragen lassen, bei der Abholung des Fahrzeuges dabei sein und ihren Führerschein vorlegen.

Versicherungsschutz: Bei einem Umzug ist die Wahrscheinlichkeit, dass das Auto dabei eine kleine Macke oder einen Kratzer abbekommt, recht hoch. Daher ist unsere Empfehlung, die Selbstbeteiligung (SB) im Schadensfall auf 0 Euro setzen zu lassen. Dieser Versicherungsschutz kostet zwar extra, erspart bei der Rückgabe aber im Zweifel viel Ärger.

Vorschäden dokumentieren: Insbesondere wenn du die Selbstbeteiligung im Schadensfall nicht auf 0 Euro setzen konntest oder dich dagegen entschieden hast, ist es wichtig, dass du das Fahrzeug penibel auf Vorschäden prüfst, bevor du den Hof der Autovermietung verlässt, die Schäden im Übergabeprotokoll vermerken lässt und am besten auch Fotos mit dem Handy aufnimmst. Andernfalls können dir im Nachgang auch Schäden in Rechnung gestellt werden, die du selbst gar nicht verursacht hast.

Kosten: Der Preis der Transportermiete hängt von einigen Faktoren ab wie den benötigten Kilometern, dem Versicherungspaket und dem Alter und der Anzahl der Fahrer. Die meisten gängigen Autovermietungen bieten die Option an, das Fahrzeug an einer anderen Station zurückzugeben als der, an der du es abgeholt hast. Das kostet in der Regel einen erheblichen Aufpreis, kann sich aber je nach Entfernung zwischen alter und neuer Wohnung lohnen. Diese Option gibt es natürlich bei lokalen, kleineren Autovermietungen nicht, diese machen dir aber häufig einen besseren Preis.

Bezahlung: In der Regel wird bei der Anmietung eines Fahrzeugs eine Kreditkarte des Hauptfahrers verlangt, auf der eine beträchtliche Kaution vorgemerkt wird. Stell also sicher, dass der Fahrer eine Kreditkarte mit einem entsprechenden Limit zur Verfügung hat. Wenn du die Fahrzeugmiete über eine EC-Karte abwickeln möchtest, solltest du dies im Vorfeld mit der Autovermietung abstimmen.

Die Ummeldung deines Wohnortes

Der Auszug von zu Hause ist der Start in eine neue Lebensphase und in vielen Fällen auch mit dem Start ins Studium oder in die Ausbildung verbunden. Das sind ganz schön viele Eindrücke auf einmal, und die Tage vergehen wie im Flug. Deswegen ist es wichtig zu wissen, dass du noch ein wichtiges To-do für die Tage nach dem Umzug auf der Liste hast: die Ummeldung beim Einwohnermeldeamt beziehungsweise Bürgeramt. Dafür gibt dir der Gesetzgeber nur zwei Wochen Zeit, sonst kann es sein, dass du eine Säumnisgebühr zahlen musst.

Wie diese Ummeldung abläuft, ist von Stadt zu Stadt etwas unterschiedlich. Informationen dazu und zu den benötigten Dokumenten findest du auf der Website deines Bürgeramtes. In den Großstädten musst du dich in jedem Fall rechtzeitig um einen Termin bemühen. Den kannst du online buchen, allerdings häufig nur mit mehreren Wochen Vorlauf. Wenn du keinen Termin innerhalb der Frist bekommst, mach am besten einen Screenshot vom Online-Kalender des Amtes, damit du nachweisen kannst, dass du dich rechtzeitig bemüht hast.

In kleineren Städten ist es wesentlich leichter, einen Termin zu bekommen, und manche Ämter vergeben nicht einmal Termine. Da kannst du also jederzeit spontan vorbeikommen, um dich umzumelden.

Vor Ort benötigst du einen gültigen Personalausweis und eine von deinem Vermieter unterschriebene Wohnungsgeberbescheinigung. Einen Vordruck dafür findest du in der Regel auch auf der Website des Bürgeramtes. Wenn du einen Reisepass besitzt, bring auch diesen mit. Der Hinweis fehlt zwar häufig auf den Websites, aber auch darin wird dein Wohnort geändert, und wenn du ihn direkt dabeihast, ersparst du dir einen zweiten Gang zum Amt.

Der Beamte vor Ort wird dich fragen, ob du deinen alten Wohnsitz aufgibst oder dieser als Zweitwohnsitz bestehen bleibt. Gerade wenn es sich beim alten Wohnsitz um das Elternhaus handelt, ist es naheliegend, diesen als Zweitwohnsitz beizubehalten. Informiere dich jedoch vorher, ob deine Heimatstadt eine Zweitwohnsitzsteuer erhebt. Die kann zusätzliche Kosten verursachen, und rechtlich gesehen ist es nicht notwendig und bringt auch keine Vorteile, das Elternhaus als Zweitwohnsitz anzugeben. Anders wäre es, wenn du später tatsächlich mal zwei Wohnsitze haben solltest, zum Beispiel eine Dienstwohnung und eine Privatwohnung. Dann wärst du verpflichtet, beide Wohnsitze zu melden.

Rundfunkbeitrag – wie lauten die Regeln?

Jeder Haushalt in Deutschland ist dazu verpflichtet den Rundfunkbeitrag zu zahlen. Dafür kannst du dich direkt nach dem Umzug auf www.rundfunkbeitrag.de anmelden. Andernfalls wirst du ein paar Wochen nach deiner Ummeldung kontaktiert und aufgefordert, eine Angabe dazu zu machen, ob in deinem Haushalt bereits ein Rundfunkbeitrag gezahlt wird. Diesen muss nämlich nur eine Person pro Wohnung zahlen. Wenn du also in einer WG wohnst, reicht es aus, wenn einer von euch den Beitrag überweist und ihr untereinander vereinbart, wie ihr die Kosten aufteilt. Wenn du BAföG erhältst, kannst du dich vom Rundfunkbeitrag befreien lassen. Das musst du aber beim Beitragsservice beantragen.

WOHNEN – DEINE RECHTE UND PFLICHTEN ALS MIETER

Als Mieter hast du sowohl Rechte als auch Pflichten. Einige Punkte sind naheliegend: Du hast das Recht, in der Wohnung zu wohnen, und im Gegenzug die Pflicht, deine Miete rechtzeitig zu zahlen. Andere Aspekte sind hingegen kleinteiliger und vom Gesetzgeber geregelt. Du solltest deine Rechte kennen, denn widerspricht eine Regelung im Mietvertrag der gültigen Rechtslage, ist diese unwirksam, auch wenn beide Seiten den Mietvertrag unterschrieben haben.

Grundsätzlich gilt: Du hast ein Recht auf alles, was als sozial übliches Verhalten gilt und der freien Entfaltung deiner Persönlichkeit dient. Dazu zählen das Musizieren und Musikhören außerhalb von Ruhezeiten, ein Empfangen von Besuch und das Wäschewaschen und -trocknen in der Wohnung. Auch ein generelles Haustierverbot ist nicht erlaubt. Kleintiere wie Hamster oder Kanarienvögel und je nach Rechtsauslegung auch Katzen und kleine Hunde muss der Vermieter dulden. Das Grillen auf dem Balkon kann hingegen durch die Hausordnung verboten werden und auch auf gelegentliche Partys hast du kein Recht. Dies solltest du also immer mit deinen Nachbarn abstimmen. Auch unabhängig von der Gesetzeslage solltest du natürlich stets Rücksicht auf andere Hausbewohner nehmen.

Eine **Staffelmiete** im Vertrag festzulegen ist erlaubt, diese darf sich jedoch nicht häufiger als einmal im Jahr erhöhen. Unabhängig von der vertraglichen Vereinbarung sind Mieterhöhungen dann erlaubt, wenn der Mietspiegel, der die durchschnittlichen Mietpreise in einer Region beschreibt, gestiegen ist. Dann dürfen Vermieter die Mietpreise bis zur sogenannten örtlichen Vergleichsmiete erhöhen. Das kann in Zeiten von Inflation schon mal richtig wehtun. Regelungen zur Kaution haben wir bereits thematisiert (siehe Seite 162).

Für die **Instandhaltung** der Wohnung und die Beauftragung von Handwerkern ist grundsätzlich der Vermieter verantwortlich. Eine Ausnahme kann für **Kleinreparaturen** gelten, wenn dein Mietvertrag eine Kleinreparaturklausel beinhaltet. Die ist aber nur unter bestimmten Umständen gültig, beispielsweise muss sie eine angemessene Obergrenze für die jährlichen Kosten, die du als Mieter übernimmst, beinhalten. Je nach Region liegt diese zwischen 150 und 200 Euro, und eine einzelne Reparatur darf nicht mehr 100 Euro kosten. Alle größeren Mängel hat der Vermieter zu beseitigen. Wenn er dieser Pflicht nicht in einer angemessenen Zeit nachkommt und der Mangel dich beeinträchtigt, ist es rechtlich erlaubt, die Miete zu mindern. Ein Grund wäre beispielsweise eine defekte Heizung im Winter oder ein undichtes Fenster. Übrigens bist du nach der Schlüsselübergabe der Hausherr über die Wohnung. Der Eigentümer darf sie dann nicht mehr ohne deine Erlaubnis betreten.

Dies sind deine Rechte. Du musst als Mieter aber auch bestimmten Pflichten nachkommen, wie der Einhaltung der Hausordnung. Die kann beispielsweise einen Putzplan für das Treppenhaus beinhalten oder von den Mietern verlangen, die Mülltonnen rauszustellen und den Winterdienst zu erledigen. Außerdem musst du Schäden und Mängel dem Vermieter melden und Handwerkern bei Bedarf den Zugang zu deiner Wohnung ermöglichen. Zudem bist du verpflichtet, die Wohnung zu lüften und in der kalten Jahreszeit angemessen zu heizen, damit es nicht zu Schimmelbildung kommt.

Wenn du längere Zeit auf Reise gehst, ein Praktikum in einer anderen Stadt oder ein Auslandssemester machst, kann es sinnvoll sein, die Wohnung für diesen Zeitraum unterzuvermieten. Dem muss der Vermieter jedoch zustimmen. Lass dir sein Okay am besten schriftlich geben, denn Untervermietungen ohne Zustimmung des Vermieters können einen Grund für eine fristlose Kündigung sein. Gleiches gilt für die Vermietung über Airbnb oder eine anderweitige gewerbliche Nutzung, wenn du also zum Beispiel einer selbstständigen Tätigkeit von zu Hause aus nachgehen und deine Wohnadresse auch als Geschäftsadresse nutzen möchtest.

DEN AUSZUG ORGANISIEREN

Nun begeben wir uns auf eine kleine Zeitreise, zum Ende deiner Zeit in der ersten eigenen Wohnung. Vielleicht hast du dein Studium oder deine Ausbildung abgeschlossen, vielleicht möchtest du mit deinem Freund oder deiner Freundin zusammenziehen oder es zieht dich aus einem anderen Grund an einen neuen Ort.

Die Kündigung deiner Wohnung

Damit bei der Kündigung der Wohnung alles glattläuft, musst du vorausschauend handeln, denn die gesetzliche Kündigungsfrist beträgt drei Monate, es sei denn, im Vertrag ist etwas anderes vereinbart. Je nachdem wie dein Verhältnis zu deinem Vermieter ist, kann es angebracht sein, deine Kündigung persönlich mitzuteilen. Unabhängig davon sollte sie aber in jedem Fall auch schriftlich innerhalb der Frist erfolgen und für vollständige Rechtssicherheit per Einschreiben verschickt werden.

Diese Frist wird nur in absoluten Ausnahmefällen aufgehoben (fristlose Kündigung), wenn zum Beispiel die Wohnung ein ernstzunehmendes Gesundheitsrisiko darstellt und der Vermieter die Ursache nicht behebt, wenn du dich nach einem Einbruch in der Wohnung nicht mehr sicher fühlst und der Vermieter keine zusätzlichen Sicherheitsmaßnahmen ergreift oder wenn du einer anhaltenden unzumutbaren Lärmbelästigung ausgesetzt bist. Ein Arbeits- oder Studienortwechsel reicht in der Regel nicht aus, um eine fristlose Kündigung zu begründen.

Fristgerecht kannst du jederzeit kündigen, anderes gilt für den Vermieter. Dieser darf dir grundsätzlich nur unter bestimmten Umständen kündigen, zum Beispiel bei erheblichen Mietrückständen, anderen schwerwiegenden Vertragsverletzungen (dazu zählen auch eine unerlaubte Untervermietung oder gewerbliche Nutzung) oder Eigenbedarf.

Renovierung, Übergabe und Auszug – was gibt es zu beachten?

Nun heißt es wieder Kisten packen, Möbel abbauen und einen Umzug planen. Am Tag der Übergabe sollte die Wohnung vollständig leergeräumt und gründlich geputzt sein. Falls während deiner Mietzeit Schäden entstanden sind, kümmere dich rechtzeitig um Reparaturen. Dies könnte das Ausbessern von Löchern in den Wänden oder das Ersetzen von defekten Glühbirnen betreffen. Ob du verpflichtet bist, die Wohnung bei Auszug

frisch zu streichen, hängt von den Vereinbarungen im Mietvertrag ab. Grundsätzlich gilt nach wie vor, dass der Vermieter für die Instandhaltung der Wohnung verantwortlich ist. Aufwendige Renovierungsarbeiten wie das Abschleifen von Fußböden darf er dir also nicht aufdrücken. Sogenannte Schönheitsreparaturen wie tapezieren und streichen, können aber per Klausel im Mietvertrag zu deinen Aufgaben zählen.

Wie schon beim Einzug solltest du wieder einen Termin zur Übergabe vereinbaren, um sicherzustellen, dass beide Parteien mit dem Zustand der Wohnung einverstanden sind. Dies minimiert potenzielle Konflikte, insbesondere wenn es um die Rückzahlung der Kaution geht. Setzt wiederum ein Übergabeprotokoll auf, in dem der Zustand der Wohnung, die Zählerstände sowie die Rückgabe der Schlüssel dokumentiert werden. Schließlich solltest du noch deine Strom- und Internetanbieter über deinen Umzug informieren, einen Nachsendeauftrag bei der Post stellen, und dann heißt es auch schon: Auf ins nächste Abenteuer, wo auch immer es dich hinführen mag.

7

DIE KRANKENVERSICHERUNG – GLÜCK IM UNGLÜCK

Die Krankenversicherung ist eins dieser Themen, mit denen du dich theoretisch nicht beschäftigen müsstest, weil du von klein auf und in der Regel auch weit in dein Erwachsenenleben hinein über deine Eltern versichert bist. Und wenn dieser Versicherungsschutz ausläuft, macht es dir deine Krankenkasse leicht, mit nur einer Unterschrift eine eigene Versicherung bei ihr abzuschließen. Das hat natürlich auch Vorteile: So bist du im Krankheitsfall immer abgesichert. Versichert zu sein ist im Krankheitsfall immer Glück im Unglück.

Juris Erfahrung:
10.000 Euro Schulden bei der Krankenkasse

Mit 21 Jahren startete ich meine erste Selbstständigkeit und verdiente damit schon bald gutes Geld. Monat für Monat füllte sich mein Konto mit Einkünften und ich empfand etwas, was ich in meiner gesamten Kindheit und Jugend nicht erlebt hatte: finanzielle Freiheit. Bis eines Tages ein Brief der Krankenkasse bei mir eintraf. Die forderte eine Nachzahlung in Höhe von 10.000 Euro. In aller Euphorie hatte ich es immer wieder aufgeschoben, mich mit dem Thema Krankenversicherung zu beschäftigen. Nun war ich automatisch in die höchste Einkommensstufe eingestuft worden, und so hatte sich eine beträchtliche Summe an ausstehenden Beiträgen angesammelt.

Auf den anfänglichen Schock folgte glücklicherweise etwas Erleichterung, denn wie sich später herausstellte, handelte es sich dabei nicht um die tatsächliche Summe, die ich der Krankenkasse schuldete. Ich reichte Einkommensnachweise ein, die Krankenkasse korrigierte die Schulden nach unten und ich vereinbarte eine Ratenzahlung, um den ausstehenden Betrag über mehrere Monate abzuzahlen. Zudem zahlte ich nun ordnungsgemäß meine monatlichen Versicherungsbeiträge. Da wurde mir zum ersten Mal bewusst: Das Leben als Erwachsener hat einen hohen Preis.

Juri war durch die Selbstständigkeit in einer besonderen Situation, aber auch unabhängig davon ist es sinnvoll, sich mit der Frage nach der passenden Krankenversicherung auseinanderzusetzen. Denn die verschiedenen Krankenkassen haben unterschiedliche Leistungen, und es ist gut möglich, dass ein Angebot einer anderen Krankenkasse als der deiner Eltern besser zu dir und deinem Lifestyle passt. Wie du diese Krankenkasse findest und wie ein Wechsel der Krankenkasse abläuft, darum soll es, unter anderem, in diesem Kapitel gehen.

ALLE FÜR EINEN – DAS DEUTSCHE SOZIALSYSTEM

Die gesetzliche Krankenversicherung ist eine von fünf Säulen der Sozialversicherung. Die anderen sind die Renten-, Arbeitslosen-, Pflege- und Unfallversicherung. All diese Versicherungen beruhen auf dem sogenannten Solidaritätsprinzip, dessen Grundgedanke ist: Einer für alle. Alle für einen.

Alle Versicherten zahlen in den gleichen Topf ein. Daraus bezahlen die Krankenversicherungen dann notwendige Leistungen für ihre Versicherten, also zum Beispiel Arztrechnungen. Dabei richtet sich der Beitrag, den ein Versicherter zahlt, nicht nach seinen in Anspruch genommenen Leistungen, sondern nach seinem Einkommen. Einkommensstarke zahlen also mehr ein als Einkommensschwache, wobei im Krankheitsfall alle den gleichen Anspruch haben.

In Deutschland gilt eine Sozialversicherungspflicht für Erwerbstätige. Das bedeutet grob gesagt, dass jeder, der Geld verdient, dazu verpflichtet ist, Sozialversicherungsbeiträge zu zahlen und damit im Gegenzug arbeitslosen-, renten-, pflege-, kranken- und unfallversichert ist. Die Beiträge werden bei Angestellten direkt mit dem Gehalt verrechnet und vom Arbeitgeber, zusammen mit der Lohnsteuer, an den Staat abgeführt

Das Solidarprinzip

(mehr dazu im Kapitel 9). Dein Arbeitgeber und du teilt euch die Kosten für die Sozialversicherung, du zahlst also nur die Hälfte der in der Tabelle auf der nächsten Seite aufgeführten Beiträge. Im Falle der Unfallversicherung trägt er sogar den gesamten Beitrag.

Es würde sich nicht um deutsches Recht handeln, wenn es keine Ausnahmen von der Regel gäbe. So sind geringfügig Beschäftigte grundsätzlich von der Sozialversicherungspflicht befreit und müssen lediglich den Rentenversicherungsbeitrag zahlen. Auf Antrag beim Arbeitgeber kannst du dich als Minijobber aber auch davon befreien lassen.

Zudem sind Beamte, Selbstständige und freiberuflich Tätige (mit Ausnahme von Kunstschaffenden und Publizisten) von der Sozialversicherungspflicht befreit. Beamte nehmen nicht am Sozialversicherungssystem teil, weil sie nicht arbeitslos werden können und anstatt einer Rente im Alter eine Pension erhalten, die nicht durch das Umlageverfahren (siehe Seite 17), sondern vollständig aus Steuergeldern finanziert wird.

SOZIAL-VERSICHERUNG	FUNKTION	KOSTEN
Arbeitslosen-versicherung (AV)	Bietet finanzielle Unterstützung im Fall von Arbeitslosigkeit.	2,6 Prozent des Bruttogehalts
Renten-versicherung (RV)	Sichert die finanzielle Versorgung im Alter ab.	18,6 Prozent des Bruttogehalts
Pflege-versicherung (PV)	Deckt Kosten bei Pflege-bedürftigkeit.	Im Allgemeinen 3,4 Prozent des Bruttogehalts, reduziert sich je nach Anzahl der eigenen Kinder
Gesetzliche Krankenversicherung (GKV)	Deckt medizinische Kosten.	14,6 Prozent des Bruttolohns plus individueller Zusatzbeitrag der jeweiligen Krankenkasse
Unfallversicherung (UV)	Schützt vor den finanziellen Folgen von Unfällen.	Individueller Satz, u.a. abhängig von der berufsabhängigen Gefahrengruppe, im Durchschnitt 1,3 Prozent des Bruttolohns

Selbstständige und Freiberufler können am gesetzlichen Sozialversicherungssystem teilnehmen und zum Beispiel freiwillig in eine gesetzliche Krankenkasse eintreten. Alternativ dürfen sie sich aber auch in der privaten Krankenversicherung (PKV) absichern. Gleiches gilt für Angestellte mit einem Jahreseinkommen über einer bestimmten Grenze, die jährlich steigt.

Umgangssprachlich werden geringfügige Beschäftigungsverhältnisse **Minijobs** genannt. Es handelt sich um einen Minijob, wenn

- du entweder nicht mehr als 538 Euro im Monat (Stand: 2024) verdienst oder
- das Beschäftigungsverhältnis von vornherein auf drei Monate oder 70 Arbeitstage im Jahr befristet ist.

Wenn du zwei Minijobs hast und damit insgesamt mehr als 538 Euro im Monat verdienst beziehungsweise mehr als 70 Tage im Kalenderjahr arbeitest, besteht Versicherungspflicht. Gleiches gilt, wenn dein durchschnittlicher Monatslohn durch eine einmalige Zahlung wie ein Weihnachtsgeld über 538 Euro liegt. Dann besteht nicht nur für den Monat der zusätzlichen Zahlung, sondern für das gesamte Jahr Versicherungspflicht.

KRANKENVERSICHERT IN ALLEN LEBENSLAGEN

Fast 90 Prozent der Deutschen sind in der Gesetzlichen Krankenversicherung (GKV) versichert. Dies trifft also mit hoher Wahrscheinlichkeit auch auf dich und deine Familie zu. Im Folgenden soll es zunächst um diesen Regelfall gehen. Im Anschluss findest du einen Exkurs zur PKV.

Schule oder Studium ohne Nebenjob

Wenn deine Eltern in einer gesetzlichen Krankenkasse sind und du kein eigenes Einkommen hast, bist du bis zum 23. Lebensjahr beitragsfrei mitversichert (Familienversicherung). Solange du dich in einer unbezahlten Ausbildung, zum Beispiel im Studium befindest, verlängert sich dein Anspruch auf die Familienversicherung bis zum 25. Lebensjahr.

Schule oder Studium mit geringfügiger Beschäftigung

Die Familienversicherung bleibt erhalten, solange es sich um einen Minijob handelt. Das kann sowohl ein dauerhafter Nebenjob mit einem monatlichen Einkommen bis 538 Euro sein als auch ein befristeter Ferienjob mit maximal 70 Arbeitstagen. In dieser Zeit darfst du dann mehr verdienen.

Einkommensgrenze

Handelt es sich um eine andere Beschäftigungsart als einen Minijob, liegt die Einkommensgrenze, die es einzuhalten gilt, um familienversichert zu bleiben, bei **505 Euro**.

Studium mit Werkstudententätigkeit

Als eingeschriebener Student steht dir eine weitere Anstellungsform zur Verfügung: die Werkstudententätigkeit. Hier darfst du mehr verdienen als im Minijob und bist aufgrund des Werkstudentenprivilegs vom klassischen Sozialversicherungssystem befreit. Dein Arbeitgeber führt also keine Beiträge an den Staat ab, sondern überweist dir dein vollständiges Gehalt. Die Familienversicherung gilt dann aber nicht mehr. Stattdessen hast du Anspruch auf die studentische Krankenversicherung, die monatlich je nach Krankenkasse in etwa zwischen 110 und 130 Euro kostet. Darin enthalten sind Kranken- und Pflegeversicherung sowie der Zusatzbeitrag. In diesem Fall musst du dich selbst um die Versicherung kümmern und die Beiträge an die Krankenkasse überweisen. Achtung: Während eines Urlaubsemesters hast du keinen Anspruch auf die Studenten-Versicherung.

Wenn du die Wahl zwischen einem Minijob und einer Werkstudententätigkeit hast, überlege dir gut, ob es sich wirklich rechnet (siehe Rechenbeispiel).

Rechenbeispiel: zusätzliches Einkommen versus Krankenkassenbeitrag

Minijob

- Wochenarbeitszeit von 10 Stunden
- 538 Euro Einkommen pro Monat
- Familienversichert (0 Euro)
- Zur Verfügung: 538 Euro im Monat

Werkstudententätigkeit

- Wochenarbeitszeit von 12 Stunden zu 14 Euro Stundenlohn
- 672 Euro Einkommen pro Monat
- Studentische Versicherung für 120 Euro im Monat
- Zur Verfügung: 552 Euro im Monat

Du hast im Monat 8 Stunden mehr gearbeitet, aber nur 14 Euro mehr zur Verfügung.

Studium ab 25 Jahren

Ab 25 Jahren läuft die Familienversicherung in jedem Fall aus, auch unabhängig von deiner Beschäftigungsart und deinem Einkommen. Dann gilt dasselbe wie in der Werkstudententätigkeit: Du musst deine Krankenversicherung selbst abschließen, hast aber Anspruch auf den Studenten-Tarif.

Berufsausbildung und duales Studium

Als Azubi und dualer Student erhältst du ein Gehalt und musst dich daher selbst versichern. Du hast 14 Tage nach Ausbildungsbeginn Zeit, deine

Mitgliedschaft bei einer neuen Krankenkasse zu beantragen und deinem Arbeitgeber mitzuteilen, bei welcher Krankenkasse du in Zukunft versichert sein wirst. Andernfalls informiert ihn deine bisherige Krankenkasse über deine Mitgliedschaft und du hast erst nach 12 Monaten wieder die Möglichkeit, die Krankenkasse zu wechseln. Um die Kündigung deiner alten Versicherung kümmert sich die neue Krankenkasse. Dein Arbeitgeber zieht die Hälfte des Krankenkassenbeitrags von deinem Gehalt ab und zahlt diesen direkt an die Krankenkasse. Die andere Hälfte zahlt er aus eigener Tasche, denn die Regelung in Deutschland ist, dass sich Arbeitgeber und Arbeitnehmer die Sozialabgaben teilen.

Du musst dich also um nichts kümmern, außer dich für eine Krankenkasse zu entscheiden. Es kann durchaus sinnvoll sein, etwas Zeit in die Recherche zu investieren, denn Krankenkassen haben unterschiedliche Leistungen und Zusatzbeiträge. Wie du die passende Krankenkasse für dich wählst, kannst du ab Seite 192 nachlesen.

Gap-Year

Wenn du in deinem Gap-Year keinen offiziellen Freiwilligendienst, sondern beispielsweise ein Praktikum machst oder auf Reisen gehst, bleibst du familienversichert, vorausgesetzt du bist unter 23. Danach verlierst du den Anspruch auf die Familienversicherung, wenn du dich nicht in einer Ausbildung befindest. Es ist also ratsam, ein privat organisiertes Gap-Year vor deinem 23. Geburtstag zu planen. Solltest du dich währenddessen im Ausland aufhalten wollen, solltest du auf jeden Fall eine Auslandskrankenversicherung abschließen, denn die GKV übernimmt im europäischen Ausland lediglich die in Deutschland üblichen Kosten für Behandlungen. Diese können aber stark abweichen, und dann musst du die Differenz selbst zahlen. Im außereuropäischen Ausland springt die gesetzliche Krankenkasse in der Regel gar nicht ein. Da ist eine private Auslandskrankenversicherung also umso wichtiger.

Freiwilligendienste

Im BFD, FSJ oder vergleichbaren Programmen wirst du versicherungspflichtig, musst dich also selbst in der GKV versichern, auch wenn dein Taschengeld unter 538 Euro liegt oder du vorher privat versichert warst. Der Unterschied zu einer herkömmlichen Anstellung: Deine Einsatzstelle zahlt den vollständigen Beitrag, weil du ja kein Gehalt in dem Sinne erhältst, von dem dein Anteil abgezogen werden könnte. Du musst dich also um nichts kümmern, außer deiner Einsatzstelle mitzuteilen, bei welcher Krankenkasse du versichert bist. Nach dem Freiwilligendienst kannst du wieder in die Familienversicherung zurückkehren. Wenn du einen Wehr- oder Freiwilligendienst geleistet hast, verlängert sich dein Anspruch auf die Familienversicherung um bis zu ein Jahr. In diesem Ausnahmefall kannst du also bis zur Vollendung deines 26. Lebensjahres familienversichert bleiben.

Freiwilligendienst im Ausland

Diese Regelungen gelten auch, wenn du deinen Dienst im Ausland absolvierst, dann solltest du dich darüber hinaus aber um eine Auslandskrankenversicherung bemühen. Die Kosten dafür übernimmt meistens ebenfalls die Trägerorganisation.

Anstellung

Wenn du das Kapitel bis hierher aufmerksam gelesen hast, kannst du dir bereits selbst beantworten, was im Falle einer Anstellung passiert. Dein Einkommen liegt nun über 505 Euro bzw. der Minijob-Grenze. Du bist also unabhängig von deinem Alter nicht mehr familienversichert und musst eine eigene Krankenversicherung abschließen. Wenn du zu diesem Zeitpunkt die Krankenkasse wechseln möchtest, musst du das innerhalb von 14 Tagen nach Beginn des Arbeitsverhältnisses bei der neuen Krankenkasse beantragen und deinem neuen Arbeitgeber formlos mitteilen. Um die

Kündigung bei der ehemaligen Krankenkasse musst du dich nicht kümmern, das regeln die Krankenkassen untereinander. (Mehr dazu im Abschnitt »Welche Krankenkasse passt zu dir?« ab Seite 192) Wie schon in der Berufsausbildung trägt dein Arbeitgeber die Hälfte der Kosten und führt den gesamten Beitrag an die Krankenkasse ab.

Selbstständigkeit

Hauptberuflich Selbstständige sind, unabhängig von der Höhe ihres Einkommens, nicht verpflichtet, sich in der GKV zu versichern, können dies aber auf freiwilliger Basis tun. In diesem Fall musst du dich selbst um den Abschluss der Versicherung kümmern und den vollständigen Beitrag zahlen, denn du bist ja sozusagen dein eigener Arbeitgeber und kannst dir den Beitrag entsprechend mit niemandem teilen. Sei dir also dessen bewusst, dass von der Summe, die monatlich auf deinem Konto eingeht, noch ein nicht unerheblicher Betrag an die Krankenkasse zu zahlen ist.

GESETZLICH ODER PRIVAT VERSICHERN?

Bestimmte Berufsgruppen beziehungsweise Einkommensgruppen sind von der Sozialversicherungspflicht befreit. Das ist die Voraussetzung dafür, sich privat versichern zu können. Das hat Vorteile: Die Geschichten von Privatpatienten, die umgehend einen Arzttermin bekommen, auf den Kassenpatienten wochenlang warten müssen, haben einen wahren Kern. Und auch darüber hinaus übernimmt eine private Krankenkasse zum Beispiel im Krankenhaus oder bei Fachärzten mehr Leistungen als eine gesetzliche. Dennoch sollte die Entscheidung gut überlegt sein, denn eine bessere Absicherung kostet natürlich auch.

Wie bereits thematisiert, folgt die GKV dem Solidaritätsprinzip – alle zahlen (verhältnismäßig zu ihrem Einkommen) das Gleiche und alle erhalten dafür die gleichen Leistungen. Das ist in der PKV anders. Sie folgt

dem Äquivalenzprinzip, was bedeutet, dass dein Beitrag und die von dir in Anspruch genommene Leistung in etwa gleichwertig sein sollen. Entsprechend wird für jedes Mitglied ein individueller Beitrag berechnet. Sinn einer Versicherung ist es ja gerade, das Unvorhersehbare abzusichern, daher kann die Krankenkasse nur schätzen, welchen Umfang an Leistungen du benötigen wirst und welcher individuelle Beitrag sich daraus für dich ergibt. Dafür berechnet sie einen Risikofaktor, der sich unter anderem aus deinem Alter und deinen Vorerkrankungen ergibt und sich entsprechend auch mit der Zeit ändern kann. In jungen Jahren kann die private Krankenversicherung durchaus günstiger sein als die GKV, im Alter übersteigen die Kosten aber tendenziell den GKV-Beitrag.

Private Krankenkassen sind darüber hinaus nicht verpflichtet, jeden aufzunehmen. Bestimmte Risikofaktoren können dazu führen, dass dich eine private Krankenkasse ablehnt. Ein Grund kann beispielsweise eine Psychotherapie in den letzten fünf oder zehn Jahren sein.

Eine Familienversicherung gibt es in der PKV nicht, aber natürlich können Kinder mitversichert werden. Unter bestimmten Umständen, etwa wenn beide Eltern privat versichert sind, müssen sie das sogar. Anders als in der GKV kostet dies allerdings extra. Ist nur ein Elternteil privat versichert und ist dies der Besserverdiener, ist die Familie ab einer bestimmten Einkommensgrenze dazu verpflichtet, die Kinder kostenpflichtig zu versichern – sowohl in der PKV als auch in der GKV. Eine kostenlose Familienversicherung ist dann also unabhängig von der Art der Versicherung ausgeschlossen.

Schließlich unterscheidet sich das Prinzip der Auszahlung. Als gesetzlich Versicherter erhältst du eine Versichertenkarte von deiner Krankenkasse, die du bei einem Arztbesuch vorlegst. Die Praxis rechnet die angefallenen Kosten dann direkt mit deiner Krankenkasse ab. Dieses Vorgehen nennt sich Sachleistungsprinzip. Private Krankenkassen folgen jedoch dem Kostenerstattungsprinzip, was bedeutet, dass der Patient die Kosten für eine Behandlung zunächst selbst bezahlt und sie anschließend von der Krankenkasse erstattet bekommt.

Eine private Krankenversicherung ist also unterm Strich, insbesondere für Familien, deutlich teurer. Auch diejenigen, die grundsätzlich berechtigt sind, sich privat zu versichern, sollten sich daher gut überlegen, ob für sie der zusätzliche Versicherungsschutz und die zusätzlichen Kosten im Verhältnis stehen, und dabei berücksichtigen, dass die Kosten im Laufe der Jahre steigen. Zudem ist die Entscheidung für die private Krankenversicherung nicht so einfach rückgängig zu machen, denn ein Wechsel in die GKV ist dann wiederum nur unter bestimmten Umständen möglich.

Übrigens können auch gesetzlich Krankenversicherte für bestimmte Leistungen private Zusatzversicherungen, zum Beispiel für Zahnbehandlungen oder Krankenhausaufenthalte, abschließen.

Sachleistungs- versus Kostenerstattungsprinzip[8]

WELCHE KRANKENKASSE PASST ZU DIR?

Pflicht- und Zusatzleistungen

In Deutschland gibt es 96 verschiedene gesetzliche Krankenkassen, die alle dazu verpflichtet sind, die sogenannten Pflichtleistungen zu erbringen. Sie übernehmen daher zum Beispiel die Kosten für

- ärztliche Behandlungen,
- bestimmte Kontroll- und Vorsorgeuntersuchungen,
- die Therapie von Krankheiten, darunter bei Bedarf auch Psychotherapie,
- die Behandlung nach Unfällen,
- Krankenhausaufenthalte,
- Medikamente und Hilfsmittel (zum Beispiel Brillengläser), die vom Arzt verschrieben wurden,
- empfohlene Impfungen sowie
- Krankengeld.

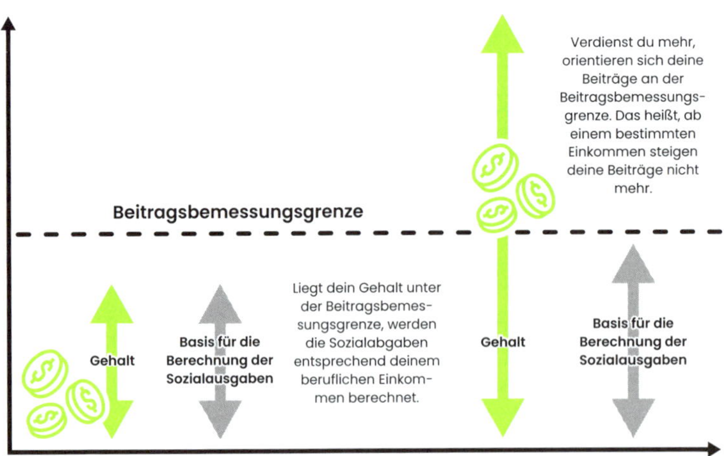

Die Beitragsbemessungsgrenze[9]

In dieser Hinsicht bieten und kosten, zumindest verhältnismäßig zum Bruttolohn, alle Krankenkassen das Gleiche. Denn auch der Beitragssatz für diese Leistungen ist mit 14,6 Prozent festgelegt. Eine Ausnahme davon bildet lediglich die Beitragsbemessungsgrenze.

Wenn alle Krankenkassen sowieso das Gleiche leisten und kosten, ist es dann egal, wo du versichert bist? Nicht ganz. Über die vorgeschriebenen Leistungen hinaus, bietet jede Krankenkasse individuelle Zusatzleistungen an, die sie mit einem individuellen Zusatzbeitrag bepreist. Gerade aufgrund dieser Gegebenheit herrscht unter den Krankenkassen ein enormer Wettbewerb, den sie versuchen, durch möglichst niedrige Zusatzbeiträge bei gleichzeitig attraktiven Zusatzleistungen für sich zu entscheiden. Und von genau diesem Wettbewerb kannst du profitieren, wenn du dich etwas informierst. Zusatzleistungen können zum einen weitergehende Kostenübernahmen im Bereich der Pflichtleistungen sein, also zum Beispiel für weitere Medikamente und Impfungen, zusätzliche Vorsorgeuntersuchungen oder bessere Seh- und Hörhilfen. Wenn du beispielsweise vorhast auf Reisen zu gehen, kannst du dir einiges an Geld sparen, wenn deine Krankenkasse die benötigten Reiseschutzimpfungen zahlt. Zudem bieten viele Krankenkassen Zuzahlungen zu Fitness- oder Ernährungskursen an, schließlich ist es in ihrem Interesse, dass ihre Versicherten fit und gesund sind.

Was kosten medizinische Leistungen?

- Impfung gegen Hepatitis B: 100–130 Euro
- Operation und stationärer Aufenthalt nach dem Bruch des Sprunggelenks: 4.000 Euro
- Rollstuhl: 500 bis 1.000 Euro

Rechenbeispiel: Was kostet die Krankenversicherung?

Angenommen, du hast ein Bruttogehalt von 48.000 Euro pro Jahr

Krankenkasse A:

Beitrag: 15,8 Prozent -> 316 Euro monatlich -> 3.792 Euro jährlich
Reiseschutzimpfungen sind eine Zusatzleistung.

Krankenkasse B:

Beitrag: 15,5 Prozent -> 310 Euro monatlich -> 3.720 Euro jährlich
Reiseschutzimpfungen sind nicht in den Zusatzleistungen inkludiert.
Wenn du ausschließlich den Beitrag betrachtest, kannst du also **72 Euro** im Jahr sparen, wenn du bei Krankenkasse B versichert bist.
Nun planst du, in Thailand backpacken zu gehen. Dafür sind eine ganze Reihe Impfungen empfohlen, die du zum Teil mehrfach erhalten musst, um eine Grundimmunisierung aufzubauen. Die Kosten können sich dadurch auf mehrere Hundert Euro belaufen. Wir gehen hier mal von 400 Euro aus.

Krankenkasse A:

12 * 316 Euro + 0 Euro = 3.792 Euro
(Kosten für Impfungen trägt die Krankenkasse)

Krankenkasse B:

12 * 310 Euro + 400 Euro Kosten für Impfungen = 4.120 Euro
In einem solchen Fall hättest du also **328 Euro** sparen können, wenn deine Krankenkasse besser zu deinen Bedürfnissen gepasst hätte.
Eine Reiseschutzimpfung ist planbar. Auf andere Leistungen, wie beispielsweise eine besondere Behandlung beim Zahnarzt bist du aber möglicherweise nicht vorbereitet. Es ist also nicht das Ziel, deine Krankenkasse exakt nach den Leistungen zu wählen, die du benötigen wirst, sondern sich dem lediglich zu nähern und eine bewusste Entscheidung zu treffen.

Obwohl die Zahl der gesetzlichen Krankenkassen in den vergangenen Jahrzehnten bereits drastisch gesunken ist, gibt es noch immer ein großes Angebot. Um dir einen Überblick zu verschaffen, nutze seriöse Vergleichsangebote, die du online findest. Weitere Tipps dazu findest du im Anhang ab Seite 282. Überlege dir, welche der Leistungen dir wichtig sind und welche Zahlungsbereitschaft du für die zusätzlichen Leistungen hast. Erscheint dir ein Angebot passend, kannst du dich auf der Website der jeweiligen Krankenkasse noch einmal im Detail informieren.

Die Krankenkasse wechseln

Der Krankenkassenwechsel ist erfreulicherweise einfach und risikofrei. Wenn du dich für eine neue Krankenkasse entschieden hast, meldest du dich einfach bei ihr an. Das geht in der Regel online. Sie kümmert sich dann um die Kündigung deiner alten Versicherung und teilt dir innerhalb von zwei Wochen mit, ob der Wechsel erfolgreich war. Der Wechsel könnte beispielsweise an der sogenannten Bindungsfrist scheitern, die besagt, dass du eine Mindestvertragslaufzeit von 12 Monaten hast. Aber keine Sorge, scheitert ein Wechsel, bleibst du einfach bei deiner bisherigen Krankenkasse versichert und versuchst es nach Ablauf der Bindungsfrist noch einmal. Du bist also niemals unversichert.

In der Regel läuft aber alles glatt. Dann beträgt die Kündigungsfrist zwei Monate zum Monatsende. Würdest du dich also im Mai bei einer neuen Krankenkasse anmelden, wärst du dort ab dem 1. August versichert. Dann musst du nur noch deinen Arbeitgeber darüber informieren, wo du jetzt versichert bist. Das genügt formlos.

Wenn deine Krankenkasse den Zusatzbeitrag erhöht, hast du ein Sonderkündigungsrecht und kannst auch dann wechseln, wenn du noch keine 12 Monate Mitglied bei der alten Krankenkasse warst. Du musst den Wechsel in diesem Fall beantragen, bevor erstmals der erhöhte Beitrag

abgebucht wird. Bis du Mitglied in der neuen Krankenkasse bist, dauert es dann trotzdem zwei Monate. So lange musst du den erhöhten Beitrag zahlen.

Zudem hast du unter bestimmten Umständen ein sofortiges Krankenkassenwahlrecht und kannst dich für eine Krankenkasse entscheiden, ohne kündigen zu müssen, zum Beispiel wenn du die Familienversicherung verlässt oder du deinen Job wechselst. Du hast allerdings nur 14 Tage Zeit, um diese Entscheidung zu treffen, also zum Beispiel 14 Tage nach Ausbildungsbeginn, andernfalls bleibst du bei deiner bisherigen Krankenkasse versichert. Nimmst du damit die eigene Versicherung erst auf, beginnt damit die Mindestlaufzeit von 12 Monaten. Du kannst dann also erst wieder nach einem Jahr wechseln.

Damit weißt du nun alles, was wichtig ist, um jederzeit gut krankenversichert zu sein. Absichern kannst du dich aber natürlich nicht nur gegen Krankheit, sondern gegen diverse Lebensumstände und Ereignisse. Deswegen geben wir dir im nächsten Kapitel eine Orientierungshilfe im Dschungel der Versicherungen.

8
WEITERE
VERSICHERUNGEN

Versicherungen sind eines der wichtigsten und wirksamsten Mittel zur Sicherung unserer finanziellen Grundlagen. Sie werden im Allgemeinen als etwas sehr Trockenes und Langweiliges angesehen. Die Gründe dafür sind vielfältig. Zum einen liegt es nicht in unserer Natur, sich frühzeitig mit einem Problem zu beschäftigen, das vielleicht nie eintreten wird. Ein anderer Grund ist, dass das eigene Umfeld möglicherweise viele negative Erfahrungen mit Versicherungen gemacht hat, wie zum Beispiel der Onkel, der seinen kaputten Laptop nicht von der Versicherung ersetzt bekommen hat, oder die Großtante, die sich über zu hohe Versicherungsprämien beschwert.

Trotzdem ist es wichtig, sich mit Versicherungen auseinanderzusetzen, denn sonst steht man entweder im Schadensfall ohne Versicherung da und damit im schlimmsten Fall vor dem finanziellen Ruin, oder man

Juris Erfahrung:
Sorgenfrei in die gemeinsame Wohnung

Als ich von meiner ersten eigenen Wohnung in die gemeinsame Wohnung mit meiner Freundin zog, dachte ich während des Umzugs, ich würde es allen leichter machen, wenn ich mein Bett allein bis zur Wohnungstür schiebe. Die Idee war gut, die Ausführung weniger. Leider habe ich dabei das noch recht neue Parkett in der Wohnung zerkratzt und kurz vor meinem Auszug einen Schaden in Höhe von 1.800 Euro verursacht – eine Summe, die durchaus wehgetan hätte, wenn ich sie an meinen alten Vermieter hätte zahlen müssen, anstatt davon die neue Wohnungseinrichtung für die gemeinsame Wohnung kaufen zu können. Zum Glück hatte ich eine Haftpflichtversicherung, die den Schaden übernahm. Besonders hervorzuheben ist der Kosten-Nutzen-Effekt: Ich habe in dem Jahr circa 60 Euro für meine Haftpflichtversicherung bezahlt und diese hat mich vor einem Schaden in vierstelliger Höhe geschützt.

hat zu viele Versicherungen abgeschlossen, die man eigentlich gar nicht braucht. Die Folge ist in dem einen als auch im anderen Fall, dass man viel Geld verliert, das andernfalls dem persönlichen Vermögensaufbau hätte dienen können, um sich später einmal ein neues Auto oder den lang ersehnten Urlaub zu leisten.

Die Gewissheit und das damit verbundene Sicherheitsgefühl, die richtigen Versicherungen abgeschlossen zu haben und im Schadensfall nicht finanziell in die Enge getrieben zu werden, gehören zu den positiven und schönen Seiten des Themas Versicherung. Was eine Versicherung überhaupt ist, wie du entscheidest, welche Versicherung du in welcher Lebenssituation brauchst und worauf du bei den einzelnen Versicherungen achten solltest – darum geht es in diesem Kapitel.

WAS SIND VERSICHERUNGEN?

Eine Versicherung ist vereinfacht gesagt ein Vertrag (Police), der zwischen einer Privatperson oder einem Unternehmen (Versicherungsnehmer) und einer Versicherungsgesellschaft (Versicherer) geschlossen wird.

Gegen eine Geldzahlung (Prämie), verpflichtet sich der Versicherer, im Falle eines vorher ausgemachten Schadensereignisses wie Unfall, Krankheit, Tod oder Sachbeschädigung, finanziellen Schutz oder Ersatz zu leisten (Schadensregulierung). Wenn du zum Beispiel das Handy eines Freundes kaputtgemacht und die richtige Versicherung hast (in dem Fall eine private Haftpflichtversicherung (PHV), wird diese Versicherung deinem Freund den entstandenen Schaden bezahlen. Das Grundprinzip der Versicherung basiert auf dem Konzept des Risikoausgleichs. Viele Versicherungsnehmer zahlen einen gewissen Beitrag in einen gemeinsamen Topf, und denjenigen, die Schäden erleiden, werden Leistungen von dem eingezahlten Geld bezahlt.

Dabei lassen sich Versicherungen in zwei Hauptkategorien unterteilen:

- Personenversicherungen beziehungsweise Lebensversicherungen: Diese Kategorie deckt persönliche Risiken ab, die mit deinem Leben, deiner Gesundheit und deiner Arbeitsfähigkeit verbunden sind. Diese sind dafür da, dass, wenn dir persönlich etwas passiert, du entweder eine einmalige oder eine monatliche Zahlung erhältst und neben den körperlichen Herausforderungen nicht auch noch finanzielle hast. Ein Beispiel hierfür ist die Berufsunfähigkeitsversicherung (BU), wenn du in Folge einer Krankheit, Unfall oder Ähnlichem nicht mehr in deinem Beruf arbeiten und damit auch kein Geld verdienen kannst, zahlt dir diese Versicherung ein monatliches Einkommen aus.
- Sachversicherungen: Diese Versicherungen sind dafür da, finanziellen Schaden am Eigentum von dir und anderen abzudecken. Dazu zählt die oben bereits thematisierte private Haftpflichtversicherung.

WANN BRAUCHE ICH EINE VERSICHERUNG?

Nachdem wir nun wissen, was eine Versicherung ist, wie eine Versicherung funktioniert und welche Arten von Versicherungen es gibt, stellt sich eine große Frage: Welche Versicherungen benötige ich überhaupt. Hierfür gibt es eine leichte Antwort: Wenn du dir den Schadensfall nicht leisten kannst oder willst, kann eine Versicherung sinnvoll sein!

Wenn du nur eine Sache aus dem Versicherungskapitel mitnimmst, dann sollte es dieser Merksatz sein. Dabei gilt es eine wichtige Erkenntnis zu berücksichtigen: Kein Versicherungsunternehmen kann in allen angebotenen Bereichen das beste sein. Deshalb ist es entscheidend, für jeden Versicherungsbereich den jeweils besten Anbieter auszuwählen. Verschiedene Versicherungsunternehmen gelten als Marktführer für bestimmte Produkte. Oft nutzen sie diese partielle Marktführerschaft jedoch als Türöffner, um mit Kunden ins Gespräch zu kommen und ihnen neben einer Versicherung mit sehr guten Konditionen noch weniger vorteilhafte Versicherungen zu vermitteln.

Das ist wie im Supermarkt: Oft werden Kunden mit Sonderangeboten gelockt. Diese Sonderangebote sind keine Wohltätigkeitsaktionen, sondern Strategien, um Kunden in den Laden zu ziehen. Einmal im Laden, kaufen wir meist mehr als nur das Sonderangebot. Versicherungen nutzen ähnliche Taktiken: Sie bieten attraktive Einstiegsprodukte an, um dich als Kunde zu gewinnen und dir später weitere Produkte zu verkaufen.

Solltest du also ein Gespräch mit einem Versicherungsberater vereinbaren, weil du eine bestimmte oder mehrere bestimmte Versicherungen abschließen möchtest, gilt: Genauso wie du vor jedem Einkauf im Supermarkt eine Einkaufsliste erstellen und dich daran halten solltest, damit du nicht viel zu viel Geld ausgibst, solltest du dir vor einem solchen Termin bewusst machen, welche Versicherungen du tatsächlich benötigst und von diesen Überlegungen während des Gesprächs nicht abweichen. Schlägt dir der Berater dann weitere Versicherungen vor, kannst du das im Nachgang ja prüfen und überlegen, ob der von ihm beschriebene Fall zu unserem Merksatz passt und es sich um die Absicherung einer Situation handelt, die du dir im Schadensfall nicht leisten kannst oder möchtest. Entscheidend ist nur: Schließe Versicherungen niemals im Affekt ab. Das Verkaufen von Versicherungen ist ein Geschäft mit der Angst. Deswegen ist es so wichtig, dass du dir keine Angst machen lässt, sondern besonnen und sachlich überlegst, was sinnvoll ist und was nicht. Die folgenden Tipps sollen dir dabei etwas Orientierung geben.

DIE WICHTIGSTEN VERSICHERUNGEN

Die vermeintliche Komplexität des Themas Versicherungen kann zu zwei Situationen führen, die beide nicht optimal sind: Entweder du gibst unnötig viel Geld aus, in der Hoffnung unter allen Umständen abgesichert zu sein, oder du duckst dich vor dem Thema weg und bist deswegen schlecht oder gar nicht versichert.

Die Lösung für beides ist, mit dem Mythos aufzuräumen, das Thema sei zu kompliziert, um selbstbestimmte und gute Entscheidungen zu treffen. Mach dir bewusst, dass Vertreter nicht in erster Linie Versicherungs-, sondern Verkaufsprofis sind. Mit einem Grundlagenwissen und ein bisschen Bauchgefühl bist du durchaus in der Lage, selbst zu entscheiden, was sinnvoll ist und was nicht. Grob lassen sich die verschiedenen Versicherungen in drei Kategorien einteilen:

1. **Pflicht-Versicherungen:** In Deutschland ist jeder gesetzlich dazu verpflichtet, diese Versicherungen abzuschließen.
2. **Muss-Versicherungen:** Diese Versicherungen sind gesetzlich nicht verpflichtend, es ist aber empfehlenswert, sie zu haben.
3. **Variable Versicherungen:** Diese benötigt man nur unter bestimmten Umständen. Viele sind schlichtweg Geldmacherei der Versicherungsbranche.

Selbstbeteiligung

Die Selbstbeteiligung, oft auch Selbstbehalt genannt, ist der Betrag, den der Versicherungsnehmer im Schadensfall selbst trägt. Sie hat einen psychologischen Effekt: Würde in jedem Schadensfall die Versicherung die vollen Kosten tragen, würde sich der Versicherungsnehmer weniger Mühe geben, die Schäden zu verhindern. Deswegen musst du bei vielen Versicherungen im Schadensfall einen vorher vereinbarten Betrag selbst zahlen. Alles darüber hinaus übernimmt dann die Versicherung.

Die Selbstbeteiligung ist eine gute Möglichkeit, den Preis der Versicherung zu reduzieren. In der Regel gilt: Je höher die vereinbarte Selbstbeteiligung, desto niedriger die Prämie. Das liegt daran, dass du als Versicherungsnehmer mehr Verantwortung für den Schaden übernimmst und das Risiko für den Versicherer sinkt.

Bei der Reise durch die Welt der Versicherungen werden uns einige Begriffe häufiger begegnen, deswegen findest du im Folgenden immer mal wieder kurze Begriffsdefinitionen.

Gesetzlich vorgeschrieben: Pflicht-Versicherungen

Wenn du in Deutschland lebst, bist du dazu verpflichtet, unter bestimmten Umständen gewisse Versicherungen zu haben:

VERSICHERUNGSART	ZEITPUNKT DER VERSICHERUNGSPFLICHT
Krankenversicherung	Bei Geburt
Sozialversicherung (AV, UV, RV & PV)	Bei einem Anstellungsverhältnis (geringfügige Beschäftigungen ausgenommen)
KFZ-Haftpflichtversicherung	Beim Führen eines Kraftfahrzeuges
Berufshaftpflichtversicherung	Bei Tätigkeit in bestimmten Berufen

Auf die Kranken- und Sozialversicherung sind wir bereits im vorigen Kapitel eingegangen. Starten wir daher direkt mit der KFZ-Haftpflichtversicherung. Ohne eine entsprechende Versicherung darfst du in Deutschland kein Kraftfahrzeug führen. Beim Abschluss sind einige Punkte zu beachten, damit du richtig abgesichert bist, gleichzeitig aber nicht zu viel Geld bezahlst. Checke daher vor Abschluss:

- den Deckungsumfang,
- den Preis,
- die Wechselmöglichkeiten.

Deckungsumfang

Haftpflicht, Teilkasko, Vollkasko – diese Worte hast du sicher schon mal gehört. Aber weißt du auch, was damit gemeint ist? Das sind die verschiedenen Kategorien, die beschreiben, wie umfangreich dein Auto versichert ist. Die Leistungen ebenso wie die zu zahlenden Beiträge sind je nach Kategorien enorm unterschiedlich, weshalb du dir vorher genau überlegen solltest, welchen Versicherungsumfang du wählst.

KFZ-Versicherung

Die KFZ-Haftpflichtversicherung deckt Schäden ab, die du anderen im Straßenverkehr zufügst, egal ob Sach- oder Personenschäden. Ein klassisches Beispiel für einen KFZ-Haftpflicht-Schaden ist, wenn du vor einer roten Ampel zu spät bremst und deswegen auf das stehende Auto vor dir auffährst. Im schlimmsten Fall wäre dann nicht nur das andere Auto beschädigt, sondern auch die Person, die im Auto sitzt, verletzt. Hier würde deine KFZ-Haftpflicht für die Kosten der Reparatur am Auto und die möglichen Krankenhauskosten des Fahrers aufkommen. Die KFZ-HP ist eine Grundversicherung und deckt keine Schäden am eigenen Auto ab. Um den eigenen Schaden mit abzusichern, benötigst du eine Kaskoversicherung, die aber nicht zu den Pflicht-Versicherungen zählt und etwas teurer als die verpflichtende KFZ-HP ist.

KFZ-Haftpflicht
Personen- und Sachschäden an Dritten

EXKURS: KASKOVERSICHERUNGEN

Teilkaskoversicherung

Der Versicherungsschutz der Teilkasko umfasst nicht nur den vollen Schutz der Haftpflichtversicherung, also die Schäden, die du anderen zufügst, sondern auch bestimmte Schäden am eigenen Auto. Beispielsweise:

- Schäden durch Brand und Explosion;
- Schäden an Kabeln, Schläuchen und Leitungen durch Kurzschluss oder Tiere;
- Diebstahl/Raub;
- Schäden durch Unwetter, Sturm, Blitzschlag, Hagel und Überschwemmung;
- Schäden durch Zusammenstöße mit Tieren.

Im Beispiel mit dem Auffahrunfall hättest du also mit einer Teilkaskoversicherung keine weiteren Leistungen erhalten. Die Versicherung hätte weiterhin nur den Schaden des Unfallgegners bezahlt. Würde dein Auto aber durch äußere Umstände, also Unwetter, Tiere oder Ähnliches beschädigt, käme eine Teilkasko dafür auf.

Eine Teilkasko kann für dich die richtige Wahl sein, wenn folgende Faktoren zutreffen:

- **Alter des Fahrzeugs:** Wenn dein Auto nicht mehr brandneu ist, aber immer noch einen erheblichen Wert hat.
- **Kosten-Nutzen-Abwägung:** Wenn die jährlichen Kosten für eine Vollkaskoversicherung im Vergleich zum Fahrzeugwert und dem Risiko des Totalverlustes unverhältnismäßig hoch erscheinen.

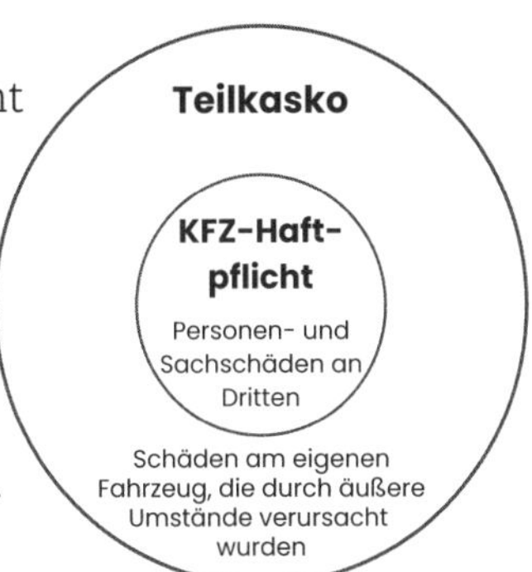

Eigene Risikoabwägung: Wenn du dich gegen die häufigsten Risiken wie Diebstahl, Brand, Unwetter oder Glasbruch absichern möchtest, aber bereit bist, das Risiko von selbstverschuldeten Unfallschäden selbst zu tragen.

Vollkaskoversicherung

Wahrscheinlich kannst du dir jetzt schon fast denken, was sich hinter der Vollkaskoversicherung verbirgt: Sie sichert auch Schäden am eigenen Fahrzeug ab, die bei einem selbstverschuldeten Unfall entstehen. Bei dem oben thematisierten Auffahrunfall würde die Vollkaskoversicherung also auch die Reparaturen am eigenen Fahrzeug bezahlen.

Eine Vollkaskoversicherung solltest du unter folgenden Umständen in Betracht ziehen:

Neues oder teures Fahrzeug: Bei neuen oder hochwertigen Fahrzeugen, bei denen die Reparatur- oder Ersatzkosten erheblich sind.

Finanzielle Absicherung: Wenn du nicht das Risiko eingehen möchtest, hohe Reparaturkosten oder den Wertverlust nach einem selbst verschuldeten Unfall selbst zu tragen.

Fahrprofil: Wenn du viel Auto fährst, auch längere Strecken, oder das Fahrzeug beruflich nutzt, kann das Unfallrisiko höher sein.

Leasing oder Finanzierung: Oft ist bei geleasten oder finanzierten Fahrzeugen eine Vollkaskoversicherung durch den Leasinggeber beziehungsweise die finanzierende Bank vorgeschrieben.

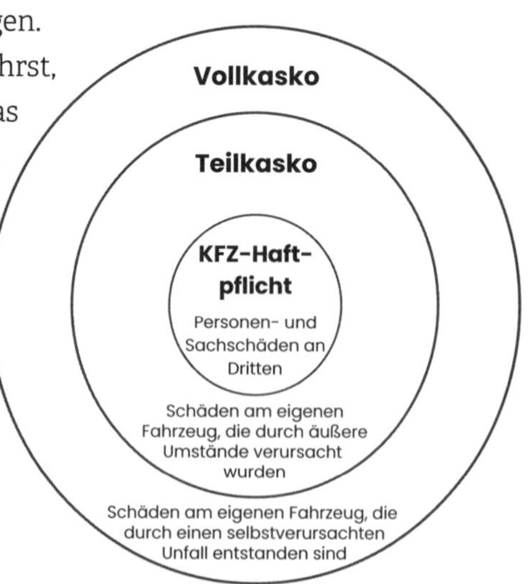

Was kostet eine KFZ-Versicherung?

Der Preis einer KFZ-Versicherung richtet sich entscheidend nach dem Deckungsumfang. Ein weiterer relevanter Kostenfaktor ist die Selbstbeteiligung, im Fall der KFZ-Versicherung gilt das nur für die Teilkasko- und Vollkaskoversicherung. In der Haftpflichtversicherung gibt es keine Selbstbeteiligung. Die Höhe der Selbstbeteiligung kann je nach Versicherungspolice und Versicherer variieren. Übliche Beträge für die Selbstbeteiligung liegen beispielsweise bei 150, 300 oder 500 Euro, können aber auch höher oder niedriger sein. Wenn in der Vollkaskoversicherung beim obigen Beispiel mit dem Auffahrunfall ein Selbstbehalt von 500 Euro ausgemacht wäre, müsste der Unfallverursacher jeden Schaden bis 500 Euro selbst tragen. Wäre ein Schaden von mehr als 500 Euro entstanden, würde die Versicherung nur die darüber hinaus entstandenen Kosten zahlen.

Schadenfreiheitsklassen

Schadenfreiheitsklassen (SF-Klassen) sind eine Art Rabattsystem. Je länger du als Fahrer unfallfrei bleibst, desto höher steigst du in den SF-Klassen auf und desto größer ist dein Rabatt auf die Versicherungsprämie. Umgekehrt können Schäden dazu führen, dass du in niedrigere SF-Klassen zurückgestuft wirst, was die Prämien erhöht.

Kurz nach Erhalt deines Führerscheins startest du in der Regel in einer niedrigen SF-Klasse (zum Beispiel SF 0 oder SF 1/2) und steigst jedes Jahr, in dem du ohne Schaden fährst, in eine höhere Klasse auf. Die genaue Einstufung und die Bezeichnungen können je nach Versicherungsgesellschaft variieren. In einigen Fällen ist es möglich, Schadenfreiheitsklassen zwischen Personen zu übertragen, zum Beispiel von Eltern auf Kinder oder zwischen Ehepartnern. Dies ist jedoch an bestimmte Bedingungen geknüpft und variiert je nach Versicherer.

Entscheide dich für eine Selbstbeteiligung, die dir im Zweifel nicht das Genick bricht, also beispielsweise 150 Euro bei einer Teilkaskoversicherung und 300 Euro bei einer Vollkaskoversicherung. Sollten dir die damit verbundenen Policen zu hoch sein, ist es auch eine Option, eine höhere Selbstbeteiligung zu wählen, dafür den gewählten Betrag für den Fall der Fälle aber konsequent auf dem Tagesgeldkonto zurückzulegen. Der letzte Punkt, der den Preis einer KFZ-Versicherung beeinflusst, ist deine Schadenfreiheitsklasse.

Warum ein Wechsel sinnvoll sein kann und wie das geht

Ab und zu die KFZ-Versicherung zu wechseln, kann dir helfen, Kosten zu sparen oder einen besseren Versicherungsschutz zu erhalten. Vielleicht ist dir schon mal aufgefallen, dass man zu bestimmten Zeiten im Jahr überdurchschnittlich viel KFZ-Versicherungswerbung wahrnimmt. Das liegt daran, dass die meisten Versicherungen ihre Hauptfälligkeit zum 1. Januar eines jeden Jahres haben, mit einer einmonatigen Kündigungsfrist. Das bedeutet, dass du in der Regel bis spätestens 30. November kündigen musst, um zum neuen Jahr die Versicherung wechseln zu können. In bestimmten Situationen hast du das Recht, deine Versicherung außerhalb der regulären Kündigungsfrist zu kündigen. Dieses Sonderkündigungsrecht tritt insbesondere in folgenden Fällen ein:

- bei Erhöhung der Versicherungsprämie ohne Erweiterung des Leistungsumfangs;
- nach einem Schadensfall, dann hast du unabhängig davon, ob der Schaden reguliert wird oder nicht, das Recht, deine Versicherung zu wechseln;
- beim Fahrzeugwechsel.

Es gibt viele KFZ-Versicherer und aufgrund des hohen Wettbewerbs bieten viele von ihnen gute Konditionen an. Nutze daher auch hier Online-

vergleiche und hol dir Angebote von regionalen Versicherern ein. Versuch, dich nicht in die Situation zu bringen, die KFZ-Versicherung unter Zeitdruck abschließen zu müssen. Mit ein wenig Recherche wirst du ein passendes Angebot finden.

Berufshaftpflichtversicherung

Eine Berufshaftpflichtversicherung ist besonders für die Berufsgruppen gesetzlich vorgeschrieben oder dringend empfohlen, bei denen Fehler oder Fahrlässigkeit zu ernsthaften finanziellen oder gesundheitlichen Schäden bei Klienten oder Dritten führen können. Hier sind einige Berufsgruppen, für die eine Berufshaftpflichtversicherung in der Regel Pflicht ist:

- Ärzte und medizinisches Personal: Weil Behandlungsfehler schwere gesundheitliche und damit auch finanzielle Folgen haben können.
- Heilpraktiker und andere therapeutische Berufe: Aus den gleichen Gründen wie bei Ärzten und medizinischem Personal.
- Rechtsanwälte: Um die Mandanten bei Fehlern in der Rechtsberatung oder Vertretung zu schützen.
- Architekten und Ingenieure: Aufgrund der hohen Verantwortung bei der Planung und Überwachung von Bauvorhaben. Fehler können hier zu großen finanziellen Schäden und Sicherheitsrisiken führen.
- Steuerberater und Wirtschaftsprüfer: Fehler in der Steuerberatung oder in Abschlussprüfungen können für Unternehmen oder Privatpersonen ernsthafte finanzielle Folgen haben.
- Notare: Aufgrund ihrer zentralen Rolle in rechtlich bindenden Vereinbarungen und der Übertragung von Eigentum.

EMPFEHLENSWERT: MUSS-VERSICHERUNGEN

Damit ist unsere Pflicht getan. Wir haben alle gesetzlich vorgeschriebenen Versicherungen abgehandelt, kommen wir also zu den Versicherungen, die gesetzlich nicht vorgeschrieben werden, die aber dennoch jeder haben sollte. Die Schäden, die diese Versicherungen abdecken, können schnell sehr teuer werden und einen in eine schlechte finanzielle Situation bringen. Hinter der Kategorie »Muss-Versicherungen« verbergen sich konkret drei verschiedene Versicherungen:

- private Haftpflichtversicherung (PHV),
- Berufsunfähigkeitsversicherung (BU),
- Auslandkrankenversicherung (AKV).

Private Haftpflichtversicherung

Der Begriff »Private Haftpflichtversicherung« (PHV) ist auf den vergangenen Seiten schon mehrfach gefallen. Obwohl sie nicht gesetzlich verpflichtend ist, sollte sie eigentlich jeder haben. Das trifft etwa auf 83 Prozent[10] und somit fünf von sechs deutschen Haushalten zu – also nicht ganz alle. Dennoch ist die PHV die verbreitetste freiwillige Versicherung.

Eine private Haftpflichtversicherung ist eine Versicherung, die dich vor dem finanziellen Schaden beschützt, der entstehen würde, wenn du das Eigentum anderer zerstörst oder beschädigst. Sie ist eine der wichtigsten und grundlegendsten Versicherungen für Privatpersonen, da sie vor den Risiken des täglichen Lebens schützt. Auch hier gibt es viele unterschiedliche Ausgestaltungen und Angebote, die sich vor allem in folgenden Punkten unterscheiden:

- Deckung und Deckungssumme,
- Selbstbeteiligung,
- versicherter Personenkreis,
- wichtige Bausteine,
- Preis.

Deckung und Deckungssumme

Beginnen wir zuerst mit der Deckung einer PHV. Sie legt fest, welche Art von Schäden abgesichert sind. Im Allgemeinen deckt die PHV drei Arten von Schäden ab: Personen-, Sach- und Vermögensschäden.

Betrachten wir ein zugegebenermaßen etwas dramatisches Beispiel, in dem alle Schadensarten gleichzeitig eintreten. Daran werden die Schadensarten besonders deutlich. In der Regel werden Haftpflichtfälle weniger dramatisch sein und auch nur jeweils eine Schadensart betreffen.

Versetz dich in folgende Situation: Du überquerst als Fußgänger eine Straße und übersiehst dabei einen Motorradfahrer, der auf dem Weg zur Arbeit ist. Er versucht auszuweichen und stürzt dabei so ungünstig, dass er querschnittgelähmt wird. Zudem hat das Motorrad einen Totalschaden.

Der größte und sicherlich auch schwerwiegendste Schaden ist der Personenschaden. Diesbezüglich würde deine Haftpflichtversicherung beispielsweise für den Krankenhausaufenthalt des Motorradfahrers, erforderliche Reha-Maßnahmen, den behindertengerechten Wohnungsumbau und Schmerzensgeld aufkommen.

Der Sachschaden bezieht sich auf das Motorrad. Deine Versicherung würde hier, je nach Beschädigung, sowohl für die Reparatur als auch den Ersatz des Fahrzeuges aufkommen.

Der Verdienstausfall, der dem Motorradfahrer durch den Unfall und seine Folgen entsteht, ist ein Vermögensschaden. Vermögensschäden sind oft komplex und können in manchen Fällen schwierig zu bewerten sein. Im Unterschied zu Personen- und Sachschäden treten sie seltener auf oder werden erst im Nachhinein erkennbar.

Die Deckungssumme beschreibt, bis zu welchem Betrag die Versicherung verpflichtet ist, Schäden zu regulieren, also zu bezahlen. Es gibt Versicherungen, die eine Deckung von 5 Millionen Euro anbieten, und andere, die bis zu einer Summe von 50 Millionen Euro und darüber hinaus decken.

Die Versicherungen mit einer 5-Millionen-Euro-Deckung beginnen für Singles bei etwa 40 Euro im Jahr, die Versicherungen mit einer Deckungssumme von 50 Millionen Euro beginnen bei etwa 50 Euro im Jahr. Schäden in solcher Höhe sind natürlich selten, können aber durchaus vorkommen, wenn durch dein unaufmerksames Verhalten beispielsweise ein Brand verursacht wird, der einen ganzen Häuserblock betrifft. Der Unterschied zwischen den Beiträgen für die unterschiedlichen Tarife ist marginal, der Leistungsumfang im Zweifelsfall enorm. Deswegen würden wir empfehlen, eine Haftpflichtversicherung mit einer Deckung von 50 Millionen Euro zu wählen.

Selbstbeteiligung

Wie bei der KFZ-Versicherung beeinflusst die Wahl der Selbstbeteiligung (SB) auch bei der PHV den Preis. Wir empfehlen dir eine Selbstbeteiligung in Höhe von 150 Euro auszuwählen. Das ist ein Betrag, den du im Zweifel sicher irgendwie stemmen kannst. Es ist durchaus möglich, eine Selbstbeteiligung von 0 Euro zu wählen, das ist bei den Versicherern aber nicht so gern gesehen. Der Versicherer hat nach einem Schadensfall ein Sonderkündigungsrecht, von dem er bei einer SB 0 eher Gebrauch machen wird.

Versicherter Personenkreis

Der versicherte Personenkreis in einer PHV bezeichnet alle Personen, die durch die Versicherungspolice abgedeckt und deren Haftpflichtrisiken somit abgesichert sind. Hier haben die Versicherer sehr unterschiedliche Regelungen, aber das sind die gängigen:

- **Unverheiratete Paare** benötigen, wenn sie in einem Haushalt leben, nur eine Haftpflichtversicherung. Die Bedingung ist allerdings, dass im Vertrag beide namentlich genannt sind. Dann haben beide den vollen Versicherungsumfang. Gegenseitige Sachschäden sind allerdings nicht versichert. Dafür wären zwei Verträge notwendig. Anders ist es bei ver-

heirateten Paaren, da ist der eine immer automatisch über den anderen mitversichert, sogar dann, wenn sie nicht zusammenwohnen. Gegenseitige Sachschäden sind entsprechend auch hier nicht versichert.
- Minderjährige Kinder sind in fast allen Verträgen mitversichert. Bei volljährigen Kindern gilt der Schutz meistens bis zu einem bestimmten Alter (oft bis 25 Jahre), solange sie unverheiratet sind und sich noch in der Ausbildung befinden. Manche Tarife schließen auch Kinder mit ein, die bereits berufstätig sind oder ihre erste Ausbildung beziehungsweise das Studium abgeschlossen haben.

Die Bausteine einer Privaten Haftpflichtversicherung

Es gibt nur wenige Punkte, die du bei einer PHV beachten musst, aber diese sind dafür umso wichtiger. Ohne diese Bausteine kann es im Schadensfall sehr teuer werden. Hier die wichtigsten Punkte, auf die du beim Privathaftpflichtversicherung-Vergleich achten solltest:

Gefälligkeitsschäden: Gefälligkeitsschäden sind Schäden, die entstehen, während du einem anderen aus Gefälligkeit, also ohne vertragliche oder gesetzliche Verpflichtung, hilfst. Der Klassiker: Du hilfst einem Freund beim Umzug und beschädigst beim Aufbauen das Bettgestell oder dir tropft beim Streichen der Wohnung Farbe auf ein Möbelstück. Obwohl solche Handlungen aus reiner Nettigkeit erfolgen, kann es passieren, dass der Helfende für den entstandenen Schaden haftbar gemacht wird. In der Regel sind Gefälligkeitsschäden in der PHV ein heikles Thema und waren traditionell oft vom Versicherungsschutz ausgeschlossen. Allerdings haben viele Versicherer ihre Bedingungen in den letzten Jahren angepasst und bieten nun eine Deckung für Gefälligkeitsschäden an, teils standardmäßig, teils als optionale Zusatzleistung. Unsere klare Empfehlung ist es, eine PHV zu wählen, in der dieser Baustein enthalten ist, damit du guten Gewissens deinen Freunden beim nächsten Umzug helfen kannst.

Forderungsausfalldeckung: Forderungsausfalldeckung, oft auch als Forderungsausfallschutz bekannt, ist die nächste wichtige Komponente in der PHV. Sie tritt in Kraft, wenn du als Versicherungsnehmer von einer anderen Person geschädigt wurdest, diese Person aber nicht in der Lage ist, den Schaden zu ersetzen, weil sie nicht haftpflichtversichert ist und keine finanziellen Mittel hat. Kurz gesagt, sie schützt dich vor finanziellen Verlusten, wenn jemand, der dir einen Schaden zugefügt hat, diesen nicht begleichen kann.

Hätte bei Juris Umzug damals nicht er, sondern ein Freund den Schaden am Parkett verursacht, der nicht haftpflichtversichert gewesen wäre, hätte der Schaden von Juris PHV über die Klausel der Forderungsausfalldeckung abgewickelt werden können und keiner hätte mit seinem privaten Geld dafür aufkommen müssen. Die Forderungsausfalldeckung bietet also zusätzliche Sicherheit, deswegen ist es nicht verkehrt, eine Versicherung zu wählen, die auch diesen Baustein enthält.

Besondere Schadensfälle: Es gibt ein paar besondere Schadensfälle, die nicht jeder Tarif abdeckt, die aber durchaus große finanzielle Schäden verursachen können. Daher ist es sinnvoll, auf diese drei besonderen Fälle bei der Wahl der PHV zu achten:

- Schlüsselverlust: Kann bei großen Mehrparteienhäusern mit Schließanlagen richtig teuer werden.
- Schäden durch Internetnutzung: Wenn beispielsweise jemand deinen Router hackt und darüber einen Schaden verursacht, kommen bestimmte private Haftpflichtversicherungen dafür auf.
- Drohnennutzung: Das Drohne-Fliegen wird ein immer beliebteres und verbreiteteres Hobby. Wenn du auch zu der wachsenden Gruppe von Drohnen-Besitzern zählst, solltest du in jedem Fall drauf achten, dass deine PHV Schäden, die durch Drohnen verursacht werden können, abdeckt.

Best-Leistungsgarantie: Kommen wir zum letzten wichtigen Baustein, der eine gute PHV ausmacht: die Best-Leistungsgarantie. Sie ist eine besondere Leistungszusage des Versicherers und bedeutet, dass der Ver-

sicherer im Schadensfall nicht nur die im eigenen Vertrag vereinbarten Leistungen erbringt, sondern auch dann einspringt, wenn eine andere am Markt verfügbare PHV unter identischen Bedingungen eine höhere Leistung anbieten würde. Das klingt kompliziert, deswegen beziehen wir es mal wieder auf die Geschichte mit Juris Parkett.

Wenn wiederum nicht er, sondern ein Freund das Parkett beschädigt hätte und dessen PHV aber nur unter strengen Auflagen Gefälligkeitsschäden abgedeckt hätte, würde dies eigentlich nicht dazu führen, dass seine Versicherung bezahlt. Würde sein Vertrag aber eine Best-Leistungsgarantie enthalten, würde dies bedeuten, dass sich der Versicherer auf dem Markt umsieht. Wenn es eine andere Versicherung gibt, die bessere Klauseln zu Gefälligkeitsschäden anbietet, würde der Versicherer des Freundes diese bessere Klausel übernehmen.

Diese Garantie bietet dir eine zusätzliche Sicherheit und den Vorteil, dass du nicht ständig deinen Versicherungsschutz überprüfen und mit neuen Angeboten vergleichen musst. Du kannst dich darauf verlassen, dass du im Schadensfall Leistungen entsprechend den besten am Markt verfügbaren Bedingungen erhältst.

Preis: Damit bleibt am Ende nur noch die Frage, was eine PHV kostet. Im Allgemeinen gelten PHVs als eine der kostengünstigsten Versicherungsarten, besonders in Anbetracht des umfangreichen Schutzes, den sie bieten. Der Preis ist, wie gesagt, abhängig vom gewählten Tarif, der gewählten Deckungssumme, dem versicherten Personenkreis und so weiter. Im Durchschnitt können die jährlichen Kosten einer PHV in Deutschland für eine Einzelperson bei grundlegendem Schutz zwischen etwa 35 und 45 Euro liegen. Für Familien oder umfangreichere Policen kann der Preis zwischen 45 und 65 Euro liegen. Natürlich ist es möglich, dass du einen teureren Tarif wählst und nie von dieser Versicherung Gebrauch machst. Wenn jedoch ein Schadensfall eintritt, kann ein Tarif von 10 Euro mehr im Jahr einen riesigen Unterschied machen. Wäge hier also gut ab und vergleiche die Angebote.

Berufsunfähigkeitsversicherung

Eine weitere Muss-Versicherung ist die Berufsunfähigkeitsversicherung (BU). Sie ist eine Absicherung, die darauf abzielt, dich finanziell zu unterstützen, falls du aufgrund von Krankheit, Unfall oder anderer gesundheitlicher Gründe nicht mehr in der Lage bist, deinen Beruf auszuüben. Die Absicherung gegen eine Berufsunfähigkeit ist eine der wichtigsten finanziellen Entscheidungen, die man treffen sollte. Sie ist für jeden sinnvoll, der auf sein Einkommen angewiesen ist.

Wieso das Thema wichtig ist

Während man sich leicht vorstellen kann, aus Versehen das Eigentum anderer zu beschädigen und auf eine PHV angewiesen zu sein, erscheint die Vorstellung, eines Tages aufgrund einer Krankheit oder eines Unfalls berufsunfähig zu werden, viel abstrakter und unwirklicher. Da kommt häufig der Gedanke auf, dass einem so was schon nicht passiert.

Dein Einkommen ist die Grundlage für deinen Lebensstandard, deine Pläne und Ziele. Berufsunfähigkeit kann ohne Vorwarnung eintreten und dein Leben ganz schön durcheinanderbringen. Wenn du aufgrund einer Krankheit oder eines Unfalls nicht mehr arbeiten kannst, stellt die BU-Rente sicher, dass du weiterhin Einkommen erhältst. Dies ermöglicht dir, deine laufenden Kosten wie Miete, Lebensmittel oder Kredite zu decken, und schützt dich und deine Familie vor den finanziellen Folgen – dass du dein Erspartes aufbrauchen oder dich verschulden musst.

Früher gab es in Deutschland eine staatliche Berufsunfähigkeitsversicherung, die ein monatliches Einkommen sicherstellte, falls man nicht mehr in der Lage war, den zuletzt ausgeübten Beruf zu mindestens 50 Prozent auszuführen. Am 1. Januar 2001 wurde diese jedoch durch die staatliche Erwerbsminderungsrente (EMR) ersetzt. Diese Reform hat die Bedingungen für den Leistungsbezug verschärft: Es wird nun nicht mehr betrachtet, ob man speziell dem zuletzt ausgeübten Beruf weiter nachgehen kann, sondern generell irgendeine Tätigkeit auf dem Arbeits-

markt ausführen kann. Diese Änderung hat den Zugang zu Leistungen erschwert und die Bedeutung der privaten Absicherung gegen Berufsunfähigkeit erhöht.

Die deutsche Rentenversicherung, die die staatliche Erwerbsminderungsrente (EMR) auszahlt, hat bekannt gegeben, dass Rentenbezieher im Jahr 2022 im Durchschnitt eine monatliche Zahlung von 950 Euro erhalten haben. Die Höhe dieser Rente basiert auf den Beiträgen, die im Laufe des Arbeitslebens in die gesetzliche Rentenversicherung eingezahlt wurden. Um Anspruch auf diese Leistung zu haben, muss man in den letzten fünf Jahren vor Eintritt der Erwerbsminderung mindestens 36 Monate Beiträge geleistet haben. Natürlich trifft junge Menschen ein solcher Fall seltener, gleichzeitig sind sie aufgrund dieser Regelung aber auch unzureichend abgesichert. Wie hoch dein EMR-Anspruch ist, findest du in deiner Renteninformation, die du ab dem 27. Lebensjahr erhältst.

Gründe für eine Berufsunfähigkeit

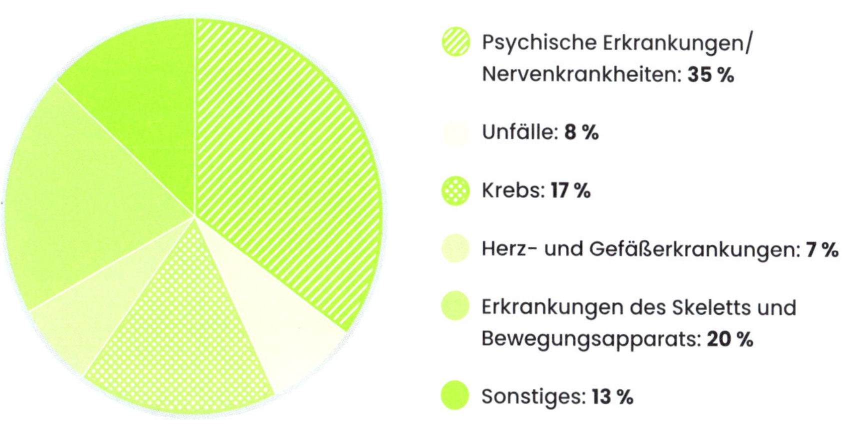

Ursachen für Berufsunfähigkeit

Nach Angaben der deutschen Rentenversicherung wird durchschnittlich **jeder vierte Arbeitnehmer** in seiner beruflichen Laufbahn – zumindest vorübergehend – berufsunfähig. Über ein Drittel der Fälle haben eine psychische Ursache. Damit liegen die Erkrankungen des Bewegungsapparats nur noch auf Platz zwei. Diese haben zuvor Jahrzehnte lang die Liste angeführt. Aber was genau verbirgt sich eigentlich hinter diesen Bezeichnungen?

1. **Psychische Erkrankungen:** Depressionen, Angststörungen, Burn-out und andere psychische Leiden sind Hauptursachen für Berufsunfähigkeit. Sie können zu langen Ausfallzeiten oder dauerhafter Unfähigkeit, den Beruf auszuüben, führen.

2. **Erkrankungen des Skelett- und Bewegungsapparates:** Probleme mit dem Bewegungsapparat, einschließlich Rückenschmerzen, Arthritis und anderen Erkrankungen der Knochen, Gelenke, Muskeln und Sehnen, sind ebenfalls eine häufige Ursache für Berufsunfähigkeit.

3. **Krebs und andere schwere Erkrankungen:** Diagnosen wie Krebs können eine langwierige Behandlung und Erholung erfordern, was die Berufsausübung unmöglich macht.

4. **Sonstige Gründe:** Hinter der Kategorie verbergen sich Erkrankungen des Nervensystems oder der inneren Organe. Dazu zählen Krankheitsbilder wie Multiple Sklerose, Parkinson, schwere Nervenverletzungen, schwere Erkrankungen der Leber, Nieren oder Lunge.

5. **Herz-Kreislauf-Erkrankungen:** Herzinfarkte, Schlaganfälle und andere Herz-Kreislauf-Erkrankungen können plötzlich auftreten und eine langfristige Berufsunfähigkeit nach sich ziehen.

6. Unfälle: Sowohl berufliche als auch private Unfälle können zu Verletzungen führen, die eine Weiterführung der beruflichen Tätigkeit ausschließen oder stark einschränken.

Welchen Vorteil hat es, sich früh mit der Berufsunfähigkeit zu beschäftigen?

Es gibt zahlreiche wichtige Gründe, sich mit dem Thema Berufsunfähigkeit auseinanderzusetzen. Einige davon haben wir bereits erörtert. Erstens bietet es Schutz für dich und deine Familie vor finanzieller Not. Zweitens gewährt es dir Sicherheit in gesundheitlich schwierigen Zeiten, indem es finanzielle Sorgen mindert. Drittens reichen die staatlichen Leistungen im Durchschnitt nicht aus, um den gewohnten Lebensstandard zu halten, und sind besonders für jüngere Menschen oft sehr gering. Obwohl die Sinnhaftigkeit einer solchen Versicherung weitreichend anerkannt ist, besitzen nur 22 Prozent der Deutschen eine BU oder eine vergleichbare Absicherung.[11] Unter den 78 Prozent, die sich dagegen entschieden haben, gaben 47 Prozent an, die Kosten seien der Hauptgrund für ihre Entscheidung dagegen. Hier liegt eine wesentliche Chance für dich: Viele erkennen erst im fortgeschrittenen Alter die Notwendigkeit, sich gegen die Berufsunfähigkeit abzusichern. Dann sind die Prämien aufgrund des erhöhten Risikos mit steigendem Alter oder eventuell bereits bestehender Gesundheitsprobleme deutlich höher. Je früher du dich informierst, desto größer sind die Vorteile. Weil du jetzt (hoffentlich) noch fit und gesund bist und wenige Risikofaktoren mitbringst, kannst du eine BU zu günstigeren Konditionen abschließen.

Die Kosten werden auf Basis verschiedener Faktoren berechnet: die gewünschte monatliche Rente, der ausgeübte Beruf, der aktuelle Gesundheitszustand und das Alter bei Abschluss der Versicherung. Frühzeitig zu handeln bedeutet, dass du dich zu einem Zeitpunkt absichern kannst, an dem diese Faktoren noch zu deinen Gunsten wirken, was zu vorteilhaften Prämien führt beziehungsweise dir überhaupt den Abschluss einer

BU ermöglicht. Unter bestimmten Umständen wie beispielsweise einer psychischen Erkrankung, die therapeutisch behandelt wird oder wurde, kann dir eine BU sogar verwehrt werden. Natürlich variieren auch die Kosten der BU stark, je nach Angebot und abhängig davon, wie umfangreich du dein monatliches Einkommen absichern möchtest. Je höher die gewünschte Absicherung, desto höher ist in der Regel auch die Prämie. Als Faustregel empfehlen wir dir: Sichere mindestens 80 Prozent deines aktuellen Nettoeinkommens ab.

Auch die Laufzeit der Versicherung spielt eine Rolle: Eine Berufsunfähigkeitsversicherung schützt dich bis zu einem festgelegten Alter, idealerweise bis zum Renteneintrittsalter, also bis zum 67. Lebensjahr. Eine längere Laufzeit bedeutet in der Regel höhere Kosten, da das Risiko einer Berufsunfähigkeit mit zunehmendem Alter steigt. Wenn du Kosten sparen möchtest, ist eine Anpassung der Laufzeit möglich. Doch sei dir bewusst, dass eine kürzere Laufzeit im Schadensfall bedeutet, dass du früher ohne Leistungen dastehen könntest. Wenn du die Versicherung beispielsweise nur bis zum 65. Lebensjahr laufen lassen würdest, müsstest du möglicherweise zwei Jahre ohne BU-Rente bis zur Altersrente überbrücken.

Die Einschätzung des Berufsrisikos ist ein weiterer Faktor, der die Prämienhöhe beeinflusst. Berufe mit höherem Risiko – das Paradebeispiel ist der Dachdecker – führen zu höheren Beiträgen als Bürotätigkeiten. Das Risiko wird statistisch ermittelt und spiegelt sich im Versicherungspreis wider.

Spätestens wenn du eine Berufsausbildung beginnst oder deinen ersten Vollzeitjob antrittst, solltest du dich damit beschäftigen. Tatsächlich kannst du die Versicherung aber schon als Schüler oder Student abschließen. Dieser Status bringt bei vielen Anbietern zusätzlich preisliche Vorteile mit sich. Der Vorzug dabei ist, dass du bei vielen Versicherern deinen Berufswechsel nicht melden musst, sodass du im Laufe deines Lebens verschiedene Berufe ausüben kannst, ohne dass dein Beruf die Konditionen deiner Versicherung beeinflusst. Du könntest zum Beispiel eine Berufsunfähigkeit als Schüler abschließen und danach dem Beruf des Dachdeckers

nachgehen, ohne dass dies die zuvor thematisierten hohen Beitragssätze nach sich ziehen würde. Ob der Status als Schüler beziehungsweise Student dir einen preislichen Vorteil bringt, hängt davon ab, welchem Beruf du später nachgehen willst, in jedem Fall ist es sinnvoll, sich schon als Schüler mit diesem Thema auseinanderzusetzen.

Schlussendlich ist dein Alter der größte Vorteil bei der Absicherung gegen Berufsunfähigkeit. Das bedeutet, je früher du dich für eine Berufsunfähigkeitsversicherung entscheidest, desto günstiger sind tendenziell die Beiträge, die du entrichten musst. Den Abschluss einer Berufsunfähigkeitsversicherung kannst du dir wie das Erreichen eines Checkpoints vorstellen: Ab diesem Zeitpunkt wird dein Status »gespeichert«. Dein Gesundheitszustand zum Zeitpunkt des Vertragsabschlusses wird fixiert, dein Alter zu diesem Zeitpunkt bleibt für die Versicherung bestehen und deine Berufsgruppe bleibt immer dieselbe. Somit bleibst du in den Augen der Versicherung immer der junge Mensch, der du zum Zeitpunkt des Abschlusses warst – unabhängig davon, wie alt du tatsächlich wirst oder welche gesundheitlichen Veränderungen du später erlebst. Das ist deswegen fair, weil du natürlich auch länger monatliche Beiträge zahlst, je früher du die Versicherung abschließt.

Um dir bei der Suche nach der passenden Berufsunfähigkeitsversicherung zu helfen, findest du im Anhang dieses Buches auf Seite 283 eine hilfreiche Checkliste. Diese enthält wichtige Kriterien, die du beim Abschluss einer Versicherung berücksichtigen solltest.

Alternativen zur Berufsunfähigkeitsversicherung

Für viele Berufsgruppen erweist sich die klassische Berufsunfähigkeitsversicherung als eine kostspielige Option. Ein Dachdecker zum Beispiel, der eine BU abschließen möchte, die ihm bis zum 67. Lebensjahr eine monatliche Rente von 1.500 Euro sichert, könnte dafür monatlich mehr als 200 Euro zahlen müssen. Zudem kann es sein, dass Personen mit gesundheitlichen Einschränkungen unter bestimmten Umständen gar keine BU erhalten. Weil die BU die umfassendste Form der Arbeitskraftabsicherung darstellt und den höchsten Schutz bietet, ist sie auch mit den größten Zugangshürden verbunden.

Sollten diese Hürden unüberwindbar erscheinen, gibt es verschiedene Alternativen. Allerdings bietet keine dieser alternativen Versicherungen denselben umfassenden Schutz. Du musst dann also Einschränkungen im Leistungsumfang in Kauf nehmen. Eine Alternative ist aber natürlich im Schadensfall immer noch besser als gar keine Absicherung.

VERSICHERUNGSTYP	FÜR WEN SINNVOLL?	WAS IST VERSICHERT?
Erwerbsunfähigkeit	Erste Alternative nach einer BU, für jeden sinnvoll, für den keine BU infrage kommt.	Deine generelle Erwerbsfähigkeit; es wird geprüft, ob du noch irgendeinen Beruf ausüben kannst, wenn nicht, erhältst du Leistungen.
Grundfähigkeitsversicherung	Für Personen in handwerklichen Berufen sinnvoll, bei denen keine BU möglich ist.	Deine Grundfähigkeiten; wenn eine nicht mehr gegeben ist, erhältst du Leistungen. Grundfähigkeiten sind: gehen, greifen, bücken, sprechen und so weiter.
Dread-Disease-Versicherung	Für Personen sinnvoll, die sich gegen schwere Krankheiten absichern wollen.	Beim Eintritt einer schweren vorher festgelegten Krankheit erhältst du Leistungen. Schwere Krankheiten sind zum Beispiel: Krebs, Herzinfarkt oder Schlaganfall.
Unfallversicherung	Für Sportler und beispielsweise Motorradfahrer als Zusatz zur BU oder als letzte Option, wenn keine der Alternativen möglich ist.	Schäden, die dauerhaft nach einem Unfall gegeben sind.

Auslandskrankenversicherung

Ob du Kiwis in Neuseeland pflückst, mit Freunden in Südfrankreich einen Urlaub machst oder einen Partyurlaub auf Mallorca. Das Letzte, was du auf deinen Reisen gebrauchen kannst, ist eine Erkrankung oder einen Unfall – erst recht nicht ohne die richtige Absicherung. Eine Auslandskrankenversicherung (AKV) ist dabei kein Luxus, sondern eine wichtige Vorbereitung für jeden, der ins Ausland reist, und daher die letzte unserer »Muss-Versicherungen«. Der Versicherungsschutz durch deine gesetzliche Krankenkasse ist im Ausland unzureichend oder gar nicht gegeben.

Die Vorteile einer Auslandskrankenversicherung sind:

- **Schutz vor hohen medizinischen Kosten:** Gesundheitskosten variieren stark, je nach Land. Im Ausland können medizinische Behandlungen und Krankenhausaufenthalte daher sehr teuer sein, insbesondere in Ländern mit hohen Gesundheitskosten wie den USA.
- **Deine GKV ergänzen:** Der Schutz der gesetzlichen Krankenversicherung bezieht sich in erster Linie auf das Inland. Wenn du innerhalb Europas (oder in einem Land, mit dem ein Sozialversicherungsabkommen besteht) reist und zum Arzt oder ins Krankenhaus musst, erstattet dir deine Krankenkasse immerhin die Kosten bis zu der Höhe, die bei gleicher Behandlung in Deutschland entstanden wären. Außerhalb Europas bietet die GKV in der Regel keinen Schutz. Mit einer privaten Auslandskrankenversicherung bist du auch im Ausland umfassend abgesichert.
- **Notwendiger Rücktransport:** Im Falle einer schweren Erkrankung oder Verletzung kann ein medizinisch notwendiger Rücktransport ins Heimatland erforderlich sein. Die Kosten dafür sind oft enorm hoch und werden von einer Auslandskrankenversicherung in der Regel übernommen. Ein Intensivtransport (von dem man natürlich hofft, dass man ihn niemals benötigt) von Mallorca nach Deutschland kostet laut ADAC etwa 24.000 Euro.

- **Gesetzliche Anforderung:** In einigen Ländern ist der Nachweis einer gültigen Auslandskrankenversicherung eine Einreisebedingung. Ohne sie könnte die Einreise verweigert werden.
- **Beruhigtes Reisen:** Mit einer Auslandskrankenversicherung kannst du beruhigter reisen, da du weißt, dass im Falle eines gesundheitlichen Problems jegliche Behandlungskosten von der Versicherung getragen werden.

Auch bei den privaten Auslandskrankenversicherungen variieren die Leistung natürlich etwas. Eine AKV sollte im Großen und Ganzen das übernehmen, was auch deine Krankenkasse im Inland übernimmt: ambulante und stationäre Behandlungen, medizinische Eingriffe sowie Medikamente und Heilbehandlungen. Solltest du eine schmerzstillende Zahnbehandlung benötigen, übernehmen viele Versicherungen auch diese Kosten.

Ein entscheidender Aspekt, den du bei einer Inlandsversicherung natürlich nicht benötigst, ist, dass deine AKV für den Rücktransport nach Hause aufkommt. Hier wird zwischen medizinisch notwendigen (weil du zum Beispiel an deinem Aufenthaltsort nicht die notwenige Behandlung erhältst) und medizinisch sinnvollen Rücktransporten (zum Beispiel weil du deine Reise nicht fortsetzen und deswegen lieber in Deutschland behandelt werden möchtest) unterschieden. Die notwendigen Rücktransporte sind in nahezu allen Tarifen enthalten, die sinnvollen hingegen nicht. Du solltest jedoch versuchen, einen Tarif abzuschließen, in dem letztere ebenfalls enthalten sind, damit du nicht aufgrund einer Verletzung irgendwo auf der anderen Seite der Welt gegen deinen Willen strandest.

In bestimmten Situationen, zum Beispiel nach einem Unfall beim Wandern in den Bergen, kann es notwendig sein, die Bergungskosten zu übernehmen – auch dafür kommt eine AKV in der Regel auf. Und im Extremfall eines Todesfalls übernehmen viele Versicherungen die Kosten für die Überführung oder Bestattung im Ausland, um den Angehörigen in dieser schweren Zeit beizustehen. Insgesamt bietet die Auslandskran-

kenversicherung also ein umfassendes Sicherheitsnetz für medizinische Notfälle im Ausland.

Worauf musst du achten?

Neben den Leistungen gibt es ein paar weitere Punkte, die es bei der Wahl der richtigen Auslandskrankenversicherung zu beachten gilt. Zunächst ist der Geltungsbereich der Versicherung entscheidend. Überprüfe sorgfältig, ob die Länder und Regionen, die du bereisen möchtest, von der Versicherung abgedeckt sind oder ob bestimmte Länder möglicherweise ausgeschlossen sind oder dort andere Tarife gelten. Gerade die USA und Kanada sind aus den Grundtarifen der AKV häufig ausgenommen. Wenn du auf deinen Reisen durch Nordamerika abgesichert sein möchtest, musst du dafür häufig einen Aufpreis zahlen.

Weiterhin ist die Dauer des Schutzes zu berücksichtigen. Deine Versicherung sollte genau auf die Länge deiner Reise abgestimmt sein. Es gibt sowohl Optionen für einzelne, kurzfristige Reisen als auch Jahresverträge, die mehrere Reisen innerhalb eines Jahres abdecken. »Normale« Auslandskrankenversicherungen sichern dich in der Regel auf Reisen ab, die nicht länger als 70 Tage dauern. Reisen werden allerdings nicht aufaddiert. Wenn du zwei separate Reisen unternimmst, von denen jede 50 Tage dauert, werden diese also individuell betrachtet, sodass du weiterhin über den Grundtarif abgesichert bist.

Für längere Auslandsaufenthalte, also beispielsweise auch Auslandssemester oder Gap-Year im Ausland, benötigst du einen speziellen Tarif für Langzeitreisen. Wird der Auslandsaufenthalt von einer Organisation begleitet, unterstützt diese in der Regel beim Abschluss der richtigen Versicherung.

Schließlich ist die Höhe der Deckungssumme zu berücksichtigen. Möglicherweise sind die erstattungsfähigen Kosten je nach Art der Behandlung (zum Beispiel Zahnbehandlung) oder Leistung (zum Beispiel Bergung) begrenzt. Hier gilt natürlich: Je mehr abgesichert ist, desto besser, solange dies die Kosten für den Tarif nicht unverhältnismäßig erhöht.

Eine AKV mit angemessenen Leistungen, die weltweite Reisen bis zu einer Dauer von 70 Tagen abdeckt, kannst du bereits für unter 10 Euro im Jahr abschließen. Damit ist die Auslandskrankenversicherung eine der kostengünstigsten und gleichzeitig sinnvollsten Zusatzversicherungen. Sie bietet nicht nur finanziellen Schutz, sondern auch ein Stück Sicherheit und Ruhe auf deinen Reisen. Es gibt viele Online-Portale, die einen Vergleich verschiedener Auslandskrankenversicherungen anbieten. Dort kannst du deine Reisedetails eingeben, verschiedene Angebote vergleichen und die für dich passende Versicherung direkt online abschließen. In der Regel sind die Tarife sogar noch etwas günstiger, wenn du sie abschließt, bevor die nächste Reise gebucht ist.

BEDINGT SINNVOLL: VARIABLE VERSICHERUNGEN

Wenn man bedenkt, wie unendlich viele Versicherungen auf dem Markt sind, ist es doch überraschend, dass es nur drei Arten gibt, die wirklich so gut wie jeder benötigt. Darüber hinaus gibt es noch Versicherungen, die in bestimmten Lebensumständen sinnvoll sind. Aber auch hier lassen sich zwei relevante herausgreifen: die Hausratversicherung und die Risikolebensversicherung.

Hausratversicherung

Die Hausratversicherung bietet Schutz für alles, was deinen Wohnraum zu einem Zuhause macht – also deinen Hausrat. Um das zu veranschaulichen: Stell dir vor, du könntest deine Wohnung oder dein Haus anheben und umdrehen. Alles, was dabei herausfällt – von Möbeln über Elektrogeräte bis hin zu persönlichen Gegenständen – fällt unter den Schutz der Hausratversicherung. Diese Versicherung sichert also eine Vielzahl von Risiken, einschließlich Feuer, Leitungswasser, Sturm, Hagel, Einbruchdiebstahl, Raub und Vandalismus, ab. Im Falle eines Schadens ersetzt sie

den Wiederbeschaffungswert der beschädigten, zerstörten oder gestohlenen Gegenstände, um dir zu helfen, dein Heim so schnell wie möglich wiederherzustellen. Eine Hausratversicherung ist für nahezu jeden geeignet, der einen eigenen Haushalt führt und Wertgegenstände besitzt, die er im Falle eines Schadens nicht selbst ersetzen kann oder will.

Eine Hausratversicherung bietet wesentliche Vorteile, die weit über den materiellen Wert deines Eigentums hinausgehen. Zum einen gewährleistet sie finanziellen Schutz, indem sie im Schadensfall durch ein Feuer am Adventabend, einen Einbruch während deines Urlaubs oder einen Rohrbruch im Keller für die Wiederbeschaffung deines Eigentums aufkommt. Dies bedeutet, dass du nicht mit den (oft erheblichen) Kosten belastet wirst, die entstehen, wenn du versuchst, verlorenes oder beschädigtes Eigentum zu ersetzen. Zum anderen trägt die Hausratversicherung zur Sicherung deines Lebensstandards bei. Ohne diese Absicherung könnten der Verlust oder die Beschädigung von Hausrat zu bedeutenden Einbußen in deiner Lebensqualität führen. Schließlich bietet die Hausratversicherung auch ein Gefühl von Sicherheit. Das Bewusstsein, dass du im Falle eines unvorhergesehenen Ereignisses finanzielle Unterstützung von der Versicherung erhältst, kann seelische Beruhigung bieten und dir ermöglichen, dich im Schadensfall auf die Wiederherstellung zu konzentrieren, anstatt von finanziellen Sorgen überwältigt zu werden.

Du kannst es dir sicher schon fast denken: Wie bei nahezu allen Versicherungen hängen die konkreten Leistungen auch bei der Hausratversicherung von deinem spezifischen Tarif ab. Grob lässt sich sagen: Bei Feuerschäden, die beispielsweise durch Brand, Blitzschlag oder Explosionen entstehen, deckt die Versicherung die Wiederherstellung oder den Ersatz deiner Möbel und Elektronik ab. So könnten etwa bei einem durch einen Kurzschluss verursachten Brand die zerstörten Gegenstände ersetzt werden. Schäden durch Leitungswasser, beispielsweise aufgrund eines Rohrbruchs oder eines defekten Haushaltsgeräts, sind ebenfalls abgedeckt. Bei Sturmschäden deckt die Versicherung die Kosten für durch umherfliegen-

de oder fallende Gegenstände beschädigte Einrichtung sowie für Schäden durch direkte Zerstörung infolge von Hagel. Ein umstürzender Baum, der ein Fenster zerstört, wodurch Wasser und Schmutz ins Haus dringen, wäre ein solches Beispiel. Darüber hinaus bietet die Hausratversicherung Schutz bei Einbruchdiebstahl und Raub, indem sie den Verlust oder die Beschädigung von Eigentum wie Elektronik und Schmuck ersetzt. Vandalismus, der oft nach Einbrüchen auftritt und zu weiteren Schäden an Mobiliar oder Wandverkleidungen führt, ist ebenfalls abgedeckt.

Zusätzlich können viele Policen durch optionale Zusatzleistungen erweitert werden, um weitergehenden Schutz zu bieten, wie zum Beispiel für Glasbruch, Elementarschäden (Überschwemmungen, Erdbeben, Erdrutsche) und Fahrraddiebstahl. Fast jede Hausratversicherung beinhaltet den Baustein der Außenversicherung. Diese erweitert den Schutz deines Hausrats über die eigenen vier Wände hinaus, sodass deine persönlichen Gegenstände auch außerhalb des versicherten Grundstücks oder der Wohnung abgesichert sind, beispielsweise wenn während deines Besuchs im Fitnessstudio dein Schließfach aufgebrochen und Wertgegenstände wie Schmuck oder neu gekaufte Fachbücher für die Universität gestohlen werden. Beachte jedoch, dass die Außenversicherung in der Regel nur einen prozentualen Anteil der gesamten Versicherungssumme abdeckt und häufig auch zeitlich begrenzt ist.

Worauf musst du beim Abschluss achten?

Bei der Auswahl einer angemessenen Hausratversicherung sind verschiedene Aspekte zu berücksichtigen, um einen umfassenden Schutz für dein Zuhause und deine Besitztümer zu gewährleisten. Ein zentraler Punkt ist die Festlegung der Versicherungssumme. Diese sollte den tatsächlichen Wert deines Hausrats möglichst genau widerspiegeln, um im Schadensfall eine angemessene Entschädigung zu erhalten. Als Richtwert: Sichere 650 Euro je Quadratmeter ab. Diejenigen, die besonders wertvolle Gegenstände wie Antiquitäten oder Schmuck besitzen, sollten die Versicherungssumme natür-

lich entsprechend anpassen. Dabei ist zu beachten, dass besonders wertvolle Gegenstände oft nur bis zu einem bestimmten Prozentsatz – üblicherweise 20 bis 25 Prozent der Gesamtversicherungssumme – abgedeckt sind.

Wenn du ein Fahrrad besitzt – insbesondere, wenn du es regelmäßig an der Uni, im Innenhof oder an der Straße parkst –, solltest du einen Tarif wählen, der Fahrraddiebstahl abdeckt. Sollte dein Fahrrad gestohlen werden und deine Hausratversicherung keine entsprechende Klausel beinhalten, besteht die Gefahr, dass der Diebstahl nicht von der regulären Hausratversicherung reguliert wird. Überlege daher sorgfältig, wie essenziell dein Fahrrad für dich ist und ob du im Falle eines Diebstahls in der Lage wärst, es aus eigener Tasche zu ersetzen. Das ist Abwägungssache, denn der Fahrraddiebstahlschutz erhöht den Beitrag in einem beträchtlichen Umfang, in einigen Fällen um 75 bis 120 Prozent.

Für Wasserschäden innerhalb der Wohnung, verursacht durch Leitungswasser, bietet die Standard-Hausratversicherung in der Regel bereits Schutz. Für weitergehende Naturereignisse wie Überschwemmungen, Hochwasser oder Lawinen ist jedoch ein zusätzlicher Schutz in Form einer Elementarschadenversicherung notwendig. Die Kosten für diesen zusätzlichen Schutz variieren je nach deinem Wohnort und dem damit verbundenen Risiko. In Hochwassergebieten kann der Beitrag für die Erweiterung um diesen Schutz erheblich sein. Daher ist ein umfassender Vergleich verschiedener Versicherungsangebote insbesondere in risikoreichen Gebieten unerlässlich.

Schließlich ist der »Verzicht auf die Einrede der groben Fahrlässigkeit« ein wichtiger Vertragsbestandteil, auf den du achten solltest. Dieser stellt sicher, dass die Versicherung auch dann leistet, wenn der Schaden durch grob fahrlässiges Verhalten deinerseits verursacht wurde, wie etwa das Verlassen der Wohnung, während eine Kerze brannte oder der Herd an war. Dieser Schutz ist wesentlich, da du ohne ihn im Falle grober Fahrlässigkeit keine oder nur gekürzte Leistungen erhalten würdest. Achte darauf, dass diese Klausel in deinem Vertrag enthalten

ist und die Versicherung auch unter grob fahrlässigem Verhalten zu 100 Prozent leistet.

Risikolebensversicherung

Es mag unangenehm sein, über den Tod nachzudenken, aber auch das sollte man im Zusammenhang mit Versicherungen tun. Deswegen möchten wir abschließend noch die Risikolebensversicherung thematisieren. Diese Lebensversicherungsform zielt darauf ab, deine Angehörigen finanziell zu schützen, solltest du während der Laufzeit des Vertrags versterben. Ein solcher Verlust ist für die Hinterbliebenen in vielerlei Hinsicht eine enorme Herausforderung. In allererster Linie natürlich auf der emotionalen Ebene, aber mit dem Tod eines Angehörigen können unter Umständen auch finanzielle Sorgen einhergehen. Die Risikolebensversicherung ist daher eine bedeutende Vorsorge, die sicherstellt, dass deine Familie im schlimmsten Fall nicht zusätzlich mit finanziellen Sorgen belastet wird. Es ist eine verantwortungsvolle Art, für deine Liebsten zu sorgen, indem du sie vor den finanziellen Folgen eines unvorhersehbaren Schicksalsschlags schützt.

Daraus geht bereits hervor: Diese Form der Versicherung wird zum Beispiel dann relevant, wenn du einmal Kinder hast, besonders wenn du der Haupt- oder Alleinverdiener deiner Familie bist oder wenn du mit deinem Partner beziehungsweise deiner Partnerin nicht verheiratet bist. Dann kann eine Risikolebensversicherung die Witwen- oder Witwerrente ersetzen. Wenn ihr gemeinsam ein Haus finanziert, wäre dies ebenfalls ein Grund, eine Risikolebensversicherung abzuschließen, damit dein Partner oder deine Partnerin, wenn du sterben solltest, nicht damit belastet wird, den ausstehenden Kredit allein abzuzahlen. Tatsächlich ist die Risikolebensversicherung daher beim Abschluss solcher Kredite sogar manchmal Pflicht.

Kurzum: In deiner jetzigen Lebenssituation ist es höchstwahrscheinlich nicht notwendig, dass du eine Risikolebensversicherung abschließt, trotzdem solltest du schon einmal davon gehört haben. Wenn das Thema für dich

dann relevant wird, ist es sinnvoll, auf folgende Punkte zu achten: die Versicherungssumme, die Wahl des richtigen Tarifs und die Vertragslaufzeit.

Die Versicherungssumme sollte ausreichend hoch sein, um sowohl die offene Kreditsumme für ein Eigenheim abzudecken als auch den finanziellen Bedarf deiner Familie zu sichern. Der Bedarf kann sich aus verschiedenen Faktoren zusammensetzen, wie etwa den Kosten für Kinderbetreuung, Gehaltseinbußen durch reduzierte Arbeitszeit und notwendige Rentenrücklagen. Eine gängige Faustregel ist, etwa vier bis fünf Bruttojahresgehälter als Versicherungssumme zu veranschlagen.

Es gibt verschiedene Möglichkeiten, wie Familien sich absichern können: durch einen gemeinsamen Vertrag, individuelle Verträge oder durch die Benennung des Partners als Begünstigten im jeweiligen Vertrag. Jede Option hat ihre Vor- und Nachteile und sollte sorgfältig abgewogen werden. Wie bei der Berufsunfähigkeitsversicherung gilt auch hier: Je länger die Laufzeit, desto höher ist in der Regel der Beitrag. Überlege genau, bis wann das Eigenheim abbezahlt sein wird und wie lange deine Familie auf dein Einkommen angewiesen ist. Dies muss nicht bis zum Renteneintritt reichen, kann aber abhängig von deiner persönlichen Situation variieren.

Wie bei allen Versicherungsprodukten helfen dir Online-Vergleiche, das passende Angebot zu finden. Grundsätzlich raten wir dir, dich selbstständig zu informieren, und alles, womit du dich wohlfühlst, eigenmächtig abzuschließen. Dann ist die Wahrscheinlichkeit am höchsten, dass du am Ende genau das hast, was du benötigst, und nicht mehr. Da es sich bei der Risikolebensversicherung um eine vergleichsweise hohe Versicherungssumme handelt, kann es sein, dass du das Bedürfnis hast, diese nicht online, sondern bei einem Fachberater abzuschließen. Sei bei der Auswahl deines Beraters vorsichtig. Stell sicher, dass der Berater vertrauenswürdig ist, und sei dir bewusst, dass die Gespräche über die Risikolebensversicherungen oft genutzt werden, um weitere Finanzprodukte zu verkaufen. Tritt dann entschlossen auf und schließe wirklich nur das ab, was auf deiner »Versicherungs-Einkaufliste« steht.

9 STEUERN ZAHLEN –

Die Steuern gehören wohl zu den Top-Ärgernissen des Erwachsenenlebens. Der Blick auf die Lohnabrechnung, auf der als Lohn ein viel höherer Betrag steht, als am Ende auf dem Konto landet, kann schon mal schlechte Laune machen. Dabei handelt es sich bei der Einkommensteuer nur um eine von vielen Abgaben, die wir an den Staat zahlen. Im Kreis von Familie und Freunden wird dem Ärger dann Luft gemacht und sich gemeinsam über die enorme Steuerlast aufgeregt. Zu Recht? Dieser Frage gehen wir in diesem Kapitel nach.

Heute zählen wir Autoren auch schon zu denjenigen, die sich ein bisschen mehr Netto vom Brutto wünschen würden, aber gerade während der Ausbildung oder des Studiums kann das deutsche Steuersystem auch mal positive Überraschungen bereithalten.

Lorenzos Erfahrung:
Nachtschichten für den USA-Roadtrip

Seitdem ich während meiner Schulzeit ein Jahr in den USA gelebt habe, hat dieses Land einen besonderen Platz in meinem Herzen. Ich liebe das Leben dort, die Natur, die Städte, die Mentalität, die Menschen, das Essen. Kurzum: Ich liebe alles an Amerika. Geplagt von der Sehnsucht nach meinem zweiten Zuhause auf der anderen Seite des Atlantiks, plante ich kurz nach dem Ende meiner Schulzeit zusammen mit einer Freundin einen USA-Roadtrip. Doch der musste von irgendetwas bezahlt werden. Also fing ich an, im nahegelegenen Mercedes-Werk Nachtschichten zu schieben. Nacht für Nacht fuhr ich den Gabelstapler durch die Hallen, transportierte Bauteile von A nach B und verdiente damit gutes Geld. Der Job war von vornherein auf sechs Wochen begrenzt und ich sollte in dieser Zeit insgesamt 3.000 Euro verdienen.

Doch dann wurde ich das erste Mal in meinem Leben schmerzlich mit dem Thema »Lohnsteuer« konfrontiert. Denn auf meinem Konto kamen am Ende weniger als 2.000 Euro an. Ganz ehrlich, ich hatte zu dem Zeitpunkt nicht genug Ahnung von unserem Steuersystem, als dass ich verstanden hätte, was da passiert war. Ein Freund erklärte es mir dann: Obwohl ich auf das ganze Jahr gesehen weniger verdiente als den Grundfreibetrag und damit eigentlich keine Steuern hätte zahlen müssen, musste mein Arbeitgeber erst mal Lohnsteuer an das Finanzamt abführen. Um diese fälschlich gezahlte Steuer zurückzubekommen, musste ich im folgenden Jahr eine Einkommensteuererklärung machen. Sonst hätte das Finanzamt das Geld, das mir eigentlich zustand, einfach einbehalten. Für die Finanzierung des Roadtrips half mir das natürlich nicht mehr, denn bis ich das Geld zurückbekam, verging mehr als ein Jahr. Die Reise konnte ich aber trotzdem machen, und sie war jede Nachtschicht wert!

STEUERN VERSTEHEN

Steuern werden an verschiedenen Stellen der Wirtschaft und in bestimmten Situationen in unserem Leben erhoben, manchmal ohne dass wir es so richtig bemerken. Sie gehen an den Staat, damit dieser seinen Pflichten nachkommen kann, wie die Infrastruktur aufrechtzuerhalten oder Sozialleistungen zu zahlen. Per definitionem musst du Steuern zahlen, ohne dass du einen Anspruch auf Gegenleistung hast. Im besten Fall solltest du als Bürger aber natürlich von den Ausgaben, die der Staat tätigt, profitieren – manchmal ganz direkt, wenn du eine staatliche Unterstützung erhältst wie Kindergeld oder Sozialleistungen, und manchmal indirekt, indem du die neu gebaute Straße benutzt oder dich dank der Polizei sicherer fühlst. In aller Regel sind die Steuereinnahmen nicht zweckgebunden, der Staat kann also frei darüber entscheiden, wofür er das eingenommene Geld verwendet.

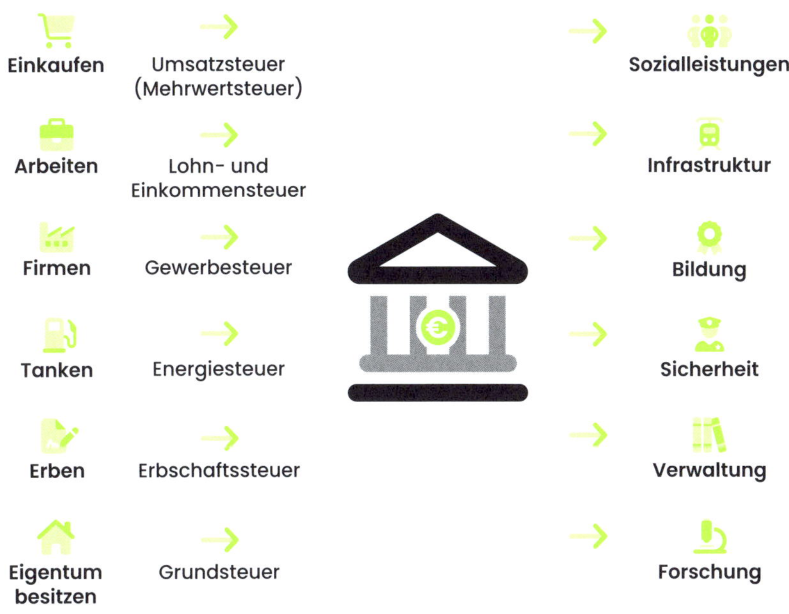

Wann wir Steuern zahlen und wofür der Staat das Geld ausgibt (Beispiele)

Es gibt fast 40 verschiedene Arten von Steuern. Keine Sorge, wir besprechen hier nicht jede einzelne im Detail. Das ist auch gar nicht notwendig, denn man kann Steuern aufgrund ihrer Eigenschaften verschiedenen Kategorien zuordnen, zum Beispiel indirekten und direkten Steuern. Dabei ist entscheidend, auf welchem Weg das Geld zum Finanzamt kommt. Dafür wird zwischen dem Steuerträger, also der Person, die die Steuer bezahlen muss, und dem Steuerschuldner, demjenigen, der den Betrag letztlich dem Finanzamt schuldet, unterschieden. Wenn du direkte Steuern zahlst wie die Einkommen oder KFZ-Steuer, bist du sowohl der Steuerträger als auch der -schuldner: Du musst die Steuer aus eigener Tasche zahlen und bist auch selbst dafür verantwortlich, sie an das Finanzamt abzuführen.

Das ist bei den indirekten Steuern anders, zu denen beispielsweise die Mehrwert- und Energiesteuer zählen. Die zahlst du beinahe unbemerkt, überall, wo du Geld ausgibst: im Kino, im Supermarkt, beim Shopping, im Schwimmbad. Hier bist du zwar derjenige, der die Steuern zahlt, weil sie ja auf den Nettopreis aufgeschlagen werden, aber der Verkäufer oder das Unternehmen schuldet den Betrag dann dem Finanzamt.

Aus diesem Vorgehen folgt ein weiterer entscheidender Unterschied zwischen direkten und indirekten Steuern: Bei indirekten Steuern sind die Steuerzahler sozusagen anonym, daher werden alle mit dem gleichen Steuersatz belastet, egal ob reich oder arm. Bei direkten Steuern können individuelle Steuersätze gelten. Besserverdiener müssen beispielsweise anteilig mehr von ihrem Einkommen abgeben, und es können Steuervorteile berücksichtigt werden. Das alles soll zu einer gerechteren Umverteilung beitragen und Anreize für bestimmte Verhaltensweisen setzen.

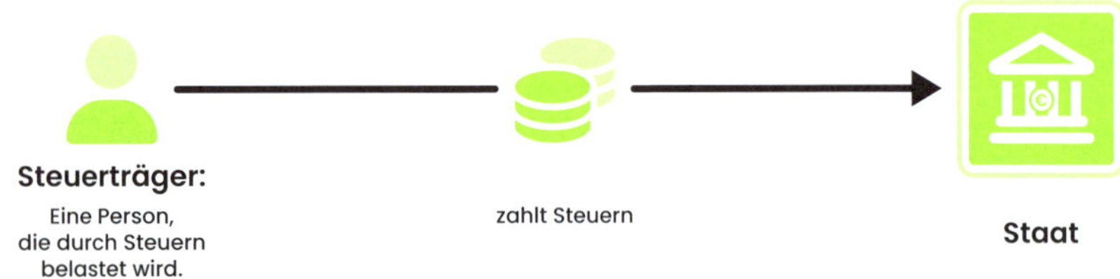

Direkt und indirekte Steuern

Ich habe Volkswirtschaftslehre studiert und muss ganz ehrlich sagen: Ein Großteil des Studiums war für mich eine Qual. So viel Mathe, so viele abstrakte Theorien, die sich nur mit Mühe und Not auf das anwenden lassen, was wir im Alltag erleben. Aber es gab einen Punkt im Studium, an dem sich das etwas gedreht hat, weil ich mich mit etwas beschäftigte, was mich zunehmend interessierte, je mehr ich mich hineindachte, und das war meine Bachelorarbeit über die Wirkungsweise von Steuern.

Wir versuchen dir in diesem Buch sehr praktische Tipps mitzugeben, wie du deine Finanzen und Co. selbst in die Hand nehmen kannst. Aber an dieser Stelle möchte ich dir dennoch einen kurzen verhaltensökonomischen Exkurs geben, weil dieser aus meiner Sicht eine spannende Perspektive auf das sonst eher trockene Thema Steuern gibt.

Steuern haben für den Staat zwei Effekte. Offensichtlich ist der Fiskalzweck, also die Tatsache, dass Steuern Geld in die Staatskasse spülen. Darüber hinaus gibt es aber den Lenkungszweck. Durch das Erhöhen oder Vergünstigen von Steuern kann der Staat Verhaltensweisen der Bürger lenken. So hat die Erhebung der Energiesteuer beispielsweise das Ziel, einen Anreiz zu setzen, weniger Sprit oder Heizöl zu verbrauchen und stattdessen auf klimafreundlichere Alternativen umzusteigen. Andersherum gewährt der Staat beispielsweise Familien Steuervorteile, weil es in seinem Interesse ist, dass Kinder geboren werden.

Es gibt Steuern, die allein zum Zweck dieser Lenkungswirkung eingeführt werden, wie die Tabak- oder Alkoholsteuer. (Diese Steuern nennt man auch Lenkungssteuern.) Tatsächlich hat aber aus verhaltensökonomischer Sicht nahezu jede Steuer eine Lenkungswirkung in die eine oder andere Richtung.

Lenkungssteuern verursachen einen Zielkonflikt aufseiten des Staates, denn einerseits sind sie ja ein Ausdruck dessen, dass bestimmte Verhaltensweisen nicht erwünscht sind. Andererseits generieren aber eben diese Verhaltensweisen nach der Einführung der Steuer zusätzliche Einnahmen, die der Staat gut gebrauchen kann.

Eine andere Art, Steuerarten einzuteilen, ist danach zu fragen, wer das Geld am Ende bekommt: der Bund, die Länder, die Kommune oder die EU. So geht die Gewerbesteuer an die Kommune und die Erbschaftssteuer an das Land. Andere Steuern wie die Einkommen- oder Umsatzsteuer sind Gemeinschaftssteuern. Die Einnahmen teilen sich Bund, Land und Gemeinden also nach einem bestimmten Satz auf.

Es gibt weitere Formen Steuerarten zu unterteilen, aber die würden die Sache hier nur unnötig kompliziert machen. Sehen wir uns lieber die wichtigsten Steuerarten im Detail an, die Umsatzsteuer sowie die Lohn- und Einkommensteuer. Darüber hinaus zählt auch die Körperschaftssteuer zu den einnahmenmäßig bedeutsamsten Steuerarten, die betrifft aber nur juristische Personen, also z. B. Kapitalgesellschaften, Vereine, Stiftungen usw. Wir fokussieren uns also auf die Steuerarten, die von Privatpersonen erhoben werden.

Lohn- und Einkommensteuer

In Deutschland werden jährlich um die 700 bis 900 Milliarden Euro Steuern eingenommen. Der Anteil, den die Einkommensteuer ausmacht, belief sich beispielsweise 2022 auf über 45 Prozent. Der größte Batzen Geld, der an den Staat geht, ist also der, der jedem Einzelnen direkt vom Einkommen, Gehalt oder Lohn abgezogen wird.

Lohn oder Gehalt?

Genau genommen wird es sich bei den meisten Arbeitnehmern wohl nicht um einen Lohn, sondern um ein Gehalt handeln. Der Unterschied: Ein Lohn basiert auf Stundenbasis und kann daher monatlich variieren, während ein Gehalt eine feste Summe ist, die monatlich gezahlt wird.

Apropos Lohn – was hat es denn nun mit diesen Begrifflichkeiten Lohnsteuer und Einkommensteuer auf sich? Ganz einfach: Bei der Lohnsteuer handelt es sich um eine monatliche Vorauszahlung auf die jährliche Einkommensteuer, die sich prozentual am Einkommen orientiert. Sie geht jeden Monat vom Gehalt ab, noch bevor das Geld auf deinem Konto landet. Die Einkommensteuer hingegen wird erst am Ende eines Jahres berechnet. Hier müssen dann neben dem Gehalt auch sonstige Einkünfte wie Mieteinnahmen und Kapitalerträge versteuert werden. Wenn die Rede davon ist, etwas »von der Steuer abzusetzen«, dann geht es nicht um Steuern im Allgemeinen, sondern konkret darum, bestimmte Ausgaben bei der Berechnung der Einkommensteuer geltend zu machen, sodass sich deine Steuerlast reduziert (mehr dazu ab Seite 260). Die fällige Einkommensteuer wird mithilfe deiner Steuererklärung berechnet und mit der bereits gezahlten Lohnsteuer verrechnet, sodass du letztlich entweder eine Steuernachzahlung leisten musst oder eine Rückzahlung vom Finanzamt erhältst.

Selbstständige zahlen also keine Lohnsteuer, sondern lediglich Einkommensteuer. Sie sind selbst dafür verantwortlich, monatlich eine angemessene Summe beiseitezulegen. Liegt ihr erwartetes Einkommen über dem Grundfreibetrag von 11.784 Euro (Stand: 2024), verlangt das Finanzamt eine quartalweise Steuervorauszahlung.

Weitere direkte Steuern, die viele von uns betreffen

 **Kapitalertragsteuer:**

Wenn du nun den Tipps aus diesem Buch folgst und beginnst, in den Kapitalmarkt zu investieren, dann solltest du auch wissen, was die Kapitalertragsteuer ist. Sie ist eine Form der Einkommensteuer, die auf realisierte (also tatsächlich an dich ausgezahlte) Gewinne aus Geldanlagen erhoben wird. Sie liegt für alle bei 25 Prozent, unabhängig von anderen Einkünften, plus gegebenenfalls Solidaritätszuschlag und Kirchensteuer. Allerdings gibt es seit 2023 einen Freibetrag für Anleger: Kapitalerträge bis 1.000 Euro für alleinstehende und 2.000 Euro für Ehepaare sind steuerfrei. Die fällige Kapitalertragsteuer wird in der Regel direkt von den Banken und Finanzdienstleistern an den Staat überwiesen, ohne dass du irgendetwas tun musst. Bei dieser Art der Abführung wird auch von der Abgeltungssteuer gesprochen, das ist aber im Kern das Gleiche wie die Kapitalertragsteuer.

KFZ-Steuer:
Auch die KFZ-Steuer zählt zu den direkten Steuern, du zahlst sie also direkt an eine staatliche Instanz, in dem Fall den Zoll. Die Zulassungsstelle, bei der du dein Auto anmeldest, übermittelt die Informationen automatisch an den Zoll. Dieser wiederum stellt dir innerhalb von zwei Wochen nach der Zulassung einen Steuerbescheid aus. Die Höhe richtet sich nach verschiedenen Kriterien, zum Beispiel dem CO_2-Ausstoß. KFZ-Steuer-Rechner findest du online. Der festgelegte Betrag gilt dauerhaft und muss jährlich beglichen werden, ohne dass du erneut dazu aufgefordert wirst. Daher wird bereits bei der Zulassung eines PKW ein SEPA-Lastschriftmandat gefordert, sodass der Zoll die Zahlung bei Fälligkeit einziehen kann.

Die Umsatzsteuer

Fast ein Drittel des jährlichen Steueraufkommens wird durch die Mehrwertsteuer generiert. Die zahlst du auf jede Ware oder Dienstleistung, die du kaufst, ohne dass du es so richtig bemerkst, denn in den Preisen im Geschäft ist die Mehrwertsteuer immer schon enthalten. Wenn du aber einen Blick auf den Kassenzettel wirfst, siehst du, wie viel Steuer du bei deinem Einkauf gezahlt hast. Offiziell handelt es sich dabei um die Umsatzsteuer, umgangssprachlich hat sich der Begriff Mehrwertsteuer aber durchgesetzt. Es gibt zwei Mehrwertsteuersätze – den regulären, der 19 Prozent beträgt, und den vergünstigten, der bei 7 Prozent liegt. Die Idee dahinter ist, die Verbraucher bei den »Waren des täglichen Bedarfs«, also Grundnahrungsmitteln, Büchern, Zeitschriften und örtlichen Fahrkarten, zu entlasten. Aber einen Haken hat die ganze Sache: Irgendjemand muss ja nun entscheiden, was »Waren des täglichen Bedarfs« sind und was nicht. Das hat über die Zeit zu einem enormen Wirrwarr geführt, wie du in der unten stehenden Tabelle sehen kannst.

7 PROZENT	19 PROZENT
Kuhmilch	Hafermilch
Tampons	Slipeinlagen
Essen zum Mitnehmen	Essen im Restaurant oder Café
Stilles Wasser	Sprudelwasser
Gemüse und Obst	Smoothies und Säfte
Speisekartoffeln	Süßkartoffeln
Hörgeräte	Brillen

Die Liste der Mehrwertsteuer-Kuriositäten lässt sich nahezu beliebig fortführen. So scheint es auch irritierend, dass Fahrten mit dem Skilift oder Trüffel einen vergünstigten Mehrwertsteuersatz haben, wo doch beides in der öffentlichen Wahrnehmung eher als Luxusgut gilt.

Die Mehrwertsteuer wird ausschließlich vom Endverbraucher getragen. Zwar zahlt ein Unternehmen beim Einkauf von Waren auch Mehrwertsteuer (sie wird dann Vorsteuer genannt). Die von ihm gezahlte Vorsteuer wird aber mit der von den Kunden gezahlten Mehrwertsteuer verrechnet, sodass das Unternehmen dem Finanzamt lediglich die Differenz schuldet.

(EINKOMMEN-)STEUER ZAHLEN

Umgangssprachlich wird allgemein von der Steuer und der Steuererklärung gesprochen und davon, etwas von der Steuer abzusetzen oder Steuern nachzuzahlen. Gemeint sind dann fast immer die Einkommensteuer und die Einkommensteuererklärung. Trotz der vielen verschiedenen Steuerarten ist die Einkommensteuer die, mit der sich Privatpersonen tendenziell ja am meisten beschäftigen müssen, denn alle anderen Steuern zahlen wir entweder ohne es mitzubekommen, wie die Mehrwertsteuer, oder nur unter besonderen Umständen, wenn wir zum Beispiel erben oder ein Haus besitzen.

Wer zahlt Einkommensteuer?

Einkommensteuer zahlt jeder, der in Deutschland lebt und im Jahr mehr als 11.764 Euro (Stand: 2024) einnimmt. Das ist der Grundfreibetrag, der steuerfrei ist. Dazu zählen jegliche Einkünfte wie Gehalt oder Lohn, Einnahmen aus Vermietung und Verpachtung oder selbstständiger Tätigkeit und so weiter. Für Ehepaare und eingetragene Lebenspartner gilt der doppelte Betrag. Sie dürfen also zusammen 23.528 Euro (Stand: 2024) steuerfrei einnehmen.

Es ist entsprechend gut möglich, dass du während deiner Ausbildung und deines Studiums keine Einkommensteuer zahlen musst. Spätestens wenn du aber deinen ersten Vollzeitjob annimmst, wird sich das ändern. Wenn du angestellt bist, passiert dies ohne dein Zutun, indem dein Arbeitgeber Lohnsteuer von deinem Gehalt als Vorauszahlung auf die Einkommensteuer abführt.

Wenn du vorübergehend einen Voll- oder Teilzeitjob annimmst, wird dein Arbeitgeber auch dann Lohnsteuer abführen, wenn du auf das ganze Jahr gesehen unter dem Grundfreibetrag bleibst. Dann kannst du dir die fälschlich gezahlte Lohnsteuer über eine vereinfachte Einkommensteuererklärung zurückholen.

Brutto- und Nettogehalt

Der durchschnittliche Bruttolohn liegt in Deutschland bei 4.105 Euro pro Monat (Stand: 2022). Bei einem durchschnittlichen Verdienst lässt sich grob sagen, dass ein Drittel des Gehalts, das du anfangs mit deinem Arbeitgeber vereinbart hast, an den Staat geht, sobald du einkommensteuer- und sozialabgabenpflichtig bist. Also bleiben dir dann etwa zwei Drittel als Nettolohn. Mit steigendem Einkommen kann der Anteil jedoch schnell größer werden und auf mehr als 40 Prozent steigen. Dann bleibt anteilig weniger Netto vom Brutto. Bevor dein monatliches Gehalt auf deinem Konto eingeht, ist bereits Folgendes davon abgegangen:

- Steuern:
  - Lohnsteuer (individueller Satz)
  - eventuell Kirchensteuer, wenn du Mitglied der Kirche bist (zwischen 8 und 9 Prozent, je nach Bundesland)
  - eventuell Solidaritätszuschlag (5,5 Prozent der Einkommensteuer)

- Sozialabgaben:
  - Krankenversicherung (KV) (7,3 Prozent plus die Hälfte des Zusatzbeitrags)
  - Pflegeversicherung (PV) (zwischen 0,7 und 2,4 Prozent, je nach Anzahl der eigenen Kinder)
  - Arbeitslosenversicherung (AV) (1,3 Prozent)
  - Rentenversicherung (RV) (9,3 Prozent)

Was ist der Solidaritätszuschlag?

Der Solidaritätszuschlag wurde eingeführt, um die Kosten der deutschen Einheit zu finanzieren, also von West nach Ost umzuverteilen. Er wurde 2021 weitestgehend abgeschafft. Nun müssen ihn nur noch Gutverdiener zahlen, konkret diejenigen, die mehr als 18.130 Euro Einkommensteuer im Jahr zahlen.

Was es mit den Sozialabgaben auf sich hat, haben wir bereits in Kapitel 7 näher erläutert. Du zahlst deswegen nur die Hälfte der jeweiligen Beiträge, weil die andere Hälfte der Arbeitgeber trägt. Mit deinem Gehalt oder Lohn erhältst du monatlich eine Lohn- oder Gehaltsabrechnung, die zunächst nach einer unverständlichen Aneinanderreihung von Abkürzungen und Zahlen aussieht. Wenn du einen genaueren Blick darauf wirfst, kannst du ihr aber ein paar spannende Informationen entnehmen, wie beispielsweise die exakten Beträge, die für die einzelnen Posten abgegangen sind (siehe Abbildung auf der nächsten Seite).

Wie viel Lohnsteuer du zahlst, hängt von deiner Lohnsteuerklasse ab, und die wiederum von deinen Lebensumständen (siehe Tabelle auf Seite 246). Ziel der Einteilung in Lohnsteuerklassen ist, dass sich die über das Jahr geleisteten Vorauszahlungen auf die Einkommensteuer (nichts anderes ist ja die Lohnsteuer), am Ende möglichst mit der tatsächlichen Steuerschuld decken. Daher werden mit der Zuordnung zu einer bestimmten Steuerklasse eventuelle Freibeträge, zum Beispiel für Familien mit Kindern, automatisch berücksichtigt.

Deine Sozialversicherungsnr.

Abrechnung der Brutto-Netto-Bezüge

Januar 2020

Pers.-Nr.	1	**Abteilung**	EX	**Kst.-St.**	3000	**SV-Nummer**	11131260A004	**Steuer ID Nr.**	32291456879
Eintritt	01.01.2019	**Austritt**		**Geb.datum**	13.12.1960	**Kasse**	Muster-KK	**St.Kl.(Faktor)/Kinder**	3 / 1,0
				Personengruppe	101	**KV/AN-Beitrag KV**	14,60% / 7,75%	**Konfession**	-
						PV-Zuschlag	nein / -	**Freibetrag mtl./jährl.**	
						Übergangsbereich nein	**MFB** nein	**Hinzurech. Mtl./jährl.**	

Deine Steuer ID, deine Lohnsteuerklasse und die Anzahl der Kinder

Informationen über dich als AN

Dein Krankenkassenbeitrag & dein Anteil

Musterfirma
Musterweg 42, 79100 Musterstadt

persönlich / vertraulich

Herrn
Andreas Angestellter
Musterstraße 10
79100 Musterstadt

	SV-Tage				St.-Tage
	KV	**RV**	**AV**	**PV**	
monatlich	30	30	30	30	30
kumuliert	30	30	30	30	30
BGR	1	1	1	1	

Urlaub Vorjahr	20,00	**Urlaub monatlich genommen**	0,00
Urlaubsanspruch	10,00	**Resturlaub**	30,00

Informationen über deinen Urlaub

Lohnart	Bezeichnung	bezahlte Menge	Faktor	%-Zuschlag	St*	SV*	GB*	Betrag
2	Gehalt				L	L	J	4.000,00 EUR

Steuer/Sozialversicherung

Steuer-Brutto	Lohnsteuer	Kirchensteuer	SolZ	KV-Brutto	PV-Brutto	Gesamtbrutto 4.000,00 EUR Steuerrechtl. Abzüge
4.000,00 EUR	371,00 EUR	0,00 EUR	8,93 EUR	4.000,00 EUR	4.000,00 EUR	379,93 EUR
∑ 4.000,00 EUR	∑ 371,00 EUR	∑ 0,00 EUR	∑ 8,93 EUR	∑ 4.000,00 EUR	∑ 4.000,00 EUR	∑ 379,93 EUR
RV – Brutto	**AV – Brutto**	**KV – Beitrag**	**PV – Beitrag**	**RV – Beitrag**	**AV – Beitrag**	**SV – rechtl. Abzüge**
4.000,00 EUR	4.000,00 EUR	310,00 EUR	61,00 EUR	372,00 EUR	48,00 EUR	791,00 EUR
∑ 4.000,00 EUR	∑ 4.000,00 EUR	∑ 310,00 EUR	∑ 61,00 EUR	∑ 372,00 EUR	∑ 48,00 EUR	∑ 791,00 EUR

∑ Gesamtsumme

Nettoentgelt
2.829,07 EUR

Dein Bruttolohn

Gezahlte Steuer

Abgaben an die Sozialversicherung

Dein Nettolohn

Aufgelaufene Jahreswerte	
Gesamtbrutto	Steuer – Brutto
4.000,00 EUR	4.000,00 EUR
Lohnsteuer	Kirchensteuer
371,00 EUR	0,00 EUR
SolZ	Kirchensteuer
8,93 EUR	4.000,00 EUR
PV-Brutto	RV-Brutto
4.000,00 EUR	4.000,00 EUR
AV-Brutto	KV-Beitrag
4.000,00 EUR	310,00 EUR
PV-Beitrag	RV-Beitrag
61,00 EUR	372,00 EUR
AV-Beitrag	VWL-Gesamt
48,00 EUR	0,00 EUR
Betriebl. Altersversorgung	Auszahlungsbetrag
0,00 EUR	2.829,07 EUR

Hier werden die gezahlten Steuern und Abgaben über ein Jahr aufaddiert.

Nr.	Netto – Bezüge / Netto – Abzüge

Summe Netto Be-/Abzüge
0,00 EUR

Auszahlungsbetrag
2.829,07 EUR

IBAN: DEXX XXXX XXXX XXXX XXXX XX
BIC: GENODE61FR1
Bank: Volksbank Freiburg

1 Teilmonatsentgelt: Es wird die Tageslohnsteuertabelle angewandt und/oder die automatische Lohnartenkürzung durchgeführt.
* A=Abfindung, B=SV-Beiträge werden vom Arbeitgeber entrichtet, E=Einmalbezug, F=Frei, L=Laufender Bezug, M=Mehrjährige Versteuerung, P=Pauschale Versteuerung, S=Sonstiger Bezug, V=Vorjahr, GB=Gesamtbrutto, J=Mit Auswirkung auf das Gesamtbrutto, N=Ohne Auswirkung auf das Gesamtbrutto

Entgeltbescheinigung nach §108 Absatz 3 Satz 1 der Gewerbeordnung

STEUER-KLASSE	WER?
1	Für Singles
2	Für alleinerziehende Eltern
3	Für Ehepartner, die mehr verdienen als ihre Frau/ihr Mann
4	Für Ehepartner, die gleich viel verdienen
5	Für Ehepartner, die weniger verdienen als ihre Frau/ihr Mann
6	Für Zweit- und Nebenjobs, die keine Minijobs sind. Der erste Job wird weiterhin in Steuerklasse 1 bis 5 veranlagt.

Es lohnt sich zu prüfen, ob das Finanzamt einen stets der richtigen Steuerklasse zugeordnet hat. Die Steuerklasse zwei muss zum Beispiel immer beantragt werden. Wenn du als Student vorübergehend einen Job annimmst, solltest du deinen Arbeitgeber in jedem Fall über deine Steuerklasse informieren. Andernfalls wirst du mit hoher Wahrscheinlichkeit der Steuerklasse sechs, derjenigen mit den höchsten Abzügen, zugeordnet. Außerdem kann es ja sein, dass du kurzfristig zwar gut verdienst, aber auf das ganze Jahr gesehen unter dem Grundfreibetrag bleibst. In diesem Fall musst du, wie bereits beschrieben, gar keine Einkommensteuer zahlen. Die fälschlicherweise abgeführte Lohnsteuer kannst du dir dann über eine Steuererklärung zurückholen. Wie das geht, besprechen wir im weiteren Verlauf dieses Kapitels.

EXKURS: EHEGATTENSPLITTING

Du hast bestimmt schon mal gehört, dass die Ehe Steuervorteile mit sich bringen kann. Der Grund dafür ist das sogenannte Ehegattensplitting.

Ehepaare können die sogenannte Zusammenveranlagung wählen. Das bedeutet, dass ihre beiden Einkommen als eins angesehen werden, sich jegliche Einkommensgrenzen und Freibeträge aber natürlich verdoppeln. Dann wählt der Partner mit dem geringeren Einkommen die Steuerklasse fünf und wird damit verhältnismäßig stärker besteuert. Gleichzeitig wird derjenige mit dem höheren Einkommen in Steuerklasse drei aber verhältnismäßig schwächer besteuert. Das erscheint zunächst unfair, ist es aber gar nicht. Aufgrund des progressiven Steuermodells (siehe Seite 249) können sich daraus Steuervorteile ergeben. Möchten die Ehepartner die Splittingvorteile schon bei der Zahlung der monatlichen Lohnsteuer gerechter aufteilen, haben sie zudem die Option die Steuerklasse vier mit Faktor zu beantragen.

Aus Sicht des Staates geht es bei der Eheschließung oder auch der Eintragung einer Lebenspartnerschaft vor allem darum, dass zwei Menschen eine Zugewinn- und Versorgungsgemeinschaft bilden. Der Staat erwartet also, dass diese finanziell füreinander sorgen und sie zusammen über das gemeinsame Einkommen verfügen, unabhängig davon, wer es verdient hat.

Der Effekt des Ehegattensplittings ist besonders groß, wenn die Ehepartner möglichst unterschiedlich verdienen.

Verdienen beide Partner das Gleiche, hat das Ehegattensplitting keinen Effekt. Daher können Ehepaare selbst wählen, ob sie über die Steuerklassen drei und fünf bzw. vier mit Faktor zusammen veranlagen (dann müssen sie auch eine gemeinsame Steuererklärung abgeben), oder ob sie sich individuell besteuern lassen. Dann gehören sie der Steuerklasse vier (ohne Faktor) an.

Wer muss wie viel Einkommensteuer zahlen?

Wer mehr Geld einnimmt und viel konsumiert, soll auch einen höheren Beitrag zum Gemeinwohl leisten. Andersherum sollen diejenigen, die weniger Geld haben, weniger Steuerlast tragen. Das ist das Leistungsfähigkeitsprinzip, das dem deutschen Steuersystem zugrunde liegt.

Wie lässt sich nun die exakte Summe bestimmen, die du an Einkommensteuer zahlen musst? Anders als bei der Mehrwertsteuer, wo jeder den gleichen Steuersatz von 19 oder 7 Prozent zahlt, gelten bei der Einkommensteuer individuelle Steuersäte. Grob lässt sich sagen: Je höher das Einkommen ist, desto höher der Steuersatz, beginnend mit 14 Prozent, sobald das Einkommen den Grundfreibetrag übersteigt, bis hin zum Reichensteuersatz

Zu versteuerndes Einkommen

Das Einkommen, das für die Berechnung deines Steuersatzes berücksichtigt wird, ist nicht einfach dein Gehalt oder Lohn. Es werden bei der Bestimmung des sogenannten »zu versteuernden Einkommens« (zvE) sowohl weitere Einkünfte als auch Steuervorteile berücksichtigt. So ergibt sich dein zvE:

1. Die Summe aller Einkünfte bilden: Das sind alle Einnahmen (Gehalt, Einnahmen aus selbstständiger Tätigkeit, Mieteinkünfte und so weiter) abzüglich der Ausgaben, die zur Erzielung dieser Einnahmen nötig waren, die sich von der Steuer absetzen lassen. Was genau sich alles von der Steuer absetzen lässt, erklären wir später noch.
2. Entlastungsbeträge, wie beispielsweise für Alleinerziehende, abziehen.
3. Sonderausgaben und Freibeträge (zum Beispiel Kinderfreibeträge) abziehen.

Das Endergebnis ist dein zu versteuerndes Einkommen – der Betrag, welcher der Berechnung deiner Einkommensteuer zugrunde liegt.

von 45 Prozent. Mit steigendem Einkommen steigt also nicht nur die gesamte Steuer, sondern auch der Anteil, den du als Steuer zahlst.

Der Einkommensteuertarif ist in fünf Zonen aufgeteilt. Ein Einkommen wird also nicht als Ganzes mit einem Steuersatz versteuert, sondern gestaffelt. Der Grundfreibetrag bleibt so immer steuerfrei. Deine ersten circa 6.000 Euro, die du über den Grundfreibetrag hinaus verdienst, werden mit 14 bis 24 Prozent versteuert und so weiter. Ab einem Einkommen von 66.761 Euro (Stand: 2024) beträgt der Grenzsteuersatz 42 Prozent und steigt zunächst nicht mehr. Erst ab 277.826 Euro macht er noch einmal einen kleinen Sprung auf 45 Prozent. Dann ist von der Reichensteuer die Rede.

Der Steuersatz, mit dem die letzten Euros deines Einkommens besteuert werden, ist der Grenzsteuersatz. Das ist also der höchste Steuersatz, den du auf einen Teil deines Einkommens zahlst. Dein Durchschnittssteuersatz wird aber immer unter dem Grenzsteuersatz liegen (siehe Abbildung unten).

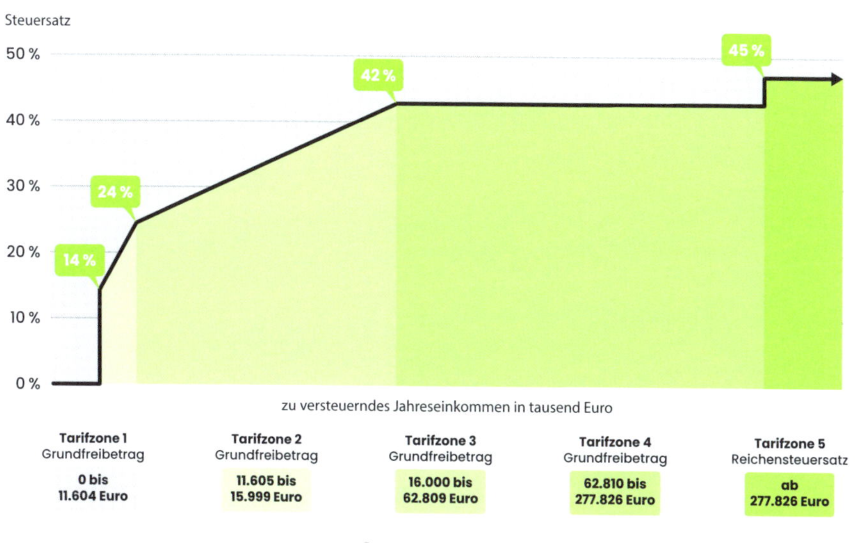

Progressives Steuermodell

Die folgenden Personas sind fiktive Beispiele dafür, wie das progressive Steuermodell angewendet wird. Sie sollen dir ein Gefühl dafür vermitteln, welche Beträge, abhängig von der Lebenssituation und dem Einkommen, an den Staat gehen, sowohl in Form von Steuern als auch als Sozialabgaben. All unsere Personas sind zunächst alleinstehend, kinderlos und bei der gleichen Krankenkasse mit einem Zusatzbeitrag von 1,2 Prozent versichert. Diese Zahlen hier basieren noch auf den Regelungen von 2023.

Mia B., 21 Jahre, Werkstudentin

- Zu versteuerndes Jahreseinkommen: 9.600 Euro
- Einkommensteuer: 0 Euro
- Durchschnittsbelastung: 0 %
- Grenzbelastung: 0 %
- Sozialabgaben/Jahr: 892,80 Euro (nur RV, wegen Werkstudentenprivileg)

→ **Mia zahlt 1,1 Monatsgehälter an den Staat.**

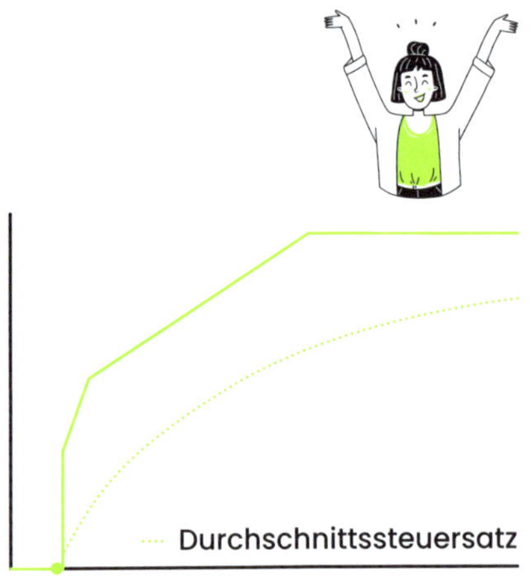

Manuel M., 35 Jahre, Physiotherapeut in Teilzeit

- Zu versteuerndes Jahreseinkommen: 28.800 Euro
- Einkommensteuer: 4.350 Euro
- Durchschnittsbelastung: 15,1 %
- Grenzbelastung: 28,9 %
- Sozialabgaben/Jahr: 5.990,40 Euro

→ **Manuel zahlt 4,3 Monatsgehälter an den Staat.**

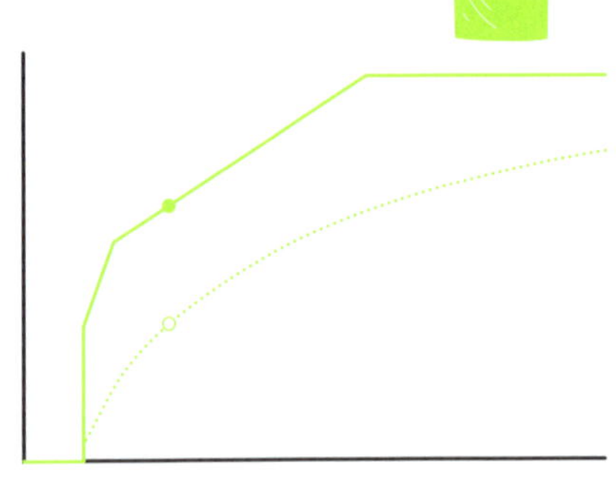

Bodo M., 36 Jahre, angestellter Webdesigner

- Zu versteuerndes Jahreseinkommen: 45.000 Euro
- Einkommensteuer: 9.537 Euro
- Durchschnittsbelastung: 21,19 %
- Grenzbelastung: 35,14 %
- Sozialabgaben/Jahr: 9.360 Euro

→ **Bodo zahlt 5 Monatsgehälter an den Staat.**

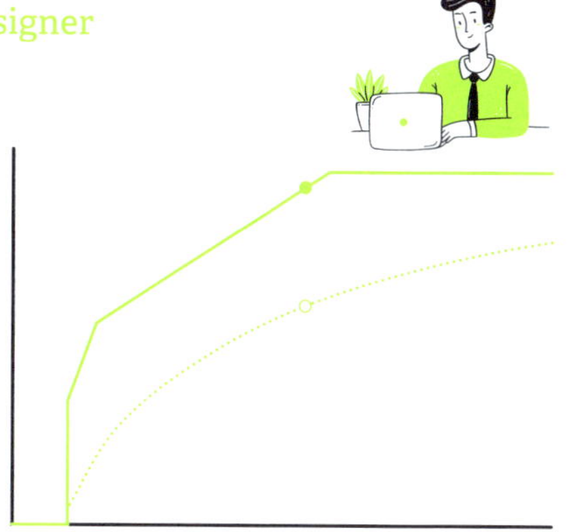

Dr. Lina M., 37 Jahre, Anwältin in Großkanzlei

- Zu versteuerndes Jahreseinkommen: 180.000 Euro
- Einkommensteuer: 65.627 Euro
- Hinzu kommt in diesem Fall der Solidaritätszuschlag i.H.v. 3.609,48 Euro.
- Durchschnittsbelastung: 36,46 %
- Grenzbelastung: 42 %
- Sozialabgaben/Jahr: 15.390,30 Euro

→ **Lina zahlt 5,6 Monatsgehälter an den Staat.**

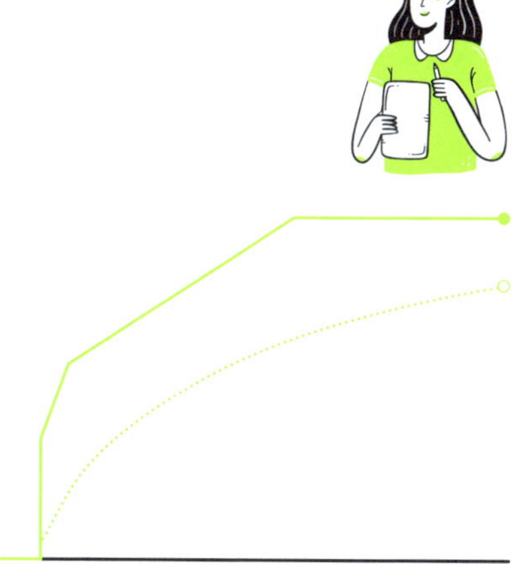

Um selbst ein Gefühl für Grenz- und Durchschnittssteuersätze zu bekommen, kannst du den Lohn- und Einkommensteuerrechner des Bundesministeriums der Finanzen nutzen. Den findest du unter www.bmf-steuerrechner.de

Beispiele zum Ehegattensplitting
Angenommen, Lina und Bodo sind verheiratet und entscheiden sich für die Zusammenveranlagung:

- Zu versteuerndes Jahreseinkommen: 225.000 Euro
- Einkommensteuer: 74.554 Euro
- Hinzu kommt in diesem Fall der Solidaritätszuschlag i.H.v. 4.100,47 Euro.
- Durchschnittsbelastung: 33,14 %
- Grenzbelastung: 42 %

→ **Steuerersparnis gegenüber Einzelveranlagung: 119,01 Euro**

Wäre Lina stattdessen mit Manuel verheiratet und würden die beiden zusammen veranlagen, sähe die Rechnung so aus:

- Zu versteuerndes Jahreseinkommen: 208.800 Euro
- Einkommensteuer: 67.750 Euro
- Hinzu kommt in diesem Fall der Solidaritätszuschlag i.H.v. 3.726,25 Euro.
- Durchschnittsbelastung: 32,45 %
- Grenzbelastung: 42 %

→ **Ersparnis gegenüber Einzelveranlagung: 2.110,23 Euro**

Der Einkommensunterschied zwischen Lina und Bodo ist zwar bereits enorm, dennoch verdienen beide ein (zum Teil deutlich) überdurchschnittliches Gehalt. Daher ist ihre Ersparnis durch die Zusammenveranlagung nicht so hoch. Anders sieht es bei Lina und Manuel aus, denn Manuel verdient ein deutlich unterdurchschnittliches Gehalt. Daraus ergibt sich ein größerer Vorteil durch das Ehegattensplitting.

EXKURS: MINIJOB VERSUS WERKSTUDENTENTÄTIGKEIT

Der Minijob ist unkompliziert und steuerfrei? Das denken viele, aber beschäftigt man sich einmal mit den tatsächlichen Regelungen für den Minijob, zeigt sich ein ganz anderes Bild.

Grundsätzlich gibt es zwei Formen des Minijobs. Darauf sind wir im Kapitel 7 schon kurz eingegangen. Du kannst im Minijob entweder langfristig bis zu 538 Euro im Monat verdienen oder den Job zeitlich begrenzt, bis zu 70 Tage oder drei Monate am Stück, ausführen.

Dass Minijobs steuerfrei seien, ist allerdings ein Mythos. Denn der Arbeitgeber muss deine Tätigkeit durchaus versteuern. Es gibt drei Arten, auf die ein Minijob besteuert werden kann:

Pauschsteuersatz von 2 Prozent, den der Arbeitgeber an die Minijob-Zentrale zahlt: Davon bekommst du im besten Fall gar nichts mit. Der Arbeitgeber darf dir die Steuer theoretisch vom Lohn abziehen, das machen aber die wenigsten.

Pauschale Lohnsteuer von 20 Prozent: Das trifft vor allem dann zu, wenn du doppelt beschäftigt bist, also zwei Minijobs hast oder den Minijob zusätzlich zu einem Hauptjob (egal ob in Voll- oder Teilzeit) ausübst, oder wenn dein Minijob zeitlich begrenzt ist. Dann wird die Lohnsteuer vom Arbeitgeber abgeführt. Wenn du auf das ganze Jahr gesehen unter dem Grundfreibetrag bleibst, kannst du dir die Lohnsteuer über eine Einkommensteuererklärung zurückholen.

Individuelle Besteuerung nach Steuerklassen: Schließlich ist es auch möglich, dass du entsprechend deiner Lohnsteuerklasse besteuert wirst (siehe Seite 246). Solange du in Lohnsteuerklasse eins bis vier bist, zahlst du als Minijobber ohne weitere Einkünfte weiterhin keine Steuer. Wirst du allerdings der Lohnsteuerklasse fünf oder sechs zugeordnet, kann es richtig teuer werden. Die Lohnsteuerklasse sechs wählt das Finanzamt immer dann, wenn es keine ausreichenden Informationen über dich hat. Deswegen solltest du deinen Arbeitgeber am besten von dir aus darüber informieren, welche Lohnsteuerklasse du hast.

Alternativ zum Minijob kannst du eine Werkstudententätigkeit ausüben. Im Minijob ist deine Arbeitszeit durch die Deckelung auf 538 Euro in Verbindung mit dem Mindestlohn von derzeit 12,41 Euro (Stand: 2024) auf 43 Stunden im Monat begrenzt. Als Werkstudent kannst du mehr arbeiten und entsprechend mehr verdienen. Voraussetzung ist, dass du

- in Vollzeit immatrikuliert bist und dich nicht im Urlaubssemester befindest und
- nicht mehr als 20 Stunden pro Woche arbeitest, sodass dein Studium deine Haupttätigkeit bleibt.

Es gibt zwar ein sogenanntes Werkstudentenprivileg, das bezieht sich aber nur auf die Sozialversicherung. Sobald du als Werkstudent jährlich mehr als den Grundfreibetrag verdienst, bist du also lohnsteuerpflichtig und gehörst höchstwahrscheinlich der Lohnsteuerklasse eins an.

STEUERERKLÄRUNG – WER MUSS SIE MACHEN UND WER SOLLTE?

Keine Ahnung, wie das bei dir ist, aber wenn mein Vater die Steuererklärung machen muss, dann ist der ganzen Familie klar, dass es besser ist, ihm aus dem Weg zu gehen. Die verzweifelte Suche nach Belegen verbunden mit dem Zeitdruck – weil diese leidige Arbeit natürlich immer so lange aufgeschoben wird, bis es nicht mehr geht –, führt bei ihm jedes Mal zu enorm schlechter Stimmung.

Warum verlangt der Staat seinen Bürgern also diese spaßverderbende Aufgabe ab? Wir haben es bereits angerissen: Es geht darum, die Steuerlast genauer zu berechnen, weil die Lohnsteuer lediglich eine Näherung an die tatsächliche Einkommensteuerschuld darstellt.

In manchen Fällen reicht dem Staat diese Näherung. Das sind aber naheliegenderweise tendenziell die Fälle, in denen es sich für den Staat rechnet, keine exakten Einkommensteuerabrechnungen zu machen. So müssen, grob gesagt, alleinstehende Angestellte ohne zusätzliche Einkünfte keine Steuererklärung abgeben. Im Gegensatz dazu müssen Selbstständige, Personen, die mehrere Jobs gleichzeitig oder zusätzliche Einkünfte ohne Lohnsteuerabzug haben, und Verheiratete, die zusammen veranlagen, immer eine Steuererklärung abgeben. Es gibt darüber hinaus noch mehr Umstände, die dazu führen können, dass du eine Steuererklärung abgeben musst, zum Beispiel wenn du in dem betroffenen Jahr deinen Arbeitgeber gewechselt hast und der neue Arbeitgeber deine bisherige Lohnsteuerleistung nicht richtig berücksichtigt oder du Eltern- oder Bürgergeld von mehr als 410 Euro erhalten hast.

Kurzum lässt sich sagen, dass es gut möglich ist, dass du die ersten Jahre nach deinem Jobeinstieg noch davon verschont bleibst, eine Steuererklärung abgeben zu müssen, aber spätestens, wenn du verheiratest bist und ihr zusammen veranlagt oder du eine Einnahmequelle neben deinem Hauptjob hast, bist auch du dazu verpflichtet.

Der Haken an der Sache ist: Gerade, wenn du nicht verpflichtet bist, kann es sich für dich umso mehr lohnen, eine Steuererklärung abzugeben. Wenn du keine Steuererklärung abgibst, gleichst du deine Einkommensteuer ausschließlich über die gezahlte Lohnsteuer aus. In dem Fall werden dir also keine individuellen Einkommensteuer-Erstattungen gewährt, die dir unter Umständen zustehen würden. Wenn du eine freiwillige Steuererklärung abgeben möchtest, kannst du dies bis zu vier Jahre rückwirkend tun. Bei Abgabepflicht hast du nur bis zum **31. Juli des Folgejahres** Zeit. Diese Frist solltest du dann auch einhalten oder dich um eine Fristverlängerung bemühen. Andernfalls drohen Verspätungszuschläge.

Insbesondere, wenn du einen befristeten Job hattest (beispielsweise in den Ferien) und dir Lohnsteuer vom Gehalt abgezogen wurde, obwohl dein gesamtes Jahreseinkommen unter dem Grundfreibetrag lag, solltest du eine freiwillige Einkommensteuererklärung machen, denn dann wird dir die gesamte gezahlte Lohnsteuer erstattet.

Wie mache ich eine Steuererklärung?

Solange du angestellt und ledig bist und einen guten Überblick über deine Einnahmen und erstattungsfähigen Ausgaben hast, ist das Ganze tatsächlich auch gar nicht so kompliziert. Die Steuererklärung erstellst du digital. Das offizielle Programm der deutschen Steuerverwaltungen heißt Elster und ist kostenlos nutzbar. Es gilt allerdings als extrem nutzerunfreundlich und gibt keinerlei Tipps und Hinweise zu erstattungsfähigen Ausgaben. Die Alternativen sind in der Regel kostenpflichtig, führen dich aber viel besser durch die einzelnen Schritte und fragen die verschiedenen Kostenarten ab, die du absetzen kannst, sodass deine Steuererstattung im besten Fall so viel größer ausfällt, dass du die Mehrkosten wieder drin hast. Du solltest also die kostenpflichtigen Optionen durchaus in Betracht ziehen und dich mithilfe von Vergleichsportalen informieren, welche Lösung die passendste für dich ist.

Im Kern gibt es einen Trade-off zwischen Aufwand und Kosten. Wenn du Elster als kostenlose Software wählst, musst du dich gut informieren und dir (zum Beispiel mithilfe von YouTube-Tutorials) zusätzliches Wissen aneignen. Dieses Wissen ist in vielen alternativen Softwares schon implementiert, die kosten aber mehr. Und die Logik dieses Trade-offs setzt sich fort: Wenn deine Steuererklärung irgendwann komplexer wird, beispielsweise aufgrund einer Selbstständigkeit oder von Mieteinnahmen, kann es sinnvoll sein, einen Steuerberater damit zu betrauen, deine Steuererklärung zu machen. Der lässt sich das natürlich gut bezahlen, nimmt dir aber andererseits einen Großteil der Arbeit ab, und die Gefahr, dass Fehler passieren, die dich hinterher teuer zu stehen kommen, ist deutlich geringer.

Wie fange ich an?

Bevor du mit der Steuererklärung startest, verschaff dir einen Überblick darüber, wo du die benötigten Dokumente findest. Sammle am besten das ganze Jahr über Papierkram, der für die Steuererklärung wichtig sein könnte, wie beispielsweise Gehaltsabrechnungen, an einem Ort. Wenn du diese digital erhältst, checke, wie du Zugriff darauf hast, sodass beim Erstellen der Steuererklärung im besten Fall alles nur einen Handgriff oder Klick entfernt ist. Die Belege zu den erstattungsfähigen Ausgaben solltest du auch darüber hinaus aufbewahren, denn du musst sie zwar nicht mehr mit deiner Steuererklärung einreichen, bist aber dazu verpflichtet, sie auf Nachfrage nachzureichen.

Diese Dokumente benötigst du, um eine Steuererklärung zu machen:

- Lohn- oder Gehaltsabrechnungen,
- Lohnsteuerbescheinigung,
- Steuerbescheid des Vorjahres (das ist die Antwort des Finanzamtes auf deine abgegebene Steuererklärung),
- Personalausweis,

- Nachweise über sonstige Einkünfte,
- Bescheinigungen über steuerfreie Lohnersatzleistungen (zum Beispiel Bürger- oder Elterngeld),
- Nachweise oder Belege für erstattungsfähige Ausgaben,
- Nachweise über Sonderausgaben (zum Beispiel Spenden), außergewöhnliche Belastungen (zum Beispiel Krankheitskosten) und Handwerkerleistungen,
- Als Eltern: Informationen über die eigenen Kinder, zum Beispiel ihre Steueridentifikationsnummern,
- Als Ehepaar: Alle aufgeführten Dokumente und Informationen auch vom Partner.

STEUERN SPAREN

Grundsätzlich gilt: Du hast die Pflicht, Steuern zu zahlen, aber eben auch das Recht, Steuern zu sparen. Um dieses Recht auszuüben, solltest du wissen, was du von der Steuer absetzen kannst. Noch einmal kurz und knapp: »Etwas von der Steuer absetzen« bedeutet, Ausgaben, die man getätigt hat, um Einkünfte zu erzielen, bei der Steuer geltend zu machen. Du bekommst die entstandenen Kosten also nicht erstattet, aber dein zu versteuerndes Einkommen reduziert sich um die Höhe der Kosten, sodass die Steuerlast sinkt. Je nach Lebenssituation gelten unterschiedliche Regelungen.

Als Disclaimer vorneweg: Das Steuerrecht ist unfassbar kleinteilig. Um dir zustehendes Geld zurückzubekommen, musst du aber gar nicht so viel wissen. Wir thematisieren hier daher nur Regelungen, die besonders häufig geltend gemacht werden können. Wenn es so weit ist, dass du deine erste eigene Steuererklärung machst, kann es unter Umständen sinnvoll sein, dass du dich noch mal genauer informierst und prüfst, ob weitere Regelungen auf deine Situation anwendbar sind. Wie bereits erwähnt, können dir kostenpflichtige Steuersoftwares und Apps dabei behilflich sein, weil sie alle Eventualitäten abfragen. Der Aufwand lohnt sich jedoch meistens: Im Schnitt erhält man mehr als 1.000 Euro zurück, wenn man eine Steuererklärung abgibt.

Steuern sparen im Studium

Du denkst vielleicht, dein Studium verursacht schon genug Stress. Warum sich jetzt auch noch mit so einem lästigen Thema wie der Steuererklärung auseinandersetzen? Wir verraten es dir: Weil es sich finanziell richtig lohnen kann! Eine Steuerrückerstattung kann durchaus mehrere Hundert Euro betragen oder sogar vierstellig ausfallen. Schenk dem Staat also kein Geld, das dir eigentlich zusteht und von dem du deine nächste Reise bezahlen oder dir einen anderen Traum ermöglichen könntest.

Wenn es ums Steuernsparen im Studium geht, muss in Erst- und Zweitausbildung unterschieden werden, denn die werden steuerlich sehr unterschiedlich behandelt:

- Erstausbildung: Von der Erstausbildung ist immer dann die Rede, wenn es sich um deinen ersten Bildungsabschluss nach dem Schulabschluss handelt. Das kann also sowohl eine Berufsausbildung als auch ein Bachelorstudium sein.
- Zweitausbildung: Entsprechend handelt es sich bei der Zweitausbildung um deinen zweiten Bildungsabschluss nach der Schule, also den Bachelor nach einer abgeschlossenen Berufsausbildung oder den Master nach einem Bachelor.

Ist dein Bachelor deine Erstausbildung, kannst du die Kosten, die durch dein Studium anfallen, als Werbungskosten geltend machen. Das hat allerdings den Nachteil, dass das nur geht, wenn du vorher Lohnsteuer gezahlt hast, also einen steuerpflichtigen Job hattest. Im Minijob zahlst du im Regelfall keine Steuern, entsprechend kannst du dann auch nichts zurückbekommen.

Anders ist es, wenn du dich in der Zweitausbildung befindest. Dann gelten deine Studienausgaben nicht als Werbungskosten, sondern als Sonderausgaben. Die lassen sich als Verlustvorträge vormerken, die sich nicht nur mit bereits angefallener, sondern auch mit zukünftiger Lohnsteuer verrechnen lassen. Dann würden die Ausgaben in dem Jahr berücksichtigt werden, in dem du das erste Mal lohnsteuerpflichtige Einkünfte hast.

Das kannst du als Student absetzen

Fahrten zur Uni:

Du kannst für den Weg zur Uni über die Pendlerpauschale 30 Cent pro Kilometer abrechnen. Dabei ist es egal, welches Verkehrsmittel du nutzt oder ob du zu Fuß gehst. Alternativ zur Pendlerpauschale kannst du ÖPNV-Tickets (sowohl Einzel- als auch Semestertickets) absetzen.

Studiengebühren:

Jegliche Art von Gebühren, die im Zusammenhang mit deinem Studium anfallen, wie Semesterbeiträge und Studiengebühren, kannst du geltend machen.

Arbeitsmittel:

Zu den Arbeitsmitteln zählen Laptops und Tablets. Theoretisch kannst du hier auch einen Gaming-PC geltend machen, den du sowohl für die Uni als auch privat nutzt. Das geht dann aber nur anteilig.

Alles, was man sonst noch zum Studieren braucht:

Dazu zählen Papier, Ordner, Stifte und so weiter, aber auch Fachliteratur und die Kosten für deinen Internetvertrag.

 **Reisekosten:**

Wenn du im Zusammenhang mit deinem Studium Exkursionen oder Forschungsreisen unternimmst, kannst du die Kosten dafür ebenfalls geltend machen. Entweder wieder mit einer Kilometerpauschale von 30 Cent pro Kilometer oder indem du Flug- und Zugtickets absetzt.

Steuern sparen in Ausbildung und Anstellung

Bei Kosten, die Angestellte absetzen können, ist ebenfalls von Werbungskosten die Rede. Für Auszubildende mit einem Jahreseinkommen, das über dem Grundfreibetrag liegt, gelten die gleichen Regelungen wie für Angestellte. Liegt das Ausbildungsgehalt darunter (was auf einen Großteil der Azubis zutrifft), wird keine Lohnsteuer gezahlt, sodass keine Werbungskosten geltend gemacht werden können.

Im Allgemeinen berücksichtigt das Finanzamt für Angestellte bereits eine Werbungskostenpauschale in Höhe von 1.230 Euro (Stand: 2024), auch ohne Steuererklärung. Nur wenn du nachweisen kannst, dass deine tatsächlichen Werbungskosten über diesem Betrag lagen, ist es sinnvoll, diese bei der Steuererklärung aufzuführen oder überhaupt eine Steuererklärung zu machen, wenn du nicht dazu verpflichtet bist. Um das zu entscheiden, ist es notwendig, dass du alle Belege für Ausgaben, die du absetzen könntest, das ganze Jahr über sammelst. So kannst du am Ende des Jahres einmal alles zusammenrechen und prüfen, ob deine tatsächlichen Werbungskosten über der Pauschale lagen.

Das kannst du als Arbeitnehmer absetzen

Arbeitsweg:

Mit der Pendlerpauschale kannst du bei einem Arbeitsweg bis 20 Kilometer 0,30 Euro pro Kilometer und ab 21 Kilometer 0,38 Euro pro

Kilometer geltend machen. Dabei ist es egal, welches Verkehrsmittel du nutzt oder ob du zu Fuß gehst. Damit rechnet sich eine Steuererklärung nur aufgrund der Pendlerpauschale bereits für alle, die täglich 18 Kilometer und mehr zur Arbeit fahren. Du solltest tracken, wie viele Tage du tatsächlich auf der Arbeitsstelle oder im Büro verbracht hast und nur diese abrechnen. Für Tage, die du im Home-Office oder auf Dienstreise verbringst, gibt es separate Regelungen. Alternativ zur Pendlerpauschale kannst du auch dein ÖPNV-Ticket absetzen.

Home-Office:

Für einen Arbeitstag von zu Hause aus kannst du über die Home-Office-Pauschale 6 Euro pro Tag geltend machen, allerdings ist diese Regelung auf 210 Tage und somit maximal 1.260 Euro begrenzt.

Alternativ kannst du dein Arbeitszimmer absetzen, wenn dieses den Mittelpunkt deiner beruflichen Tätigkeit bildet, du also mehr als die Hälfte deiner Arbeitszeit dort verbringst. Ein Schreibtisch im Wohnzimmer reicht dafür nicht aus. Dein Arbeitsplatz muss sich in einem separaten Raum befinden, den du ausschließlich zum Arbeiten nutzt. Sind diese Voraussetzungen gegeben, kannst du alle Kosten, die in Verbindung mit diesem Raum entstehen, absetzen, also die anteilige Miete inklusive Nebenkosten, Reinigung, Einrichtung und so weiter.

Handyrechnung:

Wenn du dein privates Handy gelegentlich beruflich nutzt, kannst du pauschal 20 Prozent (aber maximal 20 Euro) deiner Handyrechnung absetzen.

Arbeitsmittel:

Ähnliches gilt für Arbeitsmittel wie beispielsweise deinen Laptop. Wenn du diesen ab und zu beruflich nutzt, kannst du um die 100 Euro jährlich als Abschreibung geltend machen. Darauf gibt es zwar keinen Rechtsanspruch, es wird aber meistens anerkannt. Auch Drucker, Schreibtische, Bürostühle und so weiter lassen sich ganz oder teilweise von der Steuer absetzen, wenn sie privat angeschafft wurden, aber für die Arbeit genutzt werden.

Umzugskosten:

Wenn du aus beruflichen Gründen umgezogen bist, kannst du eine Umzugskostenpauschale absetzen, die sich regelmäßig erhöht. Sie liegt für Alleinstehende bei circa 900 Euro und erhöht sich mit jeder Person, die mitzieht. Wie bei den meisten Pauschalen gilt: Kannst du durch Belege nachweise, dass deine Kosten über der Pauschale lagen, kannst du auch alle Posten einzeln abrechnen und damit einen höheren Betrag geltend machen.

Verpflegungskosten auf Dienstreisen:

Für Dienstreisen kannst du einen Verpflegungskostenmehraufwand geltend machen. Dieser beträgt 14 Euro für Reisen über 8 Stunden und 28 Euro für Reisen über 24 Stunden. Bei Auslandsreisen können die Beträge variieren.

Zweitwohnsitz:

Wenn du beruflich bedingt einen Zweitwohnsitz hast, kannst du die Kosten dafür vollständig geltend machen, also Miete, Nebenkosten, Einrichtung und sogar die Heimfahrt (maximal ein Mal pro Woche). Voraussetzung ist, dass dieser Wohnsitz weniger als halb so weit von der Arbeitsstätte entfernt ist wie der Erstwohnsitz, du deinen Lebensmittelpunkt am Erstwohnsitzt hast und dieser sich nicht in einem anderen Haushalt, also beispielsweise bei deinen Eltern, befindet.

Was geht sonst noch?

Es gibt weitere Ausgaben, die Lohnsteuerpflichtige ganz oder teilweise absetzen können, die unabhängig vom Job sind. Zu diesen sogenannten Sonderausgaben zählen:

- Kosten für Handwerker, Sanierungskosten und »haushaltsnahe Dienstleistungen«, zum Beispiel eine Reinigungskraft oder Kinderbetreuung. Mieter können diese Posten ebenfalls absetzen, wenn der Vermieter sie auf die Nebenkostenabrechnung setzt.
- Vorsorgeaufwendungen, zum Beispiel für die gesetzliche Kranken- und Rentenversicherung, aber auch viele freiwillige Versicherungen.
- Spenden,
- Kirchensteuer,
- Ausbildungskosten in der Zweitausbildung (siehe Abschnitt »Steuern sparen im Studium«).

Und schließlich möchte der Staat diejenigen entlasten, die einer außergewöhnlichen Belastung ausgesetzt sind. Deswegen gibt es Steuerentlastungen für:

- Krankheitskosten (zum Beispiel für rezeptfreie Medikamente, Zahnersatz, Physiotherapie, Brillen und Kontaktlinsen – alles ärztlich verordnet),
- die Kosten im Zusammenhang mit der Geburt eines Kindes,
- Anwalts- und Prozesskosten,
- Bestattungskosten,
- Pflegekosten.

Wenn du einen Angehörigen pflegst, ohne dafür Geld zu bekommen, kannst du alternativ auch vom Pflege-Pauschbetrag Gebrauch machen. Die Höhe der Pauschale hängt vom Pflegegrad der gepflegten Person ab.

STEUERGESTALTUNG UND STEUERHINTERZIEHUNG

Nachdem wir nun die Grundlagen des Steuersparens besprochen haben, kommen wir zu einem kontroverseren Aspekt dieses Themas, der Steuergestaltung. Das Steuersparen hat eigentlich ja nur zum Ziel, dass du nicht mehr Steuern zahlst, als du musst. Das ist dein gutes Recht! Steuergestaltung geht noch einen Schritt weiter. Dabei wird versucht, Lücken des Steuerrechts so auszunutzen, dass die Steuerlast darüber hinaus reduziert wird. Das Unfaire an der ganzen Sache ist: Um diese Lücken ausnutzen zu können, musst du in der Regel sehr reich sein und/oder mehrere Unternehmen besitzen.

Auch die Steuergestaltung ist vom Grundgedanken her legal. Man versucht eben, die Steuerlast innerhalb der gesetzlichen Grenzen zu reduzieren. Trotzdem bewegen sich diejenigen, die Steuergestaltung betreiben, durchaus in einer Grauzone, denn sie hebeln damit das zugrunde liegende Solidaritätsprinzip des Steuersystems aus, weil sie weniger zur Gesellschaft beitragen, als sie es aufgrund ihres Reichtums sollten.

In dem Moment, in dem beim Finanzamt bewusst falsche Angaben gemacht, Tatsachen verschwiegen und Pflichten vernachlässigt werden, ist die Linie des Legalen endgültig überschritten. Dann ist von Steuerhinterziehung die Rede, und das ist strafbar. Prominente Fälle davon konnten wir in den vergangenen Jahren immer wieder in den Medien verfolgen.

10
MACHEN
STATT MECKERN

Du hast in den letzten 9 Kapiteln gelernt, wie du eine bezahlbare Wohnung findest, wie du mit Hilfe des Kapitalmarktes Vermögen aufbaust und für das Alter vorsorgst. Du weißt jetzt, welche Versicherungen du brauchst und welche du dir sparen kannst, wie du es vermeidest in die Schuldenfalle zu tappen und wie du Steuern sparst.

Dieses Wissen ist gut. Aber Wissen allein macht noch keinen Unterschied. Du kannst alles Finanzwissen der Welt haben. Solange du es nicht anwendest, bringt es dir überhaupt nichts.

Die größte Erkenntnis, die wir im Laufe unseres Erwachsenwerdens gewonnen haben, ist nicht, wie man den richtigen Fonds findet oder worauf man bei der Wohnungsbesichtigung achten muss. Es ist vielmehr die Einstellung »machen statt meckern«. Oder um es mit Erich Kästners Worten zu sagen: »Es gibt nichts Gutes, außer man tut es«.

Aktive Menschen sind passiven Menschen in fast allen Lebensbereichen einen Schritt voraus. Wer sein Leben im Allgemeinen und seine Finanzen im Besonderen selbst in die Hand nimmt, ist im Durchschnitt reicher, gesünder und sorgloser. Doch kaum etwas fällt uns so schwer wie Proaktivität. Aber warum eigentlich? Das liegt vor allem daran, dass wir uns viel zu oft äußeren Umständen ausgeliefert fühlen. Wie ein Marienkäfer, der auf dem Rücken liegt und nicht mehr auf die Beine kommt. Ihm bleibt nichts anderes übrig, als darauf zu warten, dass jemand kommt und ihn wieder auf die Beine setzt. Geht es dir manchmal auch so? Wir ertappen uns jedenfalls immer mal wieder bei diesen Gedanken, dass wir darauf warten müssen, dass sich die Umstände verändern, bevor wir in der Lage sind zu handeln.

Das Problem: Wenn du dich wie dieser Marienkäfer fühlst, wird dieses Gefühl zu einer sich selbst erfüllenden Prophezeiung. Du bist nur selten wirklich hilflos. Tatsächlich ist es nämlich so, dass Marienkäfer durchaus in der Lage sind, sich in einer solchen Situation selbst zu helfen. Einfach ist das aber nicht, sie müssen dafür ordentlich mit den Beinchen strampeln. Ein Käfer, der sich zu schwach fühlt und glaubt, nicht aus eigener Kraft wieder auf die Beine kommen zu können, würde es also vielleicht gar nicht erst versuchen. Im schlimmsten Fall wartet er vergeblich darauf, dass jemand ihm zu Hilfe kommt. Wir tendieren alle dazu, eine Situation schnell zu einem Umstand zu erklären, den wir selbst nicht verändern können. Vielfach ist dieses Urteil aber schlichtweg falsch und hält uns davon ab, unsere Optionen zu durchdenken und zu handeln.

DAS PROBLEM MIT DER PROKRASTINATION

Dieser Zustand ist eng mit dem Begriff der Prokrastination verbunden. Prokrastination kommt vom lateinischen Wort *procrastinare* und bedeutet »aufschieben«. Jeder von uns kennt das. Wir haben eine Aufgabe oder eine Entscheidung zu treffen und schieben sie immer weiter vor uns her. Uns fallen tausend Dinge ein, die wir zuerst erledigen müssen. Plötzlich räumen wir lieber die Wohnung auf, beantworten noch eine E-Mail oder liegen im Bett und starren an die Decke, anstatt es einfach anzugehen. Manchmal fühlt es sich an, als stünden wir vor einer unsichtbaren Wand. Prokrastination führt zu Frustration. Der Berg an Aufgaben wird immer größer und du fühlst dich ausgeliefert. Dabei hättest du es selbst in der Hand anzufangen, anzugreifen und den Berg aus dem Weg zu räumen.

Wie kann man sich also daraus befreien und aktiv werden? Wir haben viele Antworten auf diese Frage in Gesprächen gefunden, die wir im Zusammenhang mit unserem Programm Young Economist geführt haben. Young Economist haben wir als Reaktion auf das Feedback der ersten Zukunftstage ins Leben gerufen. Denn immer wieder schrieben uns Schülerinnen und Schüler, dass sie neben den Themen des Zukunftstages (die ja auch die Themen dieses Buches sind) gerne mehr darüber erfahren würden, was man sonst noch braucht, um im Leben erfolgreich zu sein. Diese Frage konnten wir nicht beantworten, da wir noch ganz am Anfang

unseres Berufslebens standen. Aber wir hatten schon damals die Einstellung: Wenn wir etwas nicht wissen, fragen wir diejenigen, die schon mehr Erfahrung haben.

Getreu dieser Devise haben wir also spannende und erfolgreiche Menschen eingeladen, ihre Tipps und Erfahrungen mit uns und anderen jungen Menschen zu teilen. Heute ist Young Economist ein Podcast-Format, in dem wir mit den erfolgreichsten Menschen des Landes über ihren Lebensweg sprechen und ihnen Fragen stellen, die junge Menschen beschäftigen. Zu unseren Gästen gehören Bundesminister, Milliardäre und die Vorstandsvorsitzenden vieler DAX-Konzerne wie Mercedes, Telekom oder Volkswagen. Die Interviews teilen wir auf YouTube und Spotify.

Alle diese Menschen sind extrem erfolgreich und haben gemeinsam, dass sie es geschafft haben, ihr Leben selbst in die Hand zu nehmen und proaktiv zu gestalten. Im Folgenden haben wir versucht, die wichtigsten Tipps einmal zusammenzufassen, damit du dieses Wissen nutzen kannst.

To-Dos herunterbrechen

Der häufigste Auslöser von Prokrastination ist ein Gefühl der Überforderung. Manchmal gibt es Aufgaben, die so groß erscheinen, dass man nicht weiß, wo man anfangen soll.

Ganz ehrlich? Uns ging es am Anfang mit diesem Buch so. Wir haben uns riesig über diese Möglichkeit gefreut, alle Rahmenbedingungen mit dem Verlag geklärt und dann war es schließlich an uns, das Buch zu schreiben. Keiner von uns hatte bis dato Erfahrung mit einem solchen Projekt und wir haben uns einfach nicht getraut, anzufangen, weil wir nicht wussten, wie.

Zudem sind wir drei hauptberuflich (und in Wirklichkeit weit darüber hinaus) mit den Zukunftstagen und unserer Arbeit bei der IWJB be-

schäftigt. Dieses Buch zu schreiben war eine zusätzliche Aufgabe in unserer sowieso schon knappen Freizeit. Wir hatten also eigentlich von Anfang an viel zu wenig Zeit, um dieses Projekt in Angriff zu nehmen. Am Anfang dachten wir, um vernünftig schreiben zu können, müssten wir uns richtig reinhängen, auf die richtigen Umstände warten und viel Zeit am Stück haben. Das hat dazu geführt, dass wir es immer weiter aufgeschoben haben, endlich anzufangen. Dann hatten wir endlich einen halben Tag frei und dachten, jetzt kann es losgehen. Und dann kam wieder ein anderer wichtiger Termin dazwischen.

Irgendwann wussten wir, wir können nicht auf die richtigen Umstände warten. Also griffen wir uns ein Thema heraus, bei dem es uns besonders leichtfiel, einfach drafloszuschreiben. Es hat Wochen gedauert, bis wir in einen richtigen Schreibfluss gekommen sind, aber bis dahin haben wir einfach jeden Tag zwei oder drei Seiten geschrieben. Und jetzt sind es mehr als 200. Tatsächlich ist das unserer Erfahrung nach das beste Mittel gegen Prokrastination und Überforderung: Eine große Aufgabe in viele kleine Babysteps herunterzubrechen.

Ein Step sollte dabei so klein sein, dass dich nichts davon abhält, ihn sofort zu erledigen. Hast du also das Ziel, dich finanziell gut aufzustellen, ist das wahrscheinlich eine Aufgabe, von der du nicht weißt, wo du anfangen sollst. Das liegt daran, dass es ziemlich unkonkret ist und sehr umfangreich erscheint. Am besten überlegst du dir also zuerst, was es bedeutet, finanziell gut aufgestellt zu sein. Eine Möglichkeit wäre, dass du alle Werkzeuge aus dem Finanzwerkzeugkoffer nutzt. Du schreibst dir also zuerst das Gesamtziel auf und dann alle Zwischenziele aus dem Werkzeugkoffer.

Bezüglich der Themen dieses Buches können dir die Checklisten im Anhang helfen, To Dos zu formulieren. Aber die Methode lässt sich natürlich auch auf alle anderen Lebensbereiche übertragen. Wichtig ist, dass du die einzelnen Schritte so formulierst, dass du am Ende eindeutig feststellen kannst, ob du sie erledigt hast. Wenn du dann etwa ein Girokonto ab-

So brichst du deine To Dos herunter:

Oberstes Ziel: Finanziell gut aufgestellt sein

Zwischenziele:

1. Passendes Girokonto besitzen
   - Entscheiden, ob dir Service in der Filiale wichtig ist oder nicht.
   - Zum Beispiel auf Finanztip.de den Girokonto-Vergleich nutzen.
   - Das beste Angebot auswählen und abschließen.
2. Passendes Tagesgeldkonto besitzen
3. Passende Kreditkarte besitzen
4. Passenden ETF-Sparplan besitzen

geschlossen und die Zugangsdaten hast, kannst du einen Haken an diesen Punkt machen und dich dem nächsten Schritt widmen.

Vielleicht kennst du aus deiner Kindheit das Buch bzw. die Serie »Momo« von Michael Ende. Darin taucht der Straßenkehrer Beppo auf, der die Weisheit von den kleinen Schritten so wunderbar auf den Punkt bringt:

Er berichtet Momo davon, wie er sich am Anfang einer langen zu reinigenden Straße fühlt. Man denke, die sei so schrecklich lang, dass man sie niemals schaffen könne. Dann finge man an sich zu eilen und doch würde die vor einem liegende Straße gar nicht weniger. »So darf man es nicht machen«, sagt Beppo Straßenkehrer. »Man darf nie an die ganze Straße denken.« Seine Strategie ist stattdessen: Schritt – Atemzug – Besenstrich. Und: »Auf einmal merkt man, dass man Schritt für Schritt die ganze Straße gemacht hat.«

Wenn du also mal wieder an dem Anfang einer langen Straße stehst, erinnere dich an Beppo und mach es wie er: Schritt – Atemzug – Besenstrich.

Der Flow

Das Ziel all dieser Tricks ist es, in den Flow zu kommen. Flow nennt man einen Zustand, in dem man völlig in seiner Tätigkeit aufgeht und alles um sich herum vergisst. Du fliegst dann gefühlt durch deine To-Do-Liste und machst einen Haken nach dem anderen. Sicher hast du diesen Zustand auf die eine oder andere Weise erlebt, aber vielleicht denkst du, dass dieser Zustand vom Zufall abhängt und du ihn nicht herbeiführen kannst.

Ein bisschen Glück gehört vielleicht dazu – es gibt einfach schlechte Tage, an denen es dir nicht gelingen will, in einen Flow zu kommen –, aber grundsätzlich haben wir die Erfahrung gemacht, dass du einiges dafür tun kannst, um dir die richtigen Umstände zu schaffen. Dafür ist entscheidend zu wissen: Für den Flow musst du in deinem Optimum sein – weder über- noch unterfordert. Über die Überforderung haben wir bereits gesprochen. Natürlich solltest du ehrgeizig sein, aber das sollte nicht zu unrealistischen Erwartungen führen. Wenn du völlig unsportlich bist, solltest du dir nicht vornehmen, in drei Monaten einen Marathon zu laufen. Setze dir zunächst das Ziel, fünf Kilometer am Stück zu laufen. Wenn du das erreicht hast, trainiere auf die zehn Kilometer hin. Gleiches gilt für die Finanzen: Du musst sie nicht innerhalb eines Tages in den Griff bekommen. Beginne damit, dir einen Überblick zu verschaffen, und dann setze dir das Ziel, die ersten drei To Dos innerhalb einer Woche auf deiner Liste abzuhaken.

Genauso schädlich wie Überforderung ist Unterforderung für den Flow. Wenn du viel zu wenig zu tun hast oder dir die Aufgaben sehr leicht von der Hand gehen, verhindert das ebenfalls, dass du in den Flow kommst. Dir fehlt dann einfach ein gesundes Maß an Druck und die

Gefahr steigt, dass du dich von anderen Dingen ablenken lässt oder die Aufgaben vor dir herschiebst, weil du denkst, dass du sie später locker schaffst. Deshalb solltest du deine Aufgaben möglichst so planen, dass sie dich nicht erschlagen, aber doch im positiven Sinne herausfordern. Eine gute Möglichkeit ist die Einteilung in Kirschen und Melonen.

Kirschen und Melonen

Die Metapher von Kirschen und Melonen ist bei uns ein geflügeltes Wort geworden. Sie kommt aus der Start-Up-Szene und soll Gründern dabei helfen, ihre Produktivität zu steigern. Der Ansatz kann dir aber auch helfen, proaktiv zu werden, wenn du nicht gerade dabei bist, ein Start-Up aufzubauen. Die Idee ist, dass du alle deine To Dos in »Kirschen« und »Melonen« unterteilst:

- Kirschen sind die Aufgaben, die du schnell erledigen kannst. Eine kurze E-Mail schreiben, ein Telefonat führen oder deinen Schreibtisch aufräumen. Mit diesen Aufgaben ist es ein bisschen wie mit dem Essen von Kirschen: Du kannst sie einfach in den Mund stecken, sie sind süß, geben dir also ein gutes Gefühl, aber so richtig satt machen sie dich nicht.

- Melonen sind größere Aufgaben, für die du dir Zeit nehmen musst und die vielleicht auch verschiedene Schritte erfordern. Eine Melone zu essen bedeutet Arbeit. Du musst sie erst aufschneiden und zubereiten, bevor du sie genießen kannst. So eine ganze Melone hält dich aber auch länger satt als eine kleine Kirsche.

Bevor du anfängst, mache dir also bewusst, welcher Art von Aufgabe du dich als nächstes widmen möchtest, einer Kirsche oder einer Melone. Dann kannst du deinen Tag sinnvoll einteilen. Wir fangen morgens meistens damit an, eine Melone zu knacken. Am Anfang des Tages haben wir die meiste Energie und können unsere Gedanken auf eine größere Aufgabe fokussieren. Danach ist in der Regel etwas die Luft raus, aber noch nicht die Zeit, um in die Mittagspause zu gehen, also bearbeiten wir noch ein paar Kirschen. Nach der Pause haben wir neue Energie, um uns einer weiteren Melone zu widmen. Um dir diese Strategie zunutze zu machen, ist es also wichtig zu wissen, wie du und dein Energiehaushalt ticken. Wann bist du besonders konzentriert und produktiv? Wann ist also deine Melonen-Zeit?

Entscheidungen sind der einzige Weg zum Fortschritt

Ein weiterer wichtiger Tipp, den wir bei Young Economist gelernt haben, ist, dass die Fähigkeit, schnelle Entscheidungen zu treffen, ein entscheidender Faktor für Erfolg und Zufriedenheit im Leben ist. Oft werden wir von einer Aufgabe nicht gelähmt, weil sie zu groß ist, sondern vielmehr, weil es zunächst eine Entscheidung erfordert, um die Aufgabe überhaupt in Angriff nehmen zu können.

Einen Sparvertrag abzuschließen ist schnell gemacht. Was viele aufhält ist die Entscheidung: Will ich überhaupt einen Sparplan abschließen und wenn ja, welchen?

Um besser darin zu werden, Entscheidungen zu treffen, musst du dir zuerst bewusst machen, warum es dir so schwerfällt. Ein Grund könnte sein, dass eine Entscheidung **für** etwas immer auch eine Entscheidung **gegen** etwas ist. Wenn du durch die eine Tür gehst, kannst du nicht gleichzeitig durch die andere gehen. Das macht vielen von uns Angst, die falsche Entscheidung zu treffen. Um diese Angst zu überwinden, helfen uns zwei Gedanken:

1. Mach dir bewusst, dass die Kosten der Nicht-Entscheidung in der Regel höher sind als die Kosten der meisten Entscheidungen, selbst

wenn du mal nicht die erstbeste Option wählst. Greifbar wird das beim Thema ETF-Sparplan. Wenn du dich an die Grundlagen hältst, die du in diesem Buch gelernt hast, ist es eigentlich fast egal, für welchen Sparplan du dich entscheidest. Selbst wenn du einen etwas schlechteren Sparplan wählst, ist dieser unterm Strich langfristig fast immer besser für dich, als gar keinen zu haben.

2. Die meisten Entscheidungen sind weniger endgültig, als du vielleicht denkst. Es ist also durchaus sinnvoll, mutig zu sein, auszuprobieren und im Zweifel noch mal eine andere Richtung einzuschlagen. So verläuft das Leben zwar vielleicht nicht immer geradlinig, aber es ist in Bewegung. Erst Stillstand macht die meisten von uns so richtig unglücklich.

»Erfolgreiche Menschen zeichnen sich dadurch aus, dass sie mehr Lust haben zu gewinnen, als Angst zu verlieren.«

Dieses Zitat ist inspiriert von etwas, das der Fußballtrainer Jürgen Klopp einmal gesagt hat. Es hat uns sehr dabei geholfen, uns nicht von den Sorgen und Ängsten, die in unser aller Natur liegen, in unseren Handlungen beeinflussen zu lassen. Wir wünschen dir diese Lust am Gewinnen, angefangen bei deinen Finanzen. Wenn du erst einmal anfängst und deine Finanzen selbst in die Hand nimmst, kannst du eigentlich nur gewinnen und bist allen, die es nicht tun, einen großen Schritt voraus. Es ist cool, sich mit Finanzen zu beschäftigen, und es wird wirklich einen Unterschied machen. Mach dir einen Plan. Zerlege ihn in Babysteps und fange jetzt damit an. Dein zukünftiges Ich wird es dir danken. Also, worauf wartest du noch?

ANHANG

DAS BUCH ZUSAMMENGEFASST

Finanzen

- □ Alle Schulden/Rechnungen abzahlen
- □ Girokonto vergleichen und ein passendes (kostenloses) wählen
- □ Tagesgeldkonto vergleichen und einrichten
- □ Kreditkarte vergleichen und beantragen
- □ Dauerauftrag für Notgroschen einrichten
- □ ETF-Sparpläne vergleichen und einrichten
- □ Haushaltsrechnung aufstellen
- □ Gespräch mit Eltern über Unterhalt führen
- □ Über staatliche Unterstützungen und Stipendien informieren

Versicherungen

- □ Über Krankenversicherung informieren und evtl. Krankenkasse wechseln
- □ Haftpflichtversicherung vergleichen und abschließen (falls nicht über die Eltern vorhanden)
- □ BU vergleichen und abschließen
- □ Bestehende Pflichtversicherungen (KFZ-Versicherung) vergleichen
- □ Ggf. Hausratversicherung vergleichen und abschließen
- □ Ggf. Auslandskrankenversicherung abschließen
- □ Alle unnötigen Versicherungen kündigen

Steuern

- □ Belege und Gehaltsabrechnungen gut aufbewahren
- □ Über Steuererklärungsabgabepflicht informieren
- □ Prüfen, ob eine freiwillige Steuererklärung sinnvoll ist

- ☐ Steuerprogramme vergleichen und wählen
- ☐ Steuererklärung fristgerecht einreichen

☐ Machen statt meckern!

Produkte vergleichen und auswählen

Worauf du bei der Auswahl eines bestimmten Finanzproduktes oder Vertrags achten musst, haben wir bereits in den einzelnen Kapiteln thematisiert. Im Folgenden findest du noch einmal kompakte Checklisten mit den wichtigsten Kriterien, je nach Produkt.

Für all diese Entscheidungen haben wir empfohlen, Online-Vergleiche zu nutzen. Empfehlungen für den Vergleich von Krediten findest du auf Seite 72, für alle anderen Produkte bieten sich folgende Websites an:

- Finanztip.de – ein gemeinnütziges Finanzwissensportal, das viele Informationen und interaktive Vergleichsrechner zu den unterschiedlichsten Themenbereichen anbietet
- Check24.de und verivox.de – die beiden größten klassischen Vergleichsportale in Deutschland

All diese Seiten bieten dir eine enorme Menge an Informationen, die gleichzeitig kompakt und übersichtlich aufbereitet sind. Das erleichtert dir die Recherche, wenn du dich aus der Fülle an Angeboten für ein konkretes Finanzprodukt entscheiden möchtest. Gleichzeitig verdienen insbesondere die Vergleichsportale wie Verivox und Check24 mit ihrem Angebot natürlich auch Geld und unter Umständen kann das die Bewertungen beeinflussen. Das mindert den Mehrwert der Vergleichsportale nicht. Du musst lediglich wissen, worauf du bei ihrer Nutzung zu achten hast:

1. Informiere dich immer auf mehreren Seiten und verlass dich nicht auf einen einzelnen Online-Vergleich.

2. Prüfe bei jedem Online-Vergleich zunächst die Filter und wähle »alle Tarife«. Häufig sind hier die Empfehlungen des jeweiligen Portals voreingestellt, das schränkt deine Auswahl aber nur unnötig ein.

3. Lass dir alle Tarife ohne Boni berechnen. Nur so erhältst du ein Gefühl für den wahren Preis. Wenn du dann aufgrund eines Bonus' im ersten Jahr etwas sparst, ist das schön. Das sollte deine Entscheidung aber nicht maßgeblich beeinflussen, denn ab dem zweiten Jahr zahlst du in der Regel den vollen Preis, wenn du nicht vorhast, jedes Jahr neue Tarife abzuschließen.

4. Wenn du dich für ein Produkt entschieden hast, prüfe, ob es möglicherweise günstiger ist, den Tarif nicht über das Vergleichsportal, sondern direkt beim Anbieter abzuschließen.

CHECKLISTEN FÜR FINANZPRODUKTE UND VERTRÄGE

Girokonto

→ https://www.finanztip.de/girokonto-vergleich/

- ☐ Ist dir Service vor Ort wichtig?
  - ☐ Falls ja: Wähl ein Konto bei einer Filialbank.
  - ☐ Falls nein: Geh zu einer Direkt- bzw. Onlinebank und spare Gebühren.

- ☐ Suche ein Konto mit gar keinen oder sehr niedrigen Kontoführungsgebühren.
- ☐ Prüfe, ob sonstige Gebühren (Zweitkarte, Überweisungen, etc.) anfallen und mach dir bewusst, ob diese für deine Auswahl relevant sind.
- ☐ Vergleiche die Dispozinsen (du solltest in jedem Fall verhindern, dass diese anfallen).
- ☐ Schließe das ausgewählte Konto ab.

Tagesgeldkonto

- ☐ Vergleiche und suche nach dem höchsten Zins.
- ☐ Prüfe, ob du diesen Zins auch wirklich bekommst (Bedingungen).
- ☐ Prüfe, wie lange dir der Zins garantiert wird.
- ☐ Stell sicher, dass die Bank seriös ist und in einem zahlungskräftigen EU-Land sitzt.
- ☐ Prüfe die Verfügbarkeit des Geldes. (Ist die Anzahl der Auszahlungen pro Monat begrenzt?)
- ☐ Schließe das Tagesgeldkonto ab.
- ☐ Richte von deinem Girokonto einen Dauerauftrag für den Notgroschen ein.
- ☐ Spare drei bis sechs Monatsgehälter als Notgroschen an.

Kreditkarte

→ https://www.finanztip.de/kreditkarten/kostenlose-kreditkarte/

- ☐ Frage dich, ob du dir einen verantwortungsvollen Umgang mit einer »echten« Kreditkarte zutraust und ob du die Kriterien dafür erfüllst.
  - ☐ Falls ja: Verfahre weiter mit der klassischen Kreditkarte.
  - ☐ Falls nein: Entscheide dich für eine Prepaid- oder Debitkarte.

- ☐ Vergleiche Basic-Kreditkarten, die keine Jahresgebühr erheben.
- ☐ Prüfe bzw. vergleiche zusätzliche Gebühren (Geld abheben, Bezahlen im Ausland).
- ☐ Beantrage die entsprechende Kreditkarte.
- ☐ Sorge dafür, dass dein Konto für die Abbuchung der Kreditkartenrechnung immer ausreichend gedeckt ist.

Kredit

- ☐ Hinterfrage, ob die Aufnahme eines Kredites wirklich notwendig bzw. sinnvoll ist. (Hauskauf, Ausbildung/Studium, für Berufsausübung notweniges Auto)
- ☐ Berechne die notwenige Kreditsumme.
- ☐ Wähle eine Rate, die du dir langfristig leisten kannst, ohne in finanzielle Bedrängnis zu kommen.
- ☐ Bestimme anhand dieser maximalen Rate die ungefähre Laufzeit.
- ☐ Vergleiche Kredite (insbesondere nach dem Realzins).
- ☐ Hole konkrete Angebote ein.
- ☐ Vergleiche sonstige Gebühren und Regelungen für Sondertilgungen, etc.
- ☐ Stelle den individuellen Kreditantrag.

Strom- und Gasanbieter wählen

- ☐ Vergleiche die Preise pro Kilowattstunde.
- ☐ Vergleiche Preise mit und insbesondere auch ohne Boni.
- ☐ Gibt es eine Preisgarantie?
- ☐ Gibt es eine Mindestlaufzeit?
- ☐ Schließe den Vertrag ab.

Internetanbieter

- ☐ Welche Anschluss-Art ist in deinem Haus verfügbar? (Vermieter fragen, oder Verfügbarkeitscheck über die Vergleichsportale machen).
  - ☐ DSL (Standard)
  - ☐ TV-Kabel (Standard)
  - ☐ Glasfaser (Zukunftstechnologie, bislang eher in Neubauten verfügbar)
  - ☐ LTE (Wenn keiner der anderen Anschlüsse vorhanden ist)
- ☐ Vergleiche die Preise
- ☐ Wähle ein Angebot (mit Downloadgeschwindigkeit von mind. 50 Mbit/s).

Krankenkassenvergleich (Sobald du nicht mehr familienversichert bist)

→ https://www.finanztip.de/gkv/

- ☐ Überlege, welche Zusatzleistungen dir wichtig sind.
- ☐ Vergleiche den Zusatzbeitragssatz.
- ☐ Im Studium: Schließe den Studententarif bei der gewählten Krankenkasse ab.
- ☐ Im Job: Informiere den Arbeitgeber über die Wahl deiner Krankenkasse.

KFZ-Versicherung

- ☐ Überlege, ob dir Haftpflichtdeckung (Pflicht-Versicherung) ausreicht, oder ob du eine Teil- oder Vollkasko möchtest.
- ☐ Wähle Selbstbeteiligung.
- ☐ Vergleiche Preise.
- ☐ Im Falle von Teil- oder Vollkasko: Vergleiche die Leistungen.
- ☐ Schließe die Versicherung ab.

Haftpflichtversicherung

- ☐ Lege die Deckungssumme fest (am besten mind. 50 Mio. Euro).
- ☐ Vergleiche die Preise.
- ☐ Gibt es eine Bestleistungs-Garantie?
- ☐ Ist eine Forderungsausfalldeckung enthalten?
- ☐ Ist über diesen Tarif jemand außer dir mitversichert?
- ☐ Wähle die Selbstbeteiligung.
- ☐ Schließe die Versicherung ab.

Berufsunfähigkeitsversicherung

- ☐ Mach dir bewusst, welche Versicherungen du wirklich brauchst.
- ☐ Vergleiche online Preis und Leistung.
- ☐ Suche einen Berater auf.
- ☐ Lege die monatliche Absicherungshöhe fest.
- ☐ Lege die Dauer der Absicherung fest.
- ☐ Beantworte die Gesundheitsfragen wahrheitsgemäß.
- ☐ Schließe die Versicherung ab.

Auslandsreisekrankenversicherung

- ☐ Wie lange verreist du?
- ☐ Wo soll die Versicherung gültig sein? (v. a. bzgl. USA & Kanada prüfen)
- ☐ Prüfe, ob deine GKV eine Kooperation mit einem Anbieter von privaten Zusatzversicherungen hat.
- ☐ Vergleiche die Leistungen (v. a. medizinischer Rücktransport).
- ☐ Vergleiche die Preise.
- ☐ Schließe die Versicherung ab.

WOHNUNGS-CHECKLISTE

- ☐ Wie möchte ich wohnen?
  - ☐ Allein
  - ☐ In einer WG
  - ☐ In einem Wohnheim
  - ☐ Bei den Eltern
  - ☐ Zwischenmiete
  - ☐ Langzeitmiete
- ☐ Wo möchte ich wohnen? (mögliche Stadtteile etc.)

  ____

  ____
- ☐ Das ist mir bei der Lage wichtig: (Zentral, ruhig, Nahverkehrsanbindung, Einkaufsmöglichkeiten, Szeneviertel, Sportmöglichkeiten, ...)

  ____

  ____
- ☐ ______ Zimmer ______ Quadratmeter ______ Mitbewohnerinnen
- ☐ Das sollte meine Wohnung haben:
  - ☐ Mobiliar
  - ☐ Einbauküche
  - ☐ Backofen
  - ☐ Spülmaschine

- ☐ Garten/Balkon
- ☐ Parkplatz
- ☐ Fahrstuhl
- ☐ Keller
- ☐ Fahrradstellplatz
- ☐ Waschraum außerhalb der Wohnung
- ☐ Badewanne
- ☐ Separate Dusche
- ☐ Altbau
- ☐ Neubau
- ☐ Dachgeschoss
- ☐ Erdgeschoss
- ☐ Großes Mehrfamilienhaus
- ☐ Haus mit nur wenigen anderen Parteien

☐ Was darf meine Wohnung kosten?

________________ x 0,3 = ________________

(monatliches Budget) (monatliche Miete)

☐ So hoch darf die Kaution max. sein: ________________

To Dos für die Wohnungssuche

- ☐ Richte dir Suchaufträge ein.
- ☐ Informiere Freunde und Bekannte über die Wohnungssuche.
- ☐ Prüfe Angebote und verschicke Anfragen (siehe Beispiel auf Seite 156).
- ☐ Bereite Bewerbungsunterlagen vor und bring sie zur Besichtigung mit (siehe Seite 157).
- ☐ Signalisiere Interesse und Vertrauenswürdigkeit bei der Besichtigung.

QUELLEN

1 Statista, 2021
2 Trendstudie Jugend in Deutschland 2022/2023
3 Deutsches Aktieninstitut e.V., 2024
4 Deutsches Aktieninstitut e. V. 2024; https://www.dai.de/detail/msci-world-rendite-dreieck-fuer-die-monatliche-geldanlage/
5 Die Studierendenbefragung in Deutschland: 22. Sozialerhebung (BMBF, 2023), https://www.bmbf.de/SharedDocs/Publikationen/de/bmbf/4/31790_22_Sozialerhebung_2021.pdf?__blob=publicationFile&v=9.
6 Moses Mendelssohn Institut 2023, https://moses-mendelssohn-institut.de/aktuelles/WiSe2023.
7 https://moses-mendelssohn-institut.de/aktuelles/WohnkostenSoSe2023; https://www.studis-online.de/studienkosten/wg-zimmer-mietspiegel.php
8 https://www.krankenkasseninfo.de/zahlen-fakten/lexikon/sachleistungsprinzip & https://www.krankenkasseninfo.de/zahlen-fakten/lexikon/kostenerstattungsprinzip
9 https://www.imacc.de/beitragsbemessungsgrenze/
10 Gesamtverband der Versicherer, 2019
11 Bergfeld, Björn: »Umfrage: Berufsunfähigkeitsversicherung: 78 Prozent der Deutschen ohne Absicherung«, Versicherungsbote Online, 28.01.2015, https://www.versicherungsbote.de/id/4811892/Berufsunfaehigkeitsversicherung-erwerbsunfaehig/.

ÜBER DIE AUTOREN

Juri Galkin (geboren 1998) hat gemeinsam mit Lorenzo Wienecke die Initiative für wirtschaftliche Jugendbildung gegründet und den Zukunftstag ins Leben gerufen, einen Projekttag zur finanziellen Bildung an Schulen in Deutschland, Österreich und der Schweiz, der jedes Jahr mehrere Zehntausend Jugendliche auf den Start ins Erwachsenenleben vorbereitet. Außerdem trifft Juri als Co-Host des Podcasts »Young Economist« regelmäßig die erfolgreichsten Manager Deutschlands zum Gespräch.

Lorenzo Wienecke (geboren 1996) ist Co-Gründer der Initiative für wirtschaftliche Jugendbildung. Mit dem Projekttag Zukunftstag vermittelt er jungen Menschen ein Grundlagenwissen in den Bereichen Steuern, Finanzen, Miete und Versicherungen, um sie zu selbstbestimmten Finanzentscheidungen zu befähigen. Außerdem moderiert er, an der Seite von Juri Galkin, den Podcast »Young Economist«, in dem Milliardäre und DAX-CEOs zu Gast sind und über ihre Karriere- und Lebenswege sprechen.

Anna Pia Wienecke (geboren 1997) ist Volkswirtin und war viele Jahre als freie Journalistin tätig. Heute verantwortet sie die Presse- und Öffentlichkeitsarbeit der Initiative für wirtschaftliche Jugendbildung.

DANK

Die Erfolgsgeschichte des Zukunftstags und dieses Buch wären nicht ohne die vielen Menschen möglich gewesen, die uns und unsere Vision von „finanzieller Bildung für alle" unermüdlich unterstützt haben.

Ein besonderer Dank gilt allen Referierenden der Zukunftstage, dem ehren- und hauptamtlichen Team sowie unseren Förderern und Mentoren.

Auch wenn es unmöglich erscheint, an dieser Stelle alle Unterstützer zu nennen, ist es uns ein Anliegen, ein paar Personen namentlich zu erwähnen:

- Prof. Ludwig Georg Braun und Dr. Stefan Ruppert
- Dr. Stefan Empter und Prof. Helga Hackenberg
- Dr. Wolf Prieß
- Dr. Michael Wenzel, Dr. Andreas Weber und das gesamte Team der Baden-Württemberg Stiftung
- Prof. R. Alexander Lorz und Armin Schwarz
- Christian Lindner
- Anna Schneider
- Sven Schumann
- Kurt von Storch
- Reinhard Hübner und Hildegard Weirich
- Susanne Erdt
- Susanne Beinvogl
- Steuerfabi, ImmoTommy, Professor Finanzen und David Owusu
- Fabian, Marcus, Robert, Saidi und das gesamte Team von Finanztip
- Marcus Credé (stellvertretend für alle Lehrkräfte und Schulleitungen)

Unsere Eltern, Geschwister und Großeltern – Danke, dass ihr immer für uns da seid!